CB026957

Ensaios sobre moda, arte e globalização cultural

Dados Internacionais de Catalogação na Publicação (CIP)
(Câmara Brasileira do Livro, SP, Brasil)

Crane, Diana
    Ensaios sobre moda, arte e globalização cultural / Diana
Crane ; Maria Lucia Bueno (org.) ; tradução Camila Fialho,
Carlos Szlak, Renata S. Laureano. – São Paulo: Editora Senac
São Paulo, 2011.

    Bibliografia.
    ISBN 978-85-396-0133-2

    1. Arte 2. Cultura 3. Globalização 4. Mercado da moda
5. Moda 6. Moda – Criação 7. Moda – Estilo – Aspectos
sociais I. Bueno, Maria Lucia. II. Título.

11-07573   CDD-306.4

            Índice para catálogo sistemático:
    1. Moda e arte : Sociologia da cultura   306.4

FSC
www.fsc.org
MISTO
Papel produzido
a partir de
fontes responsáveis
FSC® C106054

DIANA CRANE

Ensaios sobre moda, arte e globalização cultural

MARIA LUCIA BUENO (ORG.)

TRADUÇÃO:
CAMILA FIALHO
CARLOS SZLAK
RENATA S. LAUREANO

editora
senac
são paulo

ADMINISTRAÇÃO REGIONAL DO SENAC NO ESTADO DE SÃO PAULO
Presidente do Conselho Regional: Abram Szajman
Diretor do Departamento Regional: Luiz Francisco de A. Salgado
Superintendente Universitário e de Desenvolvimento: Luiz Carlos Dourado

EDITORA SENAC SÃO PAULO
Conselho Editorial: Luiz Francisco de A. Salgado
                     Luiz Carlos Dourado
                     Darcio Sayad Maia
                     Lucila Mara Sbrana Sciotti
                     Jeane Passos Santana

Gerente/Publisher: Jeane Passos Santana (jpassos@sp.senac.br)

Editora Executiva: Isabel M. M. Alexandre (ialexand@sp.senac.br)
Assistente Editorial: Pedro Barros (pedro.barros@sp.senac.br)

Edição de Texto: Adalberto Luís de Oliveira, Maísa Kawata
Preparação de Texto: Frank Ferreira
Revisão de Texto: Denise de Almeida, Elaine Azevedo Pinto, Luciana Duarte Baraldi,
                    Luiza Elena Luchini (coord.), Maria de Lurdes de Almeida
Projeto Gráfico e Editoração Eletrônica: Antonio Carlos De Angelis
Imagem da Capa: Simultaneous Dresses. The Three Women, Sonia Delaunay, 1925
Impressão e Acabamento: Cromosete Gráfica e Editora Ltda.

Comercial: Rubens Gonçalves Folha (rfolha@sp.senac.br)
Administrativo: Carlos Alberto Alves (calves@sp.senac.br)

Proibida a reprodução sem autorização expressa.
Todos os direitos reservados a
Editora Senac São Paulo
Rua Rui Barbosa, 377 – 1º andar – Bela Vista – CEP 01326-010
Caixa Postal 1120 – CEP 01032-970 – São Paulo – SP
Tel.: (11) 2187-4450 – Fax (11) 2187-4486
E-mail: editora@sp.senac.br
Home page: http://www.editorasenacsp.com.br

© Diana Crane e Maria Lucia Bueno, 2011

Sumário

Nota do editor

Em *Ensaios sobre moda, arte e globalização cultural*, Diana Crane parte da premissa de que a moda, assim como a arte, é uma forma de cultura material. Nessas condições, existe uma comunidade urbana de criadores, vendedores, compradores e público específico que pode ser denominada "mundo de cultura da moda".

No início do século XX, as características desse mundo vinculavam-se a determinada classe, a *élite* social, e às personalidades de um seleto grupo de criadores sujeitos às oscilações de mercados nacionais. Hoje, a comunidade de produção, distribuição e consumo de artigos *fashion* foi absorvida por estruturas globais de cultura com recursos econômicos suficientes para, literalmente, ditar a moda ao público-consumidor.

Diana Crane considera, para acompanhar a evolução da indústria da moda, o impacto que a televisão, o cinema e a música popular exercem como fontes de inspiração para coleções de roupas cujos lançamentos se constituem em verdadeiros *shows* de formas, sons, luzes e cores.

O Senac São Paulo já lançou, da mesma autora, *A moda e seu papel social: classe, gênero e identidade das roupas*. Agora, para ampliar o acervo de títulos à disposição de estudiosos e interessados no tema, publica estes ensaios em que Diana Crane leva mais longe, até o âmbito dos meios de comunicação de massa, o alcance de seu olhar investigativo sobre as inter-relações sociais em torno da indústria da indumentária.

Apresentação

DIANA CRANE, UMA *OUTSIDER* PERMANENTE[*]

Circulando por diferentes espaços e territórios, Diana Crane, que se autodefine como uma "outsider permanente", transformou a cultura globalizada em estilo de vida e ferramenta de trabalho. A originalidade de suas reflexões, assim como sua incrível sensibilidade e perspicácia para lidar com temas tão díspares como a moda, as ciências e as artes são decorrências diretas dessa condição de *outsider* globalizada. O estado de deslocamento que caracteriza a sua atuação possibilita que descortine perspectivas privilegiadas da nossa sociedade em transformação, que cientistas estabelecidos, circunscritos em seus domínios, muitas vezes não conseguem vislumbrar. Essa condição de *desterritorialização* de Crane manifesta-se em várias dimensões de sua trajetória, abarcando tanto a vida intelectual e acadêmica quanto a pessoal.

Canadense de Toronto, descendente de ingleses e escoceses, mudou-se para os Estados Unidos com 16 anos para ingressar no curso de Literatura em Radcliffe College, a reputada escola superior para mulheres

---

[*] Parte das informações foram retiradas de entrevista com Diana Crane realizada por Maria Lucia Bueno e João Gabriel Teixeira (professor do departamento de sociologia da UnB).

da Universidade de Harvard. Depois de formada, em 1953, foi trabalhar em Nova York, onde morou no Greenwich Village, reduto do expressionismo abstrato norte-americano no pós-guerra. Estimulada pela atmosfera do bairro, passava boa parte do tempo livre visitando museus e galerias de arte.

Aos vinte e poucos anos iniciou o mestrado em sociologia na Universidade de Columbia, onde se doutorou em 1963. Estudou num ambiente dominado pelos trabalhos empíricos de Robert Merton e Paul Lazarfeld, que deixaram uma influência perene sobre sua prática sociológica, sempre embasada em enquetes empíricas. Graças a leituras regulares de sociologia da cultura e das ciências expandiu o seu universo teórico numa direção distinta dos caminhos trilhados pelas ciências sociais norte-americana na época, então pautados pelo funcionalismo.

Durante os anos de Columbia despontaram alguns temas caros em suas reflexões, como o interesse pelas redes sociais e pelo impacto das influências sociais e do ambiente sobre as profissões criativas, que nortearam, anos depois, suas investigações sobre os cientistas (Crane, 1972) e sobre os artistas (Crane, 1987).

Entre 1964 e 1968 foi professora assistente na Universidade de Yale, em New Haven, tendo sido a primeira mulher a integrar o departamento de sociologia, numa época em que a disciplina era dominada pelos homens. Em 1968, mudou-se, na mesma função, para a Universidade de John Hopkins, em Baltimore, onde permaneceu até 1971, quando conquistou o posto de professor do departamento de sociologia na Universidade da Pensilvânia. Nos anos 1980, deslocou suas pesquisas da área da sociologia das ciências para a de sociologia da arte, iniciando um novo percurso acadêmico, num ambiente intelectual em que os grupos são muito circunscritos e consolidados em torno de determinados objetos.

Em sua vida pessoal a socióloga acionou outros processos de deterritorialização paralelos, que afetaram igualmente sua vida intelectual. Em 1965, casou-se com o economista francês Michel Hervé, que na ocasião também trabalhava em Yale. Em 1971, Hervé voltou para Paris para assumir um posto na Unesco, ligado aos assuntos dos países em desenvolvimento. Entre 1971 e 2001, quando se transferiu definitivamente para França, Diana Crane vivia uma parte do ano na Filadélfia, onde trabalhava, e outra parte em Paris. Sua filha, que nasceu no hospital norte-americano em Paris, cresceu acompanhando a mãe no trânsito entre os dois continentes. Foi de suas temporadas em seu apartamento no *quatier latin*, ao lado da Maison Balenciaga, que nasceu o interesse pela moda, como fenômeno social e indústria criativa.

Porém, a socióloga atribui a sua condição de intelectual *outsider* à especificidade do seu percurso acadêmico. Considera que o fato de trabalhar com campos negligenciados, com objetos periféricos, em áreas onde os outros cientistas não tinham interesse, foi em parte o fator responsável por sua trajetória solitária. Por outro lado, a inexistência de investigações nesses campos novos mobilizou uma série de outras pesquisas, que acabaram remetendo-a a outros domínios.

Apesar de ser assumidamente uma *outsider*, Crane não empreende viagens erráticas. Ela tem um rumo certo. Em sua aventura por territórios e universos distintos, circula na contramão dos ecletismos pós-modernos que gosta de analisar, trabalhando com parâmetros bem delimitados e se mantendo fiel à sociologia. É justamente essa fidelidade que responde pela consistência exemplar de sua obra, marcada pela clareza conceitual e diagnósticos objetivos.

As reflexões propostas pela autora oferecem ao leitor, seja ele cientista ou leigo, instrumentos eficientes para a compreensão de dinâmicas fundamentais da realidade contemporânea. Com base em suas análises sobre a moda, as artes, as ciências, as culturas populares, podemos também vislumbrar a organização de outras esferas da vida social e cultural no mundo globalizado.

Maria Lucia Bueno
Professora do Instituto de Artes e Design da Universidade Federal de Juiz de Fora, pesquisadora na área de sociologia da arte, da cultura e da moda.

PRINCIPAIS PUBLICAÇÕES DE DIANA CRANE

COMO AUTORA

Invisible Colleges Diffusion of Knowledge in Scientific Communities. Chicago: University of Chicago Press, 1972.

The Sanctity of Social Life: Physicians' Treatment of Critically Ill Patients. Nova York: Russell Sage Foundation, 1975.

The Transformation of the Avant-Garde: the New York Art World, 1940-1985. Chicago: University of Chicago Press, 1987.

The Production of Culture: Media and the Urban Arts. Newbury Park: Sage, 1992.

Fashion and Its Social Agendas: Class, Gender, and Identity in Clothing. Chicago: University of Chicago Press, 2000. [*A moda e seu papel social: classe, gênero e identidade das roupas.* São Paulo: Editora Senac São Paulo, 2006.]

Diffusing, Collecting and Consuming: Essays on Fashion, Art, and Consumption. Pamplona: Eunsa, 2011. Em espanhol.

Ensaios sobre moda, arte e globalização cultural. São Paulo: Editora Senac Paulo, 2011.

COMO ORGANIZADORA

The Sociology of Culture: Emerging Theoretical Perspectives. Oxford: Basil Blackwell, 1994.

Com Kawashima, Nobuko & Kawasaki, Ken'ichi. *Global Culture: Media, Arts, Policy and Globalization.* Nova York: Routledge, 2002.

Introdução

A moda, assunto aparentemente trivial, é, na realidade, um fenômeno complexo que pode ser examinado em diversas perspectivas derivadas da sociologia da arte e da sociologia das indústrias culturais. A criação e a disseminação da moda e da arte podem ser analisadas com o uso de conceitos similares. A moda e a arte são formas de *cultura material* que expressam uma ampla gama de significados, cuja decodificação em geral constitui um desafio. Tanto a moda como a arte são criadas em *mundos de cultura*, isto é, comunidades urbanas compostas de criadores culturais, vendedores, compradores e públicos, que contribuem de diversos modos para a criação, a avaliação, a disseminação e a recepção desses tipos de cultura (Becker, 1982; Crane, 1992; Crane & Bovone, 2006; Entwisle, 2002). As atividades desses atores no conjunto definem o que constitui a arte e a moda, em um período específico de tempo. O conceito de uma vanguarda cujos membros redefinem as convenções estéticas é pertinente para a obra de alguns criadores nas duas instituições (Crane, 2002). Tanto na arte como na moda, as comunidades urbanas de criadores estão sendo suplantadas por mundos globais de cultura, em que as multinacionais, com imensos recursos econômicos, exercem um impacto poderoso sobre essas formas de cultura.

Diferentemente da arte, a moda também é parte de uma indústria que consiste de elaborado sistema de organizações, no qual o vestuário é produzido e disseminado em níveis nacional e mundial (Crane, 2000; Djelic & Ainamo, 1999). A moda é um produto de consumo que deve "falar" com seus consumidores. Deve responder a suas percepções, atitudes e necessidades, enquanto, ao mesmo tempo, tem de ser vista como criando e definindo o que é apropriado para os consumidores em cada estação. Em consequência, a moda é percebida de modos aparentemente contraditórios, como conjunto de tendências impostas ao público por uma indústria e como forma de comportamento por meio do qual os consumidores expressam as percepções de suas identidades e suas conexões com grupos sociais específicos.

Os ensaios deste livro concentram-se em quatro temas da literatura sobre a sociologia da moda e da arte. A primeira questão é se os significados expressos em diferentes tipos de cultura correspondem a noções familiares de "cultura popular" e "alta cultura". Como podemos caracterizar os significados agregados ao vestuário da moda pelos criadores de moda? A segunda questão relaciona-se aos efeitos dos diversos tipos de ambientes sociais na criação cultural. Como as mudanças dos ambientes para criação cultural afetaram as oportunidades para os criadores de cultura nas artes e na moda? A terceira questão refere-se à difusão de tendências da moda e às fontes de inovação. Os inovadores da moda podem ser comparados a artistas? Há diferenças de gênero entre os inovadores da moda? Finalmente, são discutidos os efeitos da globalização e da mudança climática na produção e no consumo da moda. Quais as consequências dessas mudanças para o futuro da moda?

Essas questões são fundamentais para aquilo que os sociólogos denominam a abordagem da *produção da cultura* (Crane, 1992) baseada na ideia de que a criação da cultura é um processo tanto social quanto psicológico. Os bens culturais são moldados pelos ambientes em que são criados. As redes de inovadores em cidades como Nova York e Paris constituem comunidades nas quais ideias são geradas e trocadas. Os campos culturais de pequenas e grandes organizações, que cooperam ou competem entre si, variam nos níveis de autonomia concedidos aos inovadores (Bourdieu, 1993). Os sistemas sociais em que a moda e a arte emergem passaram por mudanças consideráveis nas últimas décadas, e continuarão a mudar no futuro, em reação à globalização. Portanto, é util investigar essas mudanças e especular acerca de mudanças que ocorrerão no futuro.

CULTURA POPULAR: MODA E SIGNIFICADO

As diferenças entre as artes e outras formas de cultura foram objeto de considerável controvérsia na sociologia da cultura. As artes (por exemplo, a pintura, o teatro, a ficção literária e a dança) são consideradas formas de *alta cultura*, cujos objetivos são principalmente estéticos, em oposição à *cultura popular*, como o cinema de Hollywood, a televisão, a música popular e a moda, em que os interesses comerciais tendem a predominar. A cultura popular foi originalmente conceituada como forma degradada da alta cultura, visando a massa (Horkeimer & Adorno, 2001). Uma abordagem alternativa, desenvolvida por Gans (1974), propôs que a cultura existe em diversas formas, com conjuntos diferentes de valores e padrões estéticos, que apelam a públicos com formações educacionais e gostos diferentes. O primeiro capítulo deste livro, "Alta cultura *versus* cultura popular revisitadas: uma reconceituação das culturas registradas", é uma tentativa de reavaliar as diferenças entre formas de elite e popular da cultura, a fim de substituir as implicações depreciativas associadas a esta última. À medida que os criadores da assim chamada "cultura popular" começaram a incorporar significantes das vanguardas em suas obras, a distinção entre essas formas de cultura tornou-se cada vez mais problemática. Sustento que aquilo que foi, em geral, denominado "cultura popular" é uma forma de cultura de mídia, produzida industrialmente e amplamente distribuída. Consiste em grande diversidade de gêneros, que variam em complexidade textual e visual e que apelam aos membros de diferentes estilos de vida situados em todos os estratos sociais.

As culturas criadas por pequenos grupos de artistas e seus associados nos cenários urbanos são intituladas "alta cultura" quando seus públicos são as classes média e alta. As culturas urbanas criadas e consumidas por pessoas da classe trabalhadora, como o teatro ou o muralismo negros ou hispânicos, não são, em geral, definidas como alta cultura. Os *jazz* e o grafite, formas culturais que se originaram em cenários da classe trabalhadora, tiveram êxito em atrair públicos das classes média e alta e adquiriram um pouco do prestígio da alta cultura só quando criadores étnicos da classe média começaram a contribuir para esses gêneros.

As dificuldades que surgem ao se distinguir diversos tipos de cultura são indicadas pela discussão no capítulo "Pós-modernismo e vanguarda: mudança estilística no design de moda". Nesse texto, examino a inovação estilística por estilistas da moda de luxo desde a década de 1950 e sustento que seus estilos evoluíram ao longo do tempo, à medida que o ambiente organizacional para a criação de moda tornou-se crescentemente competitivo. No início desse período, os estilistas eram modernistas, retrabalhando elementos dos anos anteriores para produzir novas versões de estilos existentes. Nas décadas de 1960 e 1970, alguns estilistas eram "vanguardistas", subvertendo as convenções estéticas e transgredindo as regras e as convenções subjacentes ao vestuário de alta-costura, em particular, e ao vestuário ocidental, em geral.

Na década de 1990, no entanto, o estilo dominante no design de moda de luxo foi a intertextualidade pós-moderna. Os estilistas inspiravam-se em diversos materiais de "bancos de dados visuais" que surgiram com a proliferação constante e a redefinição contínua das imagens, em toda a mídia visual. Muitas vezes, o resultado foi paródia e pastiche. Alguns temas, como androginia, pauperismo e nudez, retornavam ano após ano, mas não em ordem lógica. O resultado geral foi uma enorme variedade, mas não houve mensagem coerente. Com frequência, observou-se a subversão e a transgressão de códigos e regras estéticas, similares àquelas utilizadas pelas vanguardas nas artes, mas o vanguardismo foi principalmente uma técnica ou um artifício para criar um efeito, não um compromisso ideológico.

MODA E ARTE: SISTEMAS DE RECOMPENSA E PRODUÇÃO DA CULTURA

Os diversos tipos de criadores se voltam para a inovação ou para a atração de público; isso pode ser explicado, em parte, pelas características dos sistemas de recompensa em que se formam. No capítulo "Sistemas de recompensa em arte, ciência e religião", sustento que os tipos de inovação cultural produzidos num mundo específico de cultura dependem da autonomia de que os inovadores dispõem na definição das regras estéticas e na alocação das recompensas simbólicas e materiais. Os sistemas de recompensa em que os inovadores são autônomos e podem definir regras cognitivas e técnicas para a inovação e atribuir recompensas simbólicas e materiais diferem daqueles em que regras são definidas e recompensas são atribuídas por empresários ou burocratas. Entre esses dois extremos, há situações nas quais os inovadores possuem autonomia criativa, mas a atribuição de recompensas materiais baseia-se nos julgamentos de consumidores, empresários ou burocratas.

Nos mundos da cultura, os sistemas de recompensa mudam continuamente, conforme muda o controle sobre os recursos para produção, exibição e distribuição de inovações e conforme oscilam as oportunidades para a formação de comunidades sociais de inovadores. A tendência dominante nas sociedades contemporâneas parece ser de aumento do grau de influência sobre as decisões criativas exercida pelos empresários que controlam recursos para a inovação, normalmente em grandes organizações culturais. As comunidades urbanas de inovadores estão desaparecendo.

Essa tendência pode ser percebida tanto no mercado global de arte, como no mercado global de moda. No capítulo "O mercado global de arte como um sistema de recompensa", procuro detectar as mudanças que afetaram os mundos da arte nos últimos sessenta anos. Em Nova York, nas décadas de 1940 e 1950, o mundo da arte foi exemplo de um sistema de recompensa controlado por inovadores, em que as recompensas simbólicas eram mais importantes que as recompensas materiais. Estas últimas eram restritas. As regras estéticas surgiram da troca de ideias em pequenas comunidades urbanas, nas quais os inovadores eram apoiados pelos colecionadores e *marchands*, que compartilhavam seus objetivos artísticos.

No final do século XX, a arte contemporânea era exposta e vendida em um mundo global da cultura que incluía feiras internacionais e bienais, bem como mercados de leilão na Europa e nos Estados Unidos. À medida que os preços da arte subiam regularmente, a arte contemporânea era dominada pelos gostos de uma quantidade relativamente pequena de colecionadores super-ricos, situados na América do Norte e na Europa. A produção das obras de arte para esse mercado envolveu grandes investimentos dos colecionadores e *marchands* e a colaboração de inúmeros assistentes. Nenhum estilo predominou, e não houve nenhuma comunidade de inovadores entre os artistas que esses colecionadores tenderam a adquirir.

Uma transformação análoga ocorreu na indústria da moda, conforme os custos de produção da moda de luxo cresciam com a expansão dos mercados globais, exigindo a presença de uma empresa em diversos países, em particular na Ásia (ver o capítulo "Globalização, tamanho organizacional e inovação na indústria francesa da moda de luxo: a produção da teoria cultural revisitada"). Entre 1945 e 2000, o negócio da alta-costura e do design de moda de luxo se transformou. Os pequenos ateliês de alta-costura ficaram cada vez mais em desvantagem, por causa do aumento dos custos devido à globalização de seu mercado e ao acentuado declínio do número de clientes capazes de arcar com os preços de suas mercadorias. Nesse período, a maioria dos ateliês faliu ou parou de criar coleções de alta-costura. Pequenas empresas de design de moda de luxo também ficaram em desvantagem nesse mercado, em parte por causa dos custos crescentes de ingresso no negócio. Poucas grandes empresas conseguiram lucrar com a expansão global do mercado, utilizando coleções de moda para criar poderosas imagens midiáticas que promoviam a venda de perfumes e acessórios.

No fim do século XX, conglomerados especializados em produtos de luxo controlavam o mercado mediante aquisições de pequenas e grandes empresas. Embora os estilistas ainda fossem expressamente reconhecidos como os únicos responsáveis por toda a produção criativa das empresas que os empregavam, sua autonomia real era limitada.

MODA: DIFUSÃO E INOVAÇÃO

A tentativa mais antiga de teorizar as implicações sociais da moda é o modelo que Simmel divulgou em 1904 a respeito de como e por que a moda se dissemina (Simmel, 1957). Escrevendo no início do século XX, esse autor compreendeu que a disseminação da moda resultava do desejo das elites de se diferenciarem das classes média e baixa e do desejo destas de adquirir *status* por meio da adoção dos estilos dos grupos do estrato superior. A disseminação da moda ocorria num ciclo sem fim, no qual modas amplamente adotadas eram sempre substituídas por novas. A moda emanava de uma única fonte, Paris, e era adotada por mulheres da Europa Ocidental, da América do Norte e, de certa forma, do Japão.

Até a década de 1960, predominou esse "tipo ideal" de moda, como processo unidirecional de difusão. A moda de "classe" incorporava um conjunto de significados correspondente ao sistema de classes sociais daquele período, que reforçava a diferenciação social (Crane, 2007). Expressava ideais sociais de atitudes e comportamentos femininos mediante padrões distintos de aparência, criados e adotados pela classe alta e disseminados nas outras classes sociais. Sua função era identificar a posição social das mulheres que usavam essa moda ou a posição à qual aspiravam. A moda de classe era expressa em regras rígidas acerca de como se deviam utilizar diversos itens do traje. A conformidade com essas regras significava que a pessoa pertencia, ou aspirava pertencer, à classe média ou à alta. A identificação com a classe social era fator importante, que influenciava o modo como as pessoas percebiam suas identidades e suas relações com seus ambientes sociais.

Na década de 1960, a moda de classe foi substituída pela moda do consumidor, com muito mais diversidade estilística e muito menos consenso a respeito do que estava "na moda" em um dado momento. A moda do consumidor proporcionava um meio de construção e de apresentação da personalidade, as quais se tornaram preocupações importantes para inúmeras pessoas. Em vez de se orientar pelos gostos das elites, a moda do consumidor incorporava gostos e preocupações dos grupos sociais, em todos os níveis de classe social. Em consequência, novos estilos se difundiram para cima, a partir da classe trabalhadora ou da classe baixa, e também para baixo, a partir das elites (ver o capítulo "Os modelos de difusão e a moda: uma reavaliação"). Estilos diferentes tinham públicos diferentes, e não havia regra precisa a respeito do que usar nem acordo acerca de um ideal de moda representativo da cultura contemporânea. A motivação para a adoção de um estilo baseava-se mais na identificação com grupos sociais por intermédio de produtos de consumo, do que no receio de sofrer sanção por não conformidade. Estar na moda, para sua consumidora, deixou de ser indicação de *status* social e se tornou meio de expressar a identidade social (Crane, 2000).

O desejo do público por vestuário da moda, que expressava as identidades pessoais, solapou o sistema de moda altamente centralizado e de cima para baixo, que foi substituído por um sistema mais descentralizado, no qual a moda se originava em diversos países e de diversos tipos de grupos sociais. O estilista de moda era um dos muitos tipos de atores, inclusive prognosticadores de moda, editores de moda e compradores de lojas de departamentos, que identificavam e promoviam novos estilos.

No fim do século XX, museus de arte começaram a expor a obra de estilistas de moda de luxo e foram criados museus de moda (Steele, 2008). Esses desenvolvimentos indicam que a moda de luxo pode ter passado por um processo de "artificação", no qual foi reconhecida como um tipo de atividade artística e suas criações ganharam *status* de arte entre quem estava fora desse meio (Shapiro, 2004). A análise das atividades dos estilistas e do prestígio concedido a suas criações produz resultados ambíguos (ver o capítulo "Moda e artificação: vanguarda ou patrimônio?").

No final do século XIX, os estilistas franceses de alta-costura começaram a se alinhar com as artes por meio dos seus desenhos e estilos de vida. Seu *status* social cresceu constantemente ao longo do século XX, quando passaram a ser considerados especialistas nas artes e autoridades culturais; no final desse mesmo século, como vimos, alguns estilistas criaram estilos pós-modernos e de vanguarda análogos às artes, mas sua autonomia como artistas em potencial foi muito solapada pelas mudanças na organização da indústria da moda de luxo. O tipo de moda que tendeu a ser mais tratada como forma de arte foi aquela das peças raras, constituídas por roupas que não estavam mais "na moda" e que eram expostas em museus. Os mercados de leilão incorporaram tais peças em suas ofertas; no entanto, seus preços permaneceram muito abaixo daquelas obras dos artistas da mesma geração.

As mudanças na indústria da moda nos últimos cem anos afetaram as funções das estilistas e o grau em que eram consideradas inovadoras (ver o capítulo "Design de moda e mudança social: as mulheres designers e a inovação estilística"). Em geral, os estilistas aclamados como inovadores pertenciam ao setor, no sentido de que eram treinados na indústria e nesta seguiam carreiras típicas. As estilistas inovadoras normalmente eram pessoas de fora do setor, que recebiam treinamento heterodoxo e seguiam carreiras heterodoxas na indústria, em parte porque tinham dificuldade de encontrar apoio financeiro para seus negócios. Elas eram mais propensas do que os homens a criar novos estilos, os quais correspondiam a mudanças nos papéis das mulheres. Na França, as estilistas se multiplicaram no período entre as duas guerras mundiais, quando as organizações de moda eram negócios relativamente pequenos; no segundo pós-guerra, quando as mudanças da indústria da moda favoreceram as grandes empresas, como discutido acima, a presença das estilistas declinou.

O FUTURO DA MODA E DO CONSUMO

Como discuto no capítulo "Tendências da moda e mundos globais: o sistema da moda no nível global", a palavra "moda" foi suplantada pela noção de tendências. Em outras palavras, em vez de um estilo único, que muitos consumidores sentiam-se obrigados a adotar, a moda tornou-se um agrupamento de tendências dentre as quais os consumidores faziam escolhas, dependendo da faixa etária e da identidade social. Em vez de serem criadas por estilistas, as tendências são *localizadas* por especialistas na indústria da moda e em seu entorno, que, em geral, desempenham papéis importantes na difusão dessas tendências. As tendências surgem de muitas fontes, inclusive culturas de rua, culturas de casas noturnas e diversas formas de cultura popular, como séries de tevê e música. Os gostos do consumidor tornaram-se mais difíceis de explicar e, portanto, mais resistentes à influência, pois as culturas de classe deixaram de ser relativamente homogêneas; em vez disso, estão fracionadas em centenas de nichos, com base em diferentes combinações de idade, raça, etnicidade e renda (Gabriel & Lang, 2008).

No século XXI, centenas de empresas de muitos países competem no mercado global de moda, mas este é dominado por um novo tipo de empresa global, a de *fast fashion*, especializada em localizar e difundir tendências em todo o mundo, investindo no trabalho criativo de empresas nacionais menores. A produção de moda é organizada no nível mundial mediante cadeias de mercadorias, vinculando produtores em países desenvolvidos e emergentes, e mediante feiras internacionais de negócios, em que os líderes da moda trocam ideias e informações.

Ao mesmo tempo, questões referentes à mudança ambiental e à necessidade de que o consumidor modifique, talvez drasticamente, sua seleção de produtos (ver o capítulo "Mudança ambiental do consumo: consequências para a identidade do consumidor") acabarão tendo implicações importantes na criação, na produção e na difusão da moda. A utilização de materiais que preservem o ambiente e a conservação dos recursos naturais se tornarão prioridades importantes, juntamente com a orientação a estabilizar ou até limitar o crescimento econômico, em vez de maximizá-lo. É provável que a variedade de estilos possíveis seja restringida e o nível de produção se torne consideravelmente menor. A autopercepção do consumidor como consumidor será substancial-mente modificada. O consumo ético ou verde ainda não é um fenô-meno disseminado, e até é controverso se já existiriam consumidores éticos (Devinney *et al.*, 2010). No entanto, o advento do consumidor ético, quando e se acontecer, pode ser o presságio do desaparecimento da moda como a conhecemos atualmente.

CONCLUSÃO

Nos capítulos deste livro, procuro mostrar que a criação cultural contemporânea não ocorre em ambientes estáticos. As oportunidades e as restrições que os criadores de cultura enfrentam estão em constante mudança. É necessário desenvolver conceitos, tipologias e teorias que revelem semelhanças e diferenças entre os ambientes para diversos tipos de criação cultural, para entender tais ambientes. Os conceitos socioló-gicos, como mundo da cultura e sistema da moda, e uma tipologia dos sistemas de recompensa, juntamente com conceitos das humanidades, como pós-modernidade e vanguarda, fornecem os meios de identificar informações empíricas importantes nesses ambientes.

Para compreender como os significados são gerados pelos criadores de cultura, é útil conceituar moda e arte como uma forma de cultu-ra material (Crane & Bovone, 2006). A cultura material tanto produz como transmite significados culturais. Por um lado, o consumidor cria significados baseado nos produtos materiais. Por outro, os produtos materiais são providos de significados culturais no processo de seu projeto e sua produção. A cultura material é um meio de mudança cultural por sua capacidade de incorporar valores simbólicos e mudar ou reforçar esses valores para os consumidores, quando estes adquirem e utilizam produtos materiais (Crane & Bovone, 2006, p. 320). Nessa perspectiva, a cultura material pode ser considerada um tipo de texto que expressa símbolos e contribui com discursos e repertórios culturais (Crane & Bovone, 2006, p. 321).

A criação cultural, tanto nas artes como na moda, foi transformada pela globalização dos mercados de produtos culturais. Atualmente, o contexto organizacional em que, tanto nas artes como na moda, a criação cultural ocorre confere grande vantagem às organizações que detêm os recursos para atuar em diversos países. Estão desaparecendo as culturas urbanas em que, no passado, os criadores da arte e da moda floresciam como membros de redes de inovadores ou nos campos culturais dos pequenos negócios. As consequências dos mundos globais das artes e do design de moda ficam aos poucos evidentes, mas ainda não são plenamente compreendidas.

BIBLIOGRAFIA

BECKER, Howard S. *Art Worlds*. Berkeley: University of California Press, 1982.

BOURDIEU, Pierre. *The Field of Cultural Production*. Cambridge: Polity Press, 1993.

CRANE, Diana. *The Transformation of the Avant-Garde: the New York Art World, 1940-85*. Chicago: University of Chicago Press, 1987.

_____. *The Production of Culture: Media and the Urban Arts*. Newbury Park: Sage, 1992.

_____. *Fashion and Its Social Agendas: Class, Gender and Identity in Clothing*. Chicago: University of Chicago Press, 2000.

_____. "Avant-gardes and artists". Em *International Encyclopedia of the Social and Behavioral Sciences*. Vol. 2. Oxford: Pergamon-Elsevier Science, 2002.

_____. "Introduction". Em GONZÁLEZ, Ana Marta & BOVONE, Laura (orgs.). *Fashion and Identity: a Multidisciplinary Approach*. Barcelona: The Social Trends Institute, 2007.

_____ & BOVONE, Laura. "Approaches to Material Culture: the Sociology of Fashion and Clothing. Em *Poetics,* 34, 2006.

DEVINNEY, Timothy *et al. The Myth of the Ethical Consumer*. Cambridge: Cambridge University Press, 2010.

DJELIC, M. & AINAMO, A. "The Coevolution of New Organizational Forms in the Fashion Industry: a Historical and Comparative Study of France, Italy, and the United States". Em *Organization Science,* 10, 1999.

ENTWISLE, J. "The Aesthetic Economy: the Production of Value in the Field of Fashion Modeling". Em *Journal of Consumer Culture,* 2, 2002.

GABRIEL, Y. & LANG, T. "New Faces and New Masks of Today's Consumer". Em *Journal of Consumer Research,* 8, 2008.

GANS, Herbert. *Popular Culture and High Culture: an Analysis and Evaluation of Taste*. Nova York: Basic Books, 1974.

HORKHEIMER, M. & ADORNO, T. W. "The Culture Industry: Enlightenment as Mass Deception". Em DURHAM, M. G. & KELLNER, D. M. (orgs.). *Media and Cultural Studies: Key Works*. Oxford: Blackwell, 2001.

KAWAMURA, Yuniya. *Fashion-ology: an Introduction to Fashion Studies*. Berg: Oxford, 205.

SHAPIRO, Roberta. "The Aesthetics of Institutionalization: Breakdancing in France". Em *The Journal of Arts Management, Law and Society,* 33, 2004.

SIMMEL, Georg. "Fashion". Em *American Journal of Sociology,* 63, 1957 [1904].

STEELE, Valerie. "Museum Quality: the Rise of the Fashion Exhibition". Em *Fashion Theory,* 12, 2008.

PARTE 1

Cultura popular:
moda e significado

Alta cultura *versus* cultura popular revisitadas

UMA RECONCEITUAÇÃO DAS CULTURAS REGISTRADAS

Os conceitos de alta cultura e cultura popular são tipos ideais, em geral utilizados por sociólogos para distinguir formas diferentes de cultura registrada (Gans, 1974). Infelizmente, essa categorização, baseada no conteúdo, no estilo e nos valores expressos pelos trabalhos típicos dessas culturas, não reflete as complexidades das culturas registradas das sociedades contemporâneas. As generalizações a respeito da alta cultura e da cultura popular encobrem, em vez de clarificar, a natureza e os efeitos da cultura registrada, pois recorrem a conceituações obsoletas, tanto da estrutura social, como das culturas registradas. Como é considerada superior à cultura popular, a apreciação da alta cultura foi utilizada como limite simbólico para excluir aqueles que preferem outras formas de cultura.

A diferenciação entre essas duas formas de cultura quanto a conteúdo e estilo implica que itens culturais podem ser categorizados inequivocamente em termos de uma dessas categorias. Entretanto, um conceito de cultura registrada em que um conjunto único de padrões é utilizado para diferenciar objetos culturais é obsoleto. Atualmente, a cultura é pluralista: muitos sistemas estéticos diferentes funcionam em cada forma cultural. Em consequência, a qualidade de um dado objeto cultural só pode ser avaliada num sistema estético específico; não há mais padrões universais de qualidade. Nessa situação, não é mais apropriado sustentar que os sistemas estéticos utilizados por determinadas formas de cultura, como as artes, são superiores em relação àqueles utilizados para outras formas, disseminadas entre públicos maiores e mais heterogêneos. Em vez disso, como revelaram diversos estudos na sociologia da cultura, os limites entre alta cultura e cultura popular são fluidos; as duas formas de cultura são socialmente construídas.

No entanto, não há sistema alternativo de classificação de diferentes formas de cultura que seja geralmente aceito. De uma perspectiva sociológica, é mais significativo categorizar culturas registradas em termos dos ambientes em que são criadas, produzidas e disseminadas, do que em termos de suposições a respeito de diferenças, ou falta de diferenças, em seus estilos e conteúdos.

Tenho como pressuposto que há dois tipos principais de culturas registradas – a cultura midiática e a cultura urbana –, que estão integradas aos contextos nos quais são criadas, produzidas e disseminadas. Essas culturas são produzidas em dois contextos: o das indústrias culturais nacionais e o dos ambientes urbanos. Os conteúdos de cada um desses tipos de culturas registradas são igualmente diversificados, mas os contextos de sua produção e de sua disseminação são inteiramente diferentes. Em virtude dos recursos muito superiores das indústrias culturais nacionais e também da transformação dos ambientes urbanos que antes apoiavam as culturas urbanas, a sobrevivência destas está seriamente ameaçada.

CULTURA MIDIÁTICA E CULTURA URBANA

Geralmente, as culturas midiáticas são produzidas por meio de arranjos entre pequenas e grandes empresas e são distribuídas por grandes empresas que controlam mercados de públicos nacionais e internacionais. As culturas midiáticas "básicas", como a televisão, o cinema de Hollywood, os principais jornais e as principais revistas, são consumidas por públicos grandes e relativamente indiferenciados. As culturas midiáticas "periféricas", como a edição de livros e revistas, a música popular e o rádio, são consumidas no todo por grandes públicos que são muito diferenciados em termos de gostos específicos por estilo de vida e de subculturas. Nos dois casos, as características dos conteúdos, dos públicos e até dos efeitos sobre os públicos dependem de políticas empresariais. Essas políticas, por sua vez, dependem dos níveis de lucro e concorrência entre aquelas organizações produtoras e distribuidoras em um dado momento, que estão constantemente mudando à medida que as condições do mercado mudam.

Neste século, a utilização de tecnologias modernas para produzir, registrar ou disseminar objetos culturais foi muitas vezes considerada indicação de que os criadores estão produzindo cultura popular, em vez de alta cultura.[1] Isso reflete a opinião dos membros da Escola de Frankfurt de que a música popular é produzida por meio de tecnologia, da mesma forma que outros produtos são resultado da tecnologia industrial. Considera-se que a utilização da tecnologia envolve peças padronizadas e intercambiáveis e aparência de novidade através da alteração de detalhes superficiais. Gendron (1987) demonstrou que os membros

---

[1] Embora sejam capazes de trabalhar por si mesmos, os fotógrafos encontraram considerável resistência às suas demandas de que suas realizações estéticas fossem seriamente avaliadas. Ao menos em parte, a resistência advém do fato de que a fotografia é feita por máquinas (Christopherson, 1974).

da Escola de Frankfurt erraram. De fato, na música, a tecnologia levou à inovação, expandindo muito as possibilidades de variação.

Como Kealy (1982, p. 107) revela, a tecnologia para gravação de música popular é extremamente complexa: dezenas de microfones, cada um com sua própria característica de efeito sonoro; grande variedade de equipamentos eletrônicos, como amplificadores, compressores e expansores de amplitude dinâmica e equalizadores de frequência; e gravadores multitrilhas, que possibilitam a gravação de até 24 canais de música em uma única fita e que podem gravar cada instrumento musical separadamente. As gravações de *rock* incluem diversas fases de *performance* em estúdio que são remixadas e editadas na versão final. Esses desenvolvimentos aumentaram muito o controle dos músicos sobre o produto final. Alguns músicos consideram o equipamento eletrônico de estúdio como um "instrumento musicial" em si.

Por causa do custo de utilização, o acesso à maioria das tecnologias foi normalmente controlado pelas organizações, que limitavam a autonomia dos criadores. O criador individual autônomo é uma característica central da ideologia da alta cultura (Becker, 1982; Zolberg, 1990). Para Kealy (1982), os músicos registram sua obra em três tipos diferentes de situações, que variam em termos de nível de autonomia. As grandes empresas permitem a menor autonomia; as pequenas empresas e os produtores independentes, a maior.

Em contraposição, a cultura urbana é produzida e disseminada em cenários urbanos por públicos locais. Os "mundos da cultura"[2] urbana consistem de: (1) criadores de cultura e pessoal de apoio, que os ajudam de diversas maneiras; (2) convenções ou entendimentos compartilhados a respeito do que os produtos culturais devem parecer; (3) inter-

---

[2]   Becker (1982) utiliza a expressão "mundo da arte". Prefiro "mundo da cultura", que é mais geral e se aplica a uma variedade mais ampla de fenômenos.

mediários que avaliam os produtos culturais; (4) organizações dentro ou em redor das quais as atividades culturais ocorrem, são expostas ou são produzidas; e (5) públicos cujas características podem ser um fator importante na determinação de que tipos de produtos culturais podem ser exibidos, realizados ou vendidos em um ambiente específico.

Os mundos da cultura diferem, se dominados por redes de criadores ou por organizações, por pequenas empresas com fins lucrativos ou por organizações sem fins lucrativos (Gilmore, 1987). Cada tipo de mundo da cultura também possui padrões diferentes para avaliar as obras culturais. Outras variações de padrões ocorrem como resultado das diferenças de classe social. Quando os públicos para essas formas de cultura pertencem às classes média e alta, os produtos culturais são, em geral, definidos como "alta cultura". Alguns desses produtos culturais são herméticos e esteticamente complexos; outros não são muito diferentes quanto ao conteúdo da cultura que é disseminada para públicos nacionais por grandes empresas.

Mediante um processo de exclusão social baseado no uso da alta cultura como limite simbólico, as culturas urbanas voltadas para públicos locais pertencentes à classe baixa ou a grupos minoritários não são, em geral, definidas como alta cultura (por exemplo, o teatro negro ou o hispânico, o grafite e a pintura mural em guetos urbanos) e são ignoradas por críticos e historiadores. Às vezes, esses produtos culturais são herméticos (por exemplo, o *jazz* e o *hard rock*), como culturas urbanas de vanguarda disseminadas para as classes alta e média. Também podem ter subtons políticos (teatro "radical") ou expressar chauvinismo étnico (desfiles de rua).

Em particular, os mundos da cultura controlados por redes de criadores são conducentes à produção de obras culturais esteticamente originais ou ideologicamente polêmicas, ou com ambas as características.

Por um lado, porque as novas redes que surgem com novos estilos atraem os jovens, os quais tendem a ter perspectivas diferentes sobre a cultura; por outro, porque fornecem "feedback" contínuo entre os próprios criadores e entre os criadores e seus públicos, que tendem a incluir os criadores de outros tipos de cultura e também os indivíduos que estão familiarizados com as convenções subjacentes a essas obras (Crane, 1987).

Os mundos da cultura organizados em torno de pequenas empresas com fins lucrativos tendem a estimular obras que agradam possíveis compradores, em vez de provocá-los ou chocá-los. Nesse caso, alguns dos criadores lembram o *artesão-artista*, no sentido que Becker (1982) dá ao termo; eles preferem produzir obras que são belas e harmoniosas, em vez de únicas e polêmicas.

Finalmente, os mundos da cultura organizados em torno das organizações sem fins lucrativos estão em geral preocupados com a preservação das tradições artísticas e étnicas existentes, em vez da criação de novas obras. Normalmente, os "criadores" são executores que reinterpretam as obras de criadores que, em geral, já morreram.[3]

Em cada mundo da cultura, as obras culturais estão sujeitas à avaliação de intermediários. Mulkay e Chaplin (1982) discutem três modelos de funcionamento desse processo.

Se, de fato, a alta cultura for intrinsecamente diferente da cultura popular, então o *modelo de avaliação estética* se aplicaria ao processo de intermediação em mundos da cultura. De acordo com esse modelo, um objeto cultural, avaliado segundo critérios estéticos explícitos, tem êxito

---

[3] Por "organizações com fins lucrativos", entendem-se, entre outros, teatros da Broadway, artes decorativas (inclusive o design de moda), grupos de artesanato e clubes de *rock*. Por "organizações sem fins lucrativos", museus, a ópera, o teatro regional, orquestras sinfônicas, os coros de música gospel e grupos de desfiles de rua. As atividades culturais não são necessariamente o único ou mesmo o principal propósito dessas organizações.

ou não. Esse modelo envolve a existência de padrões universais de julgamento, que podem ser aplicados a todos os tipos de produtos culturais, ao menos dentro de uma forma cultural específica, e também abrange o consenso entre os intermediários a respeito dos critérios estéticos e da avaliação de obras específicas. Como Zolberg (1990) expõe, nesse modelo também se presume que cada objeto de arte seja único e criado por um único artista.

Os sociólogos documentaram diversos fatores que afetam a interpretação das obras artísticas. A qualidade e o significado de um dado trabalho artístico podem ser avaliados de modo muito diferente de um período histórico em relação a outro (Zolberg, 1990). No mesmo período, a avaliação e a interpretação da mesma obra pode variar muitíssimo, dependendo dos compromissos estéticos e sociais dos observadores (Crane, 1987). Não só as perspectivas diferem amplamente em um dado mundo da arte, dependendo das preferências e compromissos estilísticos, como também há muitos mundos da arte diferentes, cada qual com seus próprios padrões, seus próprios intermediários, suas próprias instituições e seu próprio público.[4] Portanto, a plausibilidade do modelo de avaliação estética é questionável, em particular em um período de pluralismo cultural e incessante mudança cultural.

De fato, o processo de intermediação é especialmente problemático em redes de criadores cujas obras baseiam-se na definição nova ou revista do que constitui uma obra de arte. Para ter êxito, os membros de uma nova rede devem obter um núcleo de defensores ou um "eleitorado" no mundo da arte ou em sua periferia. No mercado de arte, tal

---

[4] Entre os exemplos de tipos diferentes de mundos da arte, pode-se citar o mundo da arte de vanguarda de Nova York, a da arte de caubói, que floresce no sudoeste dos Estados Unidos, e diversos tipos de mundos da arte concentrados em torno de peças raras de coleção (ver, por exemplo, FitzGibbon, 1987).

eleitorado pode ser representado por: (1) galerias de arte, que expõem e vendem trabalhos artísticos para colecionadores particulares; (2) publicações de arte, que proporcionam tribunas para críticos de arte; e (3) patronos organizacionais, inclusive museus e empresas.

Dada a implausibilidade do modelo acima mencionado (Mulkay & Chaplin, 1982; Crane, 1987), Mulkay e Chaplin (1982) propõem dois modelos adicionais.

De acordo com o *modelo de persuasão cultural*, cada novo grupo de criadores culturais desenvolve novos critérios de julgamento estético apropriados para seus produtos; se esses novos critérios forem aceitos pelos intermediários, o novo grupo será bem-sucedido. Em outras palavras, os criadores exercem um efeito sobre o sistema de intermediação, não como indivíduos, mas como membros de grupos que compartilham critérios para criação e avaliação de produtos culturais. O rótulo "vanguarda" só é atribuído a um grupo de artistas sob certas condições. Para os membros de um novo estilo artístico serem definidos como envolvidos em atividades associadas a uma vanguarda, devem ter alguma consciência de um outro como grupo social. Quanto maior sua autoconsciência, mais provavelmente suas redefinições das diversas categorias de atividade artística serão consideradas vanguarda pelos membros desse mundo da cultura. Em outras palavras, o contexto social em que um novo estilo surge é crucial para sua percepção como vanguarda.

Finalmente, de acordo com o *modelo de influência social*, os criadores culturais tornam-se bem-sucedidos porque são patrocinados por intermediários influentes. O sucesso é planejado por meio de um processo de influência pessoal e da disponibiliade de recursos materiais.

Os últimos dois modelos não são mutuamente excludentes. Geralmente, os artistas mais bem-sucedidos adquirem suas reputações no contexto de um novo estilo. No entanto, seu prestígio em relação a outros membros do estilo reflete em geral seu sucesso na obtenção de mentores poderosos, como críticos, *marchands* e curadores. À medida que o mundo da arte cresceu, o patrocínio por galerias e colecionadores poderosos tornou-se uma influência cada vez mais importante nas aquisições pelos museus (Crane, 1987).

Para a maioria das pessoas, a alta cultura está associada a objetos culturais que foram consagrados no passado, geralmente nos séculos anteriores. Como demonstra a obra de Halle (1989), a arte abstrata, a principal forma de arte de vanguarda no século XX, desperta pouco interesse entre o público, mesmo entre as classes alta e média alta. O público de todas as classes sociais prefere trabalhos artísticos descritivos, pintados em séculos anteriores ou, se produzidos neste século, que imitam estilos tradicionais de pintura.

Todavia, a inclusão de objetos culturais no cânone da alta cultura clássica ficou sujeita a alguns tipos de processos de seleção que descrevi para a cultura de vanguarda contemporânea. Em certos casos, a alta cultura clássica inclui obras que eram parte da cultura popular no período em que foram criadas. As obras literárias de Dickens e Balzac são exemplos que vêm à mente, assim como a maioria das óperas do século XIX.

A alta cultura clássica continua popular, ainda que frequentemente permeada pela bagagem ideológica do período em que foi criada. Um famoso exemplo é o racismo de Mark Twain. Há pouco, ao descrever as óperas do século XIX, um autor afirmou que validavam "princípios estéticos, filosóficos e políticos incompatíveis com os nossos próprios, com visões da sociedade e do comportamento que desejamos apagar e que não ousamos encarar por medo do que possa estar ali refletido" (Osborne, 1991).

Na virada do século, a obra do artista francês Marcel Duchamp foi dedicada a demonstrar precisamente a arbitrariedade dos nossos julgamentos a respeito do que constitui arte ou alta cultura. Ao oferecer objetos banais, como urinóis, como obras de arte e ao declarar que criara um novo trabalho artístico ao pintar bigodes numa reprodução da *Mona Lisa*, Duchamp procurou solapar o conceito de alta cultura, expondo-a ao ridículo e demonstrando que era intercambiável com a cultura popular.

As ideias de Duchamp geraram uma vívida tradição de vanguarda no século XX, na qual diversos objetos da vida cotidiana foram "rotulados" como trabalhos artísticos pelos artistas. Entre os exemplos, incluem-se pinturas que representam latas de sopa Campbell's, quadrinhos, anúncios, garrafas com fezes intituladas "cocô do artista", um coelho despelado, a escavação e o enchimento de um buraco em um parque, a pintura de um muro com tinta branca, a gravação da respiração de um artista, uma impressão de um computador programado para contar até infinito e grafites (Banfield, 1984). O ácido debate que se estabeleceu entre os legisladores e o grande público com relação à subvenção de artistas que trabalham nesse filão indica o difícil consenso quanto à natureza da alta cultura contemporânea.

Como vimos, a ampla gama de estilos que hoje são vinculados à alta cultura indica que esta não pode ser identificada em termos do seu conteúdo intrínseco. Em vez disso, a alta cultura tende a ser associada a contextos sociais específicos, aqueles relativamente inacessíveis às pessoas comuns, como museus, galerias de arte e orquestras sinfônicas. DiMaggio (1982) observou que uma das estratégias adotadas pelas elites urbanas no final do século XIX foi tornar esses tipos de organizações menos acessíveis à classe trabalhadora.

Aparentemente, se os vídeos de música, que possuem muitas das características dos estilos da arte de vanguarda do século XX (Kaplan, 1987), fossem exibidos apenas nos museus de arte, e não na tevê a cabo, seriam definidos como alta cultura, em vez de cultura popular. Os motivos pelos quais o teatro da Broadway é classificado como alta cultura e as telenovelas como cultura popular têm mais a ver com diferenças de acessibilidade para a pessoa comum do que com diferenças de conteúdo. "As coisas populares são amplamente distribuídas, coisas que qualquer pessoa pode entrar em contato, coisas que são compartilhadas por comunidades inteiras", como afirma Bennett (1980, p. 3).

A situação é ainda mais ambígua com respeito à literatura. Enquanto a arte de vanguarda dispõe de suas próprias redes e organizações especializadas, a ficção que é mais tarde definida como literatura e como um clássico está sujeita ao mesmo processo de intermediação da ficção popular. De fato, a maioria dos futuros clássicos começa como *best-seller*. Os livros que se tornam *best-sellers* tendem a ser publicados por poucas editoras, que costumam anunciar na principal revista literária popular, a *New York Times Book Review* (Ohmann, 1983).

Os produtores culturais cujos recursos são muito escassos para criar e sustentar mundos da cultura, nos quais seus trabalhos possam ser avaliados e disseminados junto ao público, não conseguem pleitear que suas convenções culturais produzem obras que mereçam ser consideradas alta cultura. No passado, as mulheres criadoras e os negros criadores foram não raro incapazes de sustentar tais pleitos e se viram relegados ao *status* de artesãos, artistas "folclóricos" ou animadores (outro exemplo de exclusão cultural por meio de limites simbólicos).

Enquanto as comunidades artísticas masculinas de classe média são apoiadas por um conjunto de organizações, como escolas de arte, publicações, galerias, centros de arte e museus, as comunidades artísticas de minorias e da classe baixa possuem poucas organizações dedicadas ao seu bem-estar e pouco acesso a organizações de classe média. Esses obstáculos só podem ser parcialmente superados, como indica o estudo de

Lachmann (1988) a respeito da pintura mural, segmento dos grafiteiros, em Nova York, no final da década de 1970.

Esses jovens pintores negros desenvolveram um sistema de aprendizagem, no qual os principiantes podiam aprender as diversas técnicas de pintura mural em vagões do metrô, bem como um sistema de intermediação em que os colegas avaliavam os trabalhos uns dos outros, em "esquinas dos escritores", situadas em estações nodais do sistema de metrô da cidade de Nova York. Essas esquinas de escritores serviram para reunir grafiteiros de diferentes bairros em uma comunidade ou rede de toda a cidade. Nesses cenários, eram atribuídos prestígio e reconhecimento. Nas palavras de Lachmann (1988, p. 242):

> A concepção de estilo quantitativa dos grafiteiros permitiu-lhes desenvolver um mundo total da arte, formulando padrões estéticos para avaliação dos murais uns dos outros e determinando que inovações de conteúdo e técnica seriam consideradas avançadas no estilo grafite. As comparações de estilo foram possibilitadas pela mobilidade dos grafites nos vagões do metrô. As esquinas dos escritores permitiram que os muralistas se associassem com seus colegas, o que constituía um público com a experiência e a diferenciação para conceder fama ao estilo.[5]

Evidentemente, a "fama" desses grafiteiros não transcendeu os limites de sua própria comunidade, que acabou sendo destruída pela polícia.

Os músicos negros enfrentaram problemas parecidos. Na virada do século, o *jazz* originou-se como um mundo de cultura isolado e da classe baixa, em que grupos de músicos tocavam em clubes e bares negros.

---

[5] Alguns desses grafiteiros fizeram exposições em galerias de Manhattan, em grande medida porque um grupo de artistas brancos, os neoexpressionistas, estava interessado em explorar temas da cultura popular em suas obras.

Nas décadas de 1940 e 1950, os músicos de *jazz* negros de classe média, com formação musical formal em conservatórios, criaram uma sucessão de mundos de cultura de classe média, em que enfatizavam a mestria técnica dos instrumentos e a experimentação autoconsciente com convenções musicais (Peterson, 1972). As apresentações aconteciam nos mesmos locais ocupados pela música clássica: salas de concerto e seminários acadêmicos, para públicos de brancos de classe média. Apesar desses desenvolvimentos, o debate quanto à condição de arte do *jazz* nunca foi resolvido. Para Vuillamy (1977, p. 183), a comunidade da música falhou no reconhecimento de todos os tipos de música originários da tradição afro-americana. Essa tradição produziu uma nova linguagem musical, muito diferente da tradição musical europeia. Os estilos musicais como *jazz*, *rock* e *soul* são preteridos porque não obedecem aos critérios da tradição europeia.

Vuillamy (1977) concluiu que existem diversos conjuntos de padrões estéticos para criar o que é vagamente denominado música "popular" (ver também Bennett, 1980). Como o autor assinala, isso contradiz a suposição predominante de que a cultura popular é uma "categoria homogênea, enquanto a alta cultura é subdividida em diversas categorias, com limites rígidos" (Vuillamy, 1977, p. 182). A primeira é automaticamente considerada como de qualidade inferior.

Nas culturas nacional e urbana, os produtores culturais estão sujeitos a rigorosos sistemas de intermediação, embora o nível de exclusão seja consideravelmente maior na escala nacional do que na urbana. Nesta última, há mais oportunidade para o excêntrico, o estranho e o complexo encontrarem um nicho. Por outro lado, a sobrevivência das culturas urbanas é sempre precária, e a quantidade de pessoas que as consomem é muito menor.

A INTERPRETAÇÃO DA ALTA CULTURA E DA CULTURA POPULAR

Há uma tensão contínua entre a tendência das culturas midiáticas básicas de dominar todo o sistema, já que as organizações dessa área fundem-se em conglomerados cada vez maiores, e a proliferação contínua de novas organizações culturais na periferia e nas culturas locais. O grau de movimentação de produtos ou temas culturais das culturas nacionais para as culturas urbanas, e vice-versa, é relativamente não documentado. Nas últimas duas décadas, as culturas da vanguarda na música e na pintura adotaram frequentemente temas e imagens das culturas midiáticas nacionais (Crane, 1987). As indústrias de música popular encontraram novos músicos na classe trabalhadora urbana e nas culturas de *rock* minoritárias.

Enquanto os críticos tenderam a enfatizar o efeito da alta cultura sobre a cultura popular, a arbitrariedade dessas categorias é indicada pela alta frequência de colaboração, no passado e no presente, através desses assim chamados limites. Utilizando exemplos dos movimentos artísticos franceses na virada do século, Crow (1983) desenvolve um argumento complexo: os artistas da vanguarda desse período teriam se inspirado nas ideias que grupos sociais marginais haviam ligado a artefatos da cultura popular; retrabalhando tais ideias com suas próprias descobertas estéticas, eles produziram obras que revitalizaram tanto a vanguarda quanto as culturas populares.

À medida que assumiu papéis sempre mais importantes em nossa existência diária, a mídia (e, em particular, a televisão) tornou-se cada vez mais o assunto dos artistas que aspiram à vanguarda. Parte de sua motivação para utilizar esses temas está no forte desejo de se comunicar com um público maior de apreciadores da alta cultura do que tinham no passado. Eles escolheram retrabalhar as imagens midiáticas, pois são familiares e, portanto, acessíveis ao grande público (Rico, 1990; Crane, 1987).

Recentemente, esses tipos de trocas foram objeto de extensivas exposições de museu,[6] que procuraram traçar as interações entre pintura e propaganda, por um lado, e pintura e grafite, quadrinhos, propaganda e caricatura, por outro. De novo, o tráfego tem duas mãos: os pintores adotam temas da cultura popular, e a cultura popular incorpora esses temas como retrabalhados pelos pintores. Desenvolvimentos parecidos ocorreram na música, em que jovens músicos descobriram seguidamente que os vocabulários musicais do *hard rock* e do minimalismo serial não eram muito diferentes. Chambers (1988, p. 610) observa:

> Do final da década de 1960 em diante, a produção musical de Frank Zappa, de grupos alemães como Can, Amon Düül II e Tangerine Dream, e de músicos ingleses como Henry Cow, Brian Eno e até mesmo David Bowie pode ser ligada a experimentos de composição serial, repetição e "ruído" incidental encontrados nas obras de Varese, Stockhausen, Cage, Riley, LaMonte Young, Glass e outros.

Um desenvolvimento correlato é a utilização cada vez maior, por artistas de vanguarda, de tecnologias que foram a base de grande parte da cultura popular. A última palavra da vanguarda é a arte que utiliza vídeo, cinema, televisão e fotografia. À medida que essas tecnologias tornam-se mais acessíveis aos que têm meios limitados, o uso da tecnologia em si deixará de ser o critério para a cultura popular.

Ao mesmo tempo, a cultura e o comportamento da vanguarda estão ficando cada vez mais frequentes entre os criadores identificados com

---

6   "Art and Advertising: 1890-1990", Centro Georges Pompidou, Paris, 1º de novembro de 1990 a 25 de fevereiro de 1991; "High and Low: Modern Art and Popular Culture", Museu de Arte Moderna, Nova York, 1990.

a cultura popular. No comportamento dos criadores da música *punk*, manifestaram-se estratégias da vanguarda, tais como as tentativas calculadas de provocar o público, a derrubada intencional dos limites entre arte e vida cotidiana e as justaposições de objetos e comportamentos díspares (Henry, 1984). Como Kaplan (1987) expôs, alguns vídeos de música criam um tipo de ambiguidade e provocação de vanguarda, mas, muitas vezes, com inconsistências gritantes que solapam os efeitos. Finalmente, os estilistas de moda descobriram que a provocação da vanguarda é um meio de atrair a atenção para seu trabalho (Crane, 1988).

CULTURA MIDIÁTICA, CULTURA URBANA E EXCLUSÃO CULTURAL

Ao fundamentar essas diferentes formas de cultura em um contexto ambiental específico, é mais fácil identificar suas conexões com elites e estruturas de poder e evitar generalizações abstratas a respeito de influência e impacto. As elites que se beneficiam de controle sobre esses diferentes tipos de cultura são numerosas e variadas. Na literatura, há uma tendência a falar de uma única elite, da classe alta ou da classe média alta. Hoje, de fato, todas as classes sociais estão internamente fragmentadas em estilos de vida ou classes de cultura diferentes, que, de vez em quando, cruzam-se com classe diferentes.[7]

Elites diferentes controlam formas diferentes de cultura nacional. Faulkner (1983) documentou a existência de uma elite de Hollywood que controla a cultura cinematográfica norte-americana. Outras elites controlam a indústria editorial, a televisão e a música popular (Coser *et*

---

[7] Um relatório recente (Weiss, 1989) documenta a existência de quarenta estilos de vida distintos nos Estados Unidos.

al., 1982; Gitlin, 1983). O fato de que todas essas elites podem ser categorizadas como classe média alta ou classe alta não altera o fato de que grupos distintivos de pessoas dentro dessas classes, com tipos diferentes de experiências étnicas, educacionais e profissionais, controlam a produção e a disseminação dessas culturas.

Em que medida essas elites são capazes de manipular mensagens culturais, excluindo seu público do acesso a certos tipos de informações ou visões de mundo? Em geral, as culturas midiáticas nacionais fornecem meios de definir a realidade para grandes segmentos da população, embora o grau em que isso realmente acontece tenha sido objeto de considerável controvérsia na literatura, pois pressupõe um nível de integração social que não é realista. Na literatura, há consenso de que o conteúdo que ingressa na cultura básica caracteriza-se por alto grau de ênfase em determinados temas, com certos tópicos recebendo mais atenção do que outros. Quanto maior o público, mais estereotipado é o material que é comunicado, para facilitar a compreensão por pessoas de ampla gama de *backgrounds* (Crane, 1992).

No entanto, a teoria da recepção contribuiu para nova compreensão do impacto da cultura popular, em que muito mais importância é atribuída ao público. "Textos", impressos ou visuais, são considerados "indeterminados": isso significa que as descrições de pessoas, lugares e eventos são sempre incompletas. Para entender o texto, os leitores preenchem as lacunas, mas, como os indivíduos diferem nos modos como executam essa tarefa, surgem diversas interpretações. A teoria da recepção formula a hipótese de que os leitores pertencem a "comunidades interpretativas", isto é, comunidades de leitores que interpretam o mesmo texto de modos similares, pois compartilham *backgrounds* e ambientes parecidos. Por exemplo, o estudo de Radway (1984) a respeito de mulheres da classe média baixa, leitoras exclusivas de romances femininos, constatou que essas mulheres aceitavam alguns elementos desses romances como "realidade", ou seja, como fontes de informações que podiam contribuir para seu conhecimento do mundo, e, ao mesmo tempo, concentravam sua atenção em certos aspectos dos romances que contribuíam para sua autoestima como mulheres e que satisfaziam suas necessidades pessoais por "cuidado" emocional. Os romances que não preenchiam essas necessidades eram considerados "malsucedidos" por essas leitoras. Essas interpretações femininas desses romances eram muito divergentes da suposição corriqueira de que esses romances sejam uma forma de pornografia "leve".

Para Fiske (1984), os textos tornam-se populares, não porque expressam uma visão de mundo hegemônica, mas porque repercutem junto ao público. Suas mensagens condizem com as ideias a que as pessoas recorrem para interpretar suas experiências sociais, em dado momento. A satisfação proporcionada pelo consumo de cultura popular é reassegurar que a pessoa tem uma intepretação do mundo coerente com a de outros.

A fragmentação das culturas nacionais periféricas significa que o conteúdo (por exemplo, música popular, revistas) está cada vez mais adaptado aos interesses e estilos de vida de grupos demográficos estreitamente definidos. A cultura que esses grupos recebem reflete seus gostos, interesses e atitudes, em um dado período de tempo. Em consequência, confirma, em vez de questionar, suas visões de mundo e autoimagens. Dada a proliferação de estilos de vida e suas ligações com comunidades de moradores extremamente homogêneas nesse aspecto (Weiss, 1989), é provável que os atuais estilos de vida, mais do que as culturas urbanas de elite, funcionam como limites simbólicos.

Nas culturas urbanas, também encontramos elites diferentes que controlam formas diferentes de cultura (Gilmore, 1987; Crane, 1992). Em certas cidades, os membros da classe alta, representando riqueza herdada e *status* social, controlam conselhos de organizações culturais, como museus, orquestras sinfônicas e casas de ópera, que preservam e disseminam formas clássicas de cultura registrada (DiMaggio, 1982). Os grupos que produzem culturas de vanguarda, complexas tendem a ser controlados por elites acadêmicas e intelectuais (Gans, 1985). As culturas urbanas da classe média baixa e da classe baixa tendem a ser controladas por membros de grupos étnicos específicos nessas classes.

Como as culturas urbanas são disseminadas para um público baseado em classes, é nessa área que tradicionalmente ocorreu a exclusão social. Na Boston do século XIX, como DiMaggio (1982) mostrou, a elite construiu um mundo de alta cultura constituído de organizações que controlavam e das quais excluíam as não elites. Aqueles que não têm acesso a certas formas de cultura urbana podem estar em desvantagem, em termos de mobilidade ascendente (Bourdieu, 1984). No entanto, ao menos nos Estados Unidos, as diferenças de estilo de vida (decoração do lar, esportes, etiqueta, vestuário, etc.) entre as classes sociais são provavelmente mais cruciais para a mobilidade ascendente do que as diferenças no consumo de cultura registrada.

O modelo de organização da cultura urbana controlada pelas elites aplica-se melhor a cidades mais antigas situadas na costa oriental dos Estados Unidos, mas está ficando cada vez mais inaplicável mesmo ali, e diversas cidades do centro-oeste e do oeste daquele país nunca foram exemplos desse modelo. Nas últimas duas décadas, nas cidades da costa oriental, declinou a influência das elites da classe alta sobre organizações que preservam as tradições culturais clássicas: por um lado, por causa da maior mobilidade geográfica dos membros dessas elites, o que gera compromisso declinante em relação a cidades específicas; por outro, porque seus recursos financeiros são insuficientes para apoiar essas organizações. À medida que essas organizações contam com outras fontes de apoio, novas elites (empresariais, políticas) substituem as anteriores. Isso significa que novos atores exercem controle sobre a definição de cultura registrada difundida nesses cenários.

Uma exposição recente no Museu da Arte Moderna de Nova York ("Information art: diagramming microchips", de 6 de setembro a 30 de outubro de 1990) exemplificou essa transformação. Patrocinada por uma empresa fabricante de circuitos integrados para computadores, a exposição foi organizada em torno do tema de que circuitos integrados são obras de arte. Começaram a acontecer conflitos entre elites "antigas" e "novas", como se viu na recente controvérsia a respeito da exposição de fotos de Robert Mapplethorpe. Ao mesmo tempo, organizações culturais são compelidas a atrair um público maior e mais representativo da população em geral, o que, por sua vez, influencia a seleção do cardápio cultural. Na outra extremidade da escala social, enquanto membros de grupos étnicos casam-se entre si ou ascendem na sociedade, declina seu envolvimento com formas de cultura urbana étnica.

Em algumas cidades, as culturas de vanguarda e comercial foram utilizadas como parte de uma "estratégia de desenvolvimento baseada na arte" de áreas pobres dos centros das cidades, a fim de expandir as economias urbanas mediante a atração de investimentos empresariais e também de turistas e moradores dos subúrbios (Whitt & Share, 1998). A análise desses projetos revela que são muito concentrados na criação de organizações sem fins lucrativos ou não, integradas a instalações para turistas e visitantes de classe média. A maioria dos projetos de desenvolvimento urbano orientados pelas artes não leva em conta as culturas urbanas da classe trabalhadora e tende a desalojar redes de criadores de vanguarda como consequência da valorização imobiliária.

Também há indicações de que a natureza das cidades em geral está mudando de modos que não são favoráveis para a sobrevivência ou o desenvolvimento de culturas urbanas. Dado o alto nível de mobilidade geográfica da classe média, as cidades cada vez menos representam comunidades de indivíduos ligados direta ou indiretamente uns aos outros por vínculos sociais e comprometidos com a sobrevivência das instituições políticas e culturais (Calhoun, 1988). As cidades mais novas consistem de aglomerações de subúrbios; não há centro em que as organizações culturais possam ser agrupadas nem uma elite dominante fortemente comprometida com a cidade para atuar como patrocinadora. Na medida em que as subculturas urbanas estão sendo substituídas ou desalojadas por culturas suburbanas, desenvolvidas em torno de *shopping centers*, há menos espaço para culturas "alternativas", que atraiam pequenos segmentos da população.

CONCLUSÃO

Para resumir, as culturas registradas são mais complexas do que sugere o modelo alta cultura/cultura popular. Afirmei que a alta cultura é, em grande medida, um fenômeno criado e consumido em cenários urbanos, enquanto a cultura popular é disseminada pelas indústrias midiáticas nacionais. No entanto, as culturas urbanas incluem formas de cultura criadas pela classe trabalhadora, que não condizem com as definições tradicionais de alta cultura. De fato, esta última, como em geral a literatura a define, corresponde mais rigorosamente à cultura clássica transmitida por organização sem fins lucrativos, mas isso representa apenas uma pequena parte das formas de cultura criadas e difundidas em cenários urbanos.

A cultura popular difundida para públicos de massa não combina mais com o estereótipo da cultura popular da literatura sociológica. De fato, os tipos de cultura disseminados pelas organizações midiáticas nacionais, tanto para públicos de massa, como para públicos especializados, estão se tornando crescentemente diversos. Com frequência, também se assemelham aos produtos das culturas urbanas, enquanto as vanguardas assimilam tanto as tecnologias usadas para produzir cultura midiática, como suas imagens e temas, e os inovadores midiáticos esquadrinham os arquivos de todas as formas de cultura, numa busca desesperada por imagens e temas não familiares.

Embora as culturas urbanas continuem mais intimamente associadas com classes sociais, sua utilidade em manter limites sociais entre as classes sociais está diminuindo à medida que as estruturas sociais urbanas passam por mudanças drásticas e o controle sobre as organizações culturais urbanas, juntamente com o poder de definir cultura, transfere-se para elites empresariais e entidades governamentais. Embora os conglomerados midiáticos estejam se expandindo para dimensões mundiais, as estruturas sociais que apoiavam as culturas urbanas no passado estão sendo transformadas de maneiras que ameaçam sua sobrevivência de longo prazo.

BIBLIOGRAFIA

BANFIELD, E. C. *The Democratic Muse: Visual Arts and the Public Interest*. Nova York: Basic, 1984.

BECKER, H. S. *Art Worlds*. Berkeley/Los Angeles: University of California Press, 1982.

BENNETT, H. S. *On Becoming a Rock Musician*. Amherst: University of Massachusetts Press, 1980.

BOURDIEU, P. *Distinction: a Social Critique of the Judgement of Taste*. Cambridge: Harvard University Press, 1984.

CALHOUN, C. "Populist Politics, Communications Media, and Large Scale Integration". Em *Sociological Theory*, 6, 1988.

CHAMBERS, I. "Contamination, Coincidence, and Collusion: Pop Music, Urban Culture, and the Avant-Garde". Em NELSON, C. & GROSSBERG, L. *Marxism and the Interpretation of Culture*. Urbana: University of Illinois Press, 1988.

CHRISTOPHERSON. R. W. "From Folk Art to Fine Art: a Transformation in the Meaning of Photographic Work". Em *Urban Life and Culture*, 3, 1974.

COSER, L. *et al. Books: the Culture of Publishing*. Nova York: Basic, 1982.

CRANE, D. *The Transformation of the Avant-Garde*. Chicago: University of Chicago Press, 1987.

_____. "Fashion Worlds: Anatomy of an Avant-Garde Fashion Tradition". Palestra apresentada em XIV Conference on Social Theory, Politics, and the Arts. Washington: American University, outubro de 1988.

_____. *The Production of Culture: Media Industries and Urban Arts*. Newbury Park: Sage, 1992.

CROW, T. "Modernism and Mass Culture in the Visual Arts". Em BUCHLOH *et al.* (orgs.). *Modernism and Modernity*. Halifax: The Press of the Nova Scotia College of Art and Design, 1983.

DIMAGGIO, P. "Cultural Entrepreneurship in Nineteenth Century Boston: the Creation of an Organizational Base for High Culture in America". Em *Media, Culture, and Society*, 4, 1982.

FAULKNER, R. *Music on Demand*. New Brunswick. Nova Jersey: Transaction, 1983.

FISKE, J. "Popularity and Ideology: a Structuralist Readomg of Dr. Who". Em ROWLANDS, W. D. & WATKINS, B. *Interpreting Television: Current Research Perspectives*. Beverly Hills: Sage, 1984.

FITZGIBBON, H. "From Prints to Posters: the Production of Artistic Value in a Popular Art World". Em *Symbolic Interaction*, 10, 1987.

GANS, H. *Popular Culture and High Culture*. Nova York: Basic, 1974.

_____. "American Popular Culture and High Culture in a Changing Class Structure". Em BALFE, J. & WYSZOMIRSKI, M. J. *Art, Ideology, and Politics*. Nova York: Praeger, 1985.

GENDRON, B. "Theodor Adorno Meets the Cadillacs". Em MODLESKI, T. *Studies in Entertainment*. Bloomington: University of Indiana Press, 1987.

GILMORE, S. "Coordination and Convention: the Organization of the Concert World". Em *Symbolic Interaction*, 10, 1987.

GITLIN, T. *Inside Prime Time*. Nova York: Pantheon, 1983.

HALLE, D. "Class and Culture in Modern America: the Vision of the Landscape in the Residences of Contemporary Americans". Em *Prospects*, 14, 1989.

HENRY, P. "Punk and Avant-Garde Art". Em *Journal of Popular Culture*, 17, 1984.

KAPLAN, A. *Rocking around the Clock: Music Television, Postmodernism, and Consumer Culture*. Nova York: Methuen, 1987.

KEALY, E. "Conventions and the Production of the Popular Music Aesthetic". Em *Journal of Popular Culture*, 16, 1982.

LACHMANN, R. "Graffiti as Career and Ideology". Em *American Journal of Sociology*, 94, 1988.

MULKAY, M. & CHAPLIN, E. "Aesthetics and the Artistic Career: a Study of Anomie in Fine-Art Painting". Em *Sociological Quartely*, 23, 1982.

OHMANN, R. "The Shaping of a Canopn: U. S. Fiction, 1960-1975". Em *Critical Inquiry*, 10, 1983.

OSBORNE, C. L. "Opera's Fabulous Vanishing Act". Em *New York Times*, 17, 17-2-1991.

PETERSON, R. "A Process Model of the Folk, Pop, and Fine Art Phases of Jazz". Em NANRY, C. *American Music: From Storyville to Woodstock*. Brunswick: Transaction, 1972.

RADWAY, J. *Reading the Romance: Women, Patriarchy, and Popular Culture*. Chapel Hill: University of North Carolina Press, 1984.

RICO, D. "For Los Angeles Artists, the Media Is the Subject". Em *International Herald Tribune*, 28/29-4-1990.

VUILLAMY, G. "Music and the Mass Culture Debate". Em SHEPHERD, J. *et al.* Whose *Music? A Sociology of Musical Languages*. Londres: Latimer, 1977.

WEISS, M. *The Clustering of America*. Nova York: Harper & Row, 1989.

WHITT, J. A. & SHARE, A. J. "The Performing Arts as an Urban Development Strategy: Transforming the Central City". Em *Research in Politics and Society*, 3, 1988.

ZOLBERG, V. *Constructing a Sociology of the Arts*. Nova York: Cambridge University Press, 1990.

Pós-modernismo
e vanguarda

MUDANÇA ESTILÍSTICA NO DESIGN DE MODA

Nos círculos intelectuais atuais, é moda afirmar que o modernismo e sua contraparte, a vanguarda, como "visões de mundo" dominantes e que influenciaram a natureza do estilo durante a maior parte do século XX, foram substituídos pelo pós-modernismo, não só nas artes, mas na cultura popular. De acordo com um acadêmico francês, "a arte de vanguarda ainda existe, mas permanece imóvel e não perturba ninguém [...] A arte moderna não escandaliza mais seu público" (Serre & Abraizar, 1991). Tornou-se uma nova academia, uma nova forma de arte oficial (Ferry, 1988).

O modernismo e a vanguarda, que presumem a existência de distinções bem definidas entre tipos diferentes de esforços estéticos, são percebidos hoje como elitistas em comparação com o pós-modernismo, no qual a alta cultura não é mais considerada esteticamente superior à cultura popular e nem as culturas dominantes mais importantes que as culturas da minoria. A mudança do estilo moderno para o pós--moderno é vista como consequência das mudanças sociais, políticas e culturais que alteraram a relação entre diversos grupos sociais e a cultura dominante, bem como a maneira como esses grupos sociais podem ser representados de modo plausível pelas categorias culturais.

A enorme proliferação de diversas formas de cultura popular (cinema, tevê e música popular) transmitidas por filme e mídia eletrônica tornou difícil ignorar a influência estética dessas culturas na vida cotidiana e, ao mesmo tempo, provocou a marginalização das artes tradicionais, como a pintura, o teatro, a dança, a poesia e a música experimental. Deixou de ser convincente o conceito de duas culturas – uma esteticamente superior e identificada com as artes tradicionalmente definidas e outra esteticamente trivial e identificada com a cultura produzida para comunicação de massa. Hoje, na perspectiva pós-moderna, todas as formas de cultura misturam elementos de diversos estilos e diversos períodos de tempo, apagando as distinções entre alta e baixa culturas e entre culturas dominante e minoritária.

Infelizmente, a imensa discussão e o enorme debate a respeito da importância e impacto desses tipos de estilo criaram o que são, de fato, imagens estereotipadas, tanto do pós-modernismo, como do modernismo e ainda, em particular, do papel das vanguardas. Como Wilson (1990) observou, nossas "generalizações começam a dar a impressão de ter mais a ver com a criação de um mito cultural a respeito dos 'nossos tempos' que [...] procura criar um estereótipo do presente, no presente". A vanguarda moderna caracteriza-se por seu suposto alheamento em relação à cultura popular e à preocupção política, não por sua crítica da modernidade, especificamente do compromisso desta com a crença no progresso (Connor, 1989; Boyne & Rattansi, 1990, p. 9). A arte de vanguarda costuma ser identificada com sua fase, após a Segunda Guerra Mundial, de experimentação com a forma artística, enquanto é esquecido seu envolvimento com questões políticas no final do século XIX e início do século XX (Connor, 1989, p. 237). Em vez do alheamento em relação à cultura popular, no final do século XIX, os artistas franceses de vanguarda muitas vezes se apropriaram de temas de certos aspectos da cultura popular (Crow, 1983). Curiosamente, enquanto a vanguarda tende a ser ridicularizada nas discussões do pós-modernismo, o conceito não foi completamente abandonado. Os artistas pós-modernos, que, em suas obras, acabam com distinções claras entre cultura popular e arte, são às vezes descritos como usuários de estratégias da vanguarda. Boyne e Rattansi (1990, p. 10) afirmam que os pós-modernos, em relação à sua batalha contra o modernismo, constituem uma vanguarda, no mesmo sentido que dadaístas e surrealistas em sua oposição ao pós-impressionismo. Connor (1989, p. 166-167) observa que os pós-modernos utilizam "um léxico de subversão cultural e desconstrução parcialmente herdado da cultura moderna e suas teorias de vanguarda".

Ao mesmo tempo, alguns autores sustentaram que os teóricos pós-modernos exageram o grau em que o pós-modernismo substituiu a modernidade. Kellner (1990, p. 275) sugere que pode haver "continuidades" e "descontinuidades" entre os dois tipos de sociedades e indica a relevância da distinção de Williams (1977) entre culturas "residual", "dominante" e "emergente". Usando as distinções de Williams (1977), pode-se falar da pós-modernidade como tendência emergente dentro de uma modernidade ainda dominante, que também é assombrada por diversas formas de culturas residuais, tradicionais.

Collins (*apud* Connor, 1989, p. 177) assinalou "a presença simultânea do [pós-modernismo] junto com os estilos modernista, pré-modernista e agressivamente não modernista, todos desfrutando de significativos graus de popularidade junto a públicos e instituições diferentes". Wilson (1990, p. 214) fornece o exemplo de um estilo subcultural, o *punk*, como "manifestação modernista, pós-modernista e vanguardista". Nos últimos quinze anos, a mídia eletrônica apropriou-se de aspectos e táticas da vanguarda. Caldwell (1995, p. viii) afirma que "cada arcabouço da vanguarda [...] tornou-se altamente visível, de alguma forma, no mundo empresarial da nova televisão". Kaplan (1987, p. 55), na tentativa de classificar os vídeos de música da década de 1980, constatou que todas as categorias que identificou se utilizavam de estratégias da vanguarda; uma dessas categorias de vídeo era a pós-moderna. Alguns anúncios, em particular de fabricantes de vestuário, substituem a clareza pela ambiguidade, para chamar a atenção de um público tão saciado de mensagens publicitárias que não mais se dá ao trabalho de notá-las (Goldman, 1992). Uma técnica tem sido apresentar mensagens ambíguas, cujas conotações não são claras e que não parecer ter evidente conexão com o produto anunciado. Às vezes, são imagens que têm a intenção de ser perturbadoras ou, no mínimo, provocativas, como Goldman *et al.* (1991, p. 341) observam: "Para confundir ainda mais o campo ideológico, alguns anunciantes agora estimulam ativamente leituras múltiplas, pois tentam voltar a atrair a atenção de observadores alienados com mensagens codificadas, que são vagas, incompletas ou polivantes".

A assimilação pelos meios de comunicação de massa de recursos estilísticos associados com a vanguarda suscita a questão do grau em que temas antagônicos são disseminados (Caldwell, 1995, p. 360). Goldman *et al.* (1991, p. 341-342) comentam: "[...] por trás da aparente aleatoriedade ideológica dos anúncios e das inúmeras vozes com que se dirigem aos observadores, residem as familiares suposições norteadoras do consumo de mercadorias e uma notável regularidade ideológica estruturada pelo arcabouço dos anúncios".

Kaplan (1987, p. 65) assinala que mensagens antagônicas tendem a ser "anuladas pela superabundância de textos circundantes". A caótica enxurrada de mensagens transmitida pelos meios de comunicação de massa tende a eliminar o efeito de mensagens antagônicas quando estas aparecem; a alta cultura, ao contrário, enquadra mensagens antagônicas de modo a destacar seus efeitos: toda uma noitada no teatro dedicada a um único dramaturgo, toda uma galeria ou toda uma ala de museu dedicadas à obra de um só artista por diversas semanas. Finalmente, à medida que algumas das propriedades da alta cultura são absorvidas por certas formas da cultura popular, a hierarquização da cultura se reproduz nesta última: a música popular está sendo reclassificada em termos de "clássicos" e "não clássicos" (Regev, 1994).

Essas ambiguidades na discussão da relação entre pós-modernismo, modernismo e vanguardismo indicam que é útil repensar concepções da natureza, do significado e da importância do vanguardismo e do pós-modernismo na cultura contemporânea. Neste trabalho, examino essas questões conforme aparecem no trabalho dos estilistas de moda. A moda, com sua ênfase em imagens e incessantes mudanças, deve constituir o epítome de uma forma cultural pós-moderna. Frequentemente, seu conteúdo estético é considerado trivial e seu conteúdo social é visto como promotor do narcisismo e da autocontemplação, por um lado, e do consumo impensado de produtos desnecessários, por outro. Até que ponto os estilistas de moda envolvem-se em práticas vanguardistas, em oposição a pós-modernistas? A história do design de moda pode ser interpretada em termos de gêneros ou estilos distintos que prescreveram tradições e convenções estéticas contra as quais as vanguardas se rebelaram? Como esses gêneros desapareceram e foram substituídos pela paródia e pelo pastiche, marcas características do pós-modernismo?

Duas autoras que escreveram muito a respeito da sociologia da moda discordam nesse ponto. Embora localize alguns elementos de paródia e autoparódia no design de moda contemporâneo, que parecem se ajustar a um enfoque pós-moderno, Wilson (1990, p. 226) sustenta que outras características, tais como o pastiche e o "estilo nostálgico", que supostamente são indicativos do estilo pós-moderno, "foram difundidos na cultura popular (inclusive a moda) durante todo o século XX e [...] antes". Ela é cética a respeito de um *Zeitgest* (algo como "espírito da época") ou um *ethos* (algo como "conjunto de traços psicossociais de uma cultura") pós-modernos, como definidos, por exemplo, pelos destacados teóricos pós-modernos Frederic Jameson e Jean Baudrillard (Jameson, 1983; Baudrillard, 1983). Significativamente, as coleções de Yves Saint Laurent, que não se vê como pós-moderno, foram descritas como baseadas em "alusões a um precioso repositório de fontes, que vão de Proust ao teatro, a estilos de pintura e, com o passar do tempo, até a referências ao seu próprio trabalho" (Milbank, 1985, p. 310).

Em compensação, Kaiser *et al.* (1991) apontam, como indicativos da presença da perspectiva pós-moderna, a heterogeneidade dos *looks* "em voga" e a fusão indistinta das categorias binárias, bem como a manipulação e a transgressão dos códigos culturais pelos estilistas de moda. A incoerência estilística no todo leva à ambiguidade difusa nas aparências que os consumidores constroem a partir do conjunto de estilos do mercado de moda pós-moderna.

Nesta análise, tomo exemplos nas atividades dos estilistas de moda, do passado e do presente, que trabalharam ou exibiram suas coleções na França desde que o país foi o centro da moda do mundo ocidental durante os últimos duzentos anos. Paris ainda é o centro do mundo da moda internacional, o lugar onde os estilistas contemporâneos veem-se obrigados a expor seu trabalho, a fim de obter reconhecimento como inovadores e uma posição segura no mercado global. Foi, no passado, e continua sendo hoje, um lugar para a exibição de criações altamente inovadoras, não necessariamente adotadas de imediato (Behling & Dickey, 1980).[1] Ao mesmo tempo, o design de moda de Paris e de outros

---

[1] As autoras observam que alguns desenhos estavam tão à frente da moda que as mulheres não usaram roupas parecidas até a década de 1920. Outros importantes centros de moda são Londres, Milão, Nova York e Tóquio. Ver Crane (1993).

lugares adquiriu paramentos institucionais do mundo da arte. Museus de moda, às vezes denominados "institutos de vestuário", coletam e preservam roupas de séculos passados, obtêm trajes de estilistas contemporâneos quando aparecem, e produzem retrospectivas das obras dos principais estilistas. O mercado de leilões, um centro importante para a venda de obras de belas-artes, inclui atualmente vendas de trajes de estilistas ("Haute couture: le coût de la griffe", 1992). Como fizeram seus pares no início do século, os estilistas bem-sucedidos muitas vezes assumem o papel de colecionadores, patronos das artes e modelos do gosto da classe alta. Primeiro, contudo, é necessário identificar elementos da vanguarda e do pós-modernismo nos estilos culturais.

PRÁTICAS ESTÉTICAS DA VANGUARDA E DO PÓS-MODERNISMO

A análise de uma ampla gama dos usos do termo "vanguarda" revela que este foi aplicado quando há três tipos de mudanças: no conteúdo estético da arte, no conteúdo social da arte e nas regras que cercam a produção e a distribuição das obras de arte. É aplicado, por exemplo, ao conteúdo estético de objetos de arte quando essas obras representam a redefinição de convenções para a criação artística – muitas vezes de forma tal que são percebidas como transgressoras de tabus e como chocantes ou ofensivas –, quando envolvem a utilização de novas ferramentas ou técnicas ou se preocupam com a natureza da utilização das técnicas em si e quando redefinem o que pode ser considerado uma obra de arte (Becker, 1982). É aplicado ao conteúdo social das obras de arte quando estas manifestam valores sociais ou políticos decisivos ou diferentes em relação à cultura dominante, quando atacam instituições de arte e quando procuram redefinir os limites entre alta cultura e cultura popular. Finalmente, é aplicado aos criadores de obras de arte quando estes procuram redefinir o contexto social para a produção artística (por exemplo, modelos exemplares apropriados, críticos e públicos para artistas), o contexto organizacional em que a arte é exposta e distribuída, e a função social do artista em termos de sua participação em outras instituições sociais, como educação, religião e política. Entre quaisquer padrões, o termo "vanguarda" pode abranger uma vasta gama de práticas estética e sociais (Crane, 1987).

A caracterização do pós-modernismo é difícil, em parte por causa de sua preocupação com a ambiguidade e a contradição. De acordo com Boyne e Rattansi (1990, p. 9), "muitos duvidam que o termo eventualmente seja digno de coerência conceitual". O pós-modernismo oblitera categorias e classificações. Por isso, parece ser mais caracterizado pelas qualidades que não tem do que pelas que tem. As obras pós-modernas são polissêmicas, não tem significados determinados ou, em outras palavras, múltiplos. Interpretações confiáveis dos textos não são nem esperadas nem possíveis. Nas obras pós-modernas, os significantes são instáveis, mutáveis, contraditórios ou desconectados. As oposições binárias entre os significantes são indistintas (Kaplan, 1987, p. 55). Os significantes são "colagens", mas em geral não conseguem produzir sequências coerentes (Goldman, 1992, p. 200). Diferentemente do compromisso modernista com o desenvolvimento de um dado estilo, o pós-modernismo não está interessado no estilo como conjunto consistente e integrado de elementos estéticos, mas no pastiche e na reunião de elementos díspares de diversos textos prévios, não importa se isso produz, ou não, uma entidade coerente. Como muitos dos textos de que os pós-modernistas se apropriam são obras antes largamente disseminadas e, portanto, que são significativas para muitas pessoas, o pós-modernismo cria sentimentos de nostalgia pelo passado. De acordo com Goldman (1992, p. 214), o significado dos textos pós-modernos não pode ser discernido a partir de sua própria análise, mas apenas questionando-se a origem dos elementos do texto.

O conteúdo ou significado social da obra pós-moderna não é o de oposição à cultura dominante, mas o de exposição ou reinterpretação de elementos subversivos da cultura dominante e das culturas de minorias. De acordo com Connor (1989, p. 224), "muita teoria estética pós-moderna [...] tenta restaurar a dimensão política reprimida de todo tipo de atividade estética e cultural".

O contexto social do pós-modernismo, em termos de ambiente organizacional para produção ou exposição dessas obras, permanece indefinido. Ao contrário das obras das vanguardas modernistas, que em geral foram criadas e expostas em cenários muito bem definidos, em relativamente poucas das principais cidades do ocidente, as pós-modernistas são criadas em diversos cenários, desde organizações que produzem cultura em escala industrial até pequenos grupos pertencentes a culturas minoritárias e que trabalham com parcos recursos.

DESIGN DE MODA E O SURGIMENTO DE UMA VANGUARDA

São curiosas as conexões entre moda e vanguarda, pois essas duas estão preocupadas com o que um crítico de arte descreveu, anos atrás, como "o choque do novo". No entanto, os dois termos têm conotações muito diferentes na mente do público. O termo "moda", em particular quando aplicado ao vestuário, refere-se a um fenômeno que é novo, mas que foi rápida e amplamente aceito; isso implica que sua aceitação não requer uma mudança importante na visão de mundo do público. Está em sintonia com o *Zeitgeist*. Por sua vez, "vanguarda" indica um fenômeno de difícil entendimento, pois desafia as pressuposições do público e, em consequência, não é imediatamente aceito pelo público.

De acordo com o mais bem aceito modelo de difusão da moda, os novos estilos são de início aceitos pelos membros da classe alta e, aos poucos, disseminam-se entre os membros das classes média e baixa (Simmel, 1957). Quando um novo estilo torna-se irrestritamente aceito, é posto de lado pela classe alta, em favor de outro mais novo. Esse modelo – que pressupõe a existência de um estilo dominante, seguido de forma generalizada – é uma descrição razoavelmente fiel da difusão da moda na Europa e nos Estados Unidos durante os séculos XIX e XX (até mais ou menos a década de 1960). O papel do estilista de moda era simbolizado por Charles Frederick Worth, um inglês que trabalhou em Paris e criou estilos adotados pela realeza e pelas aristocracias europeias, pela classe média-alta e pelo *demi-monde* ("mundinho" de mulheres de reputação duvidosa) das cortesãs e atrizes. Worth iniciou a tradição da *haute couture* (alta-costura), roupas feitas sob medida para clientes que as compravam diretamente dos estilistas. O design de moda como *haute couture* enfatizava estilo e técnica: o estilo, como silhueta dominante, proporcionava um tema unificador; os detalhes técnicos proporcionavam diversidade. A moda evoluiu de acordo com sua própria dinâmica interna, seguindo uma sucessão lógica de ciclos com base nas formas de saia: sino, encorpada atrás (com anquinhas) e tubular (Young, 1937). O traje tinha que ser muito bem executado, pois as clientes sabiam que seriam minuciosamente examinadas por amigas e conhecidas nas reuniões sociais. As decisões dos estilistas parisienses de utilizar um determinado material ou acessório tinham imensas consequências para as indústrias de moda do mundo ocidental, influenciando os preços dos tecidos e, às vezes, a sobrevivência de fábricas inteiras (Martinez Herreros, 1985).

Na maior parte desse período, embora os estilos do vestuário se alterassem radicalmente de vez em quando, a mudança da moda não era associada a uma vanguarda. De fato, alguns estilistas tinham influência considerável sobre o modo como as mulheres se vestiam no início do século XX; mas raramente tentavam desafiar as convenções estéticas estabelecidas ou comentar as relações sociais por meio do uso dos temas das roupas. Por exemplo, Gabrielle "Coco" Chanel, a principal contribuinte do vestuário das mulheres do século XX, produziu roupas muito simples, sem detalhes e enfeites supérfluos, que podiam ser (e eram) repetidas continuamente com poucas variações. Entre suas inovações, destacaram-se o vestido preto simples, que ela considerava um item básico do guarda-roupa feminino; o cardigã, que ficou mais famoso quando o ressuscitou na década de 1950 (quando ela já tinha mais de 70 anos); e o suéter, que rapidamente substituiu as blusas para diversos propósitos (Delbourg-Delphis, 1981). Suas roupas foram comparadas a uniformes e a produtos de linha de montagem, como carros: quando o "pretinho básico" apareceu, a revista *Vogue* descreveu-o como "um Ford assinado por Chanel" (Charles-Roux, 1975). Suas indumentárias visavam a mulheres de todos os níveis sociais, embora só as clientes ricas tivessem dinheiro suficiente para pagar as roupas que ela vendia. Fáceis de copiar, seus desenhos eram logo disponibilizados para uma clientela muito variada.

No mesmo período, as roupas criadas por outra importante inovadora da moda, Madeleine Vionnet, não evoluíam de uma estação para outra, mas, em dada estação, sua coleção exibia um repertório completo da sua principal técnica: diferentes tipos de drapeado (Garnier, 1987). A pesquisa de Vionnet a respeito de drapeados (enviesados) levou a inovações que tiveram imensa influência sobre outros estilistas e que ainda são importantes. De acordo com Milbank (1985, p. 163), "Vionnet foi chamada de Euclides da moda, e formas geométricas predominam nas suas coleções como recursos decorativos e funcionais. [Suas] roupas eram obras-primas da arte da confecção de vestidos".

Elsa Schiaparelli, talvez a primeira estilista de moda cujo trabalho pode ser verdadeiramente caracterizado como vanguarda, começou sua carreira no final da década de 1920. Como Chanel, era amiga íntima de importantes artistas da vanguarda do período, como Marcel Duchamp, Francis Picabia, Tristan Tzara e Salvador Dalí; mas, ao contrário de Chanel, que era mais uma protetora do que uma colaboradora, Schiaparelli procurou traduzir as ideias dos artistas dadaístas e surrealistas para a criação do vestuário (Martin, 1987b).

Na década de 1930, as criações de Schiaparelli não eram simplesmente influenciadas pelo surrealismo, mas constituíam uma colaboração muito real com um grupo de artistas que estavam explorando a importância do corpo e do vestuário em suas pinturas e esculturas. Os resultados dessa colaboração foram roupas que desafiaram as regras e tradições estéticas prevalecentes na construção e no desenho do vestuário ocidental e que por vezes chegaram a questionar as ideologias políticas e socias em ascensão naquela década.

O surrealismo forneceu a Schiaparelli um fundamento racional estético para o envolvimento em experiências chocantes, em que objetos e partes do corpo eram colocados em lugares incomuns, como um chapéu em forma de sapato, e olhos, lábios ou braços que se tornavam decoração para vestidos e casacos. O objetivo dos surrealistas era criar novas conotações para partes do corpo e objetos familiares, desmantelando as ligações corriqueiras e criando novas e surpreendentes alianças. A intenção era romper com processos normais de pensamento, subvertendo significados convencionais e estimulando associações novas e possivelmente irracionais (Martin, 1987b, p. 108).

Com Salvador Dalí, Schiaparelli colaborou na criação do *Vestido de lágrimas*, feito com um tecido estampado de lágrimas e usado com uma capa em que as lágrimas eram reais, violando assim a norma da perfeição inerente ao desenho de moda e sugerindo associações entre as roupas caras e as roupas dilapidadas dos pobres (Martin, 1987b, p. 114).

A diferença entre Schiaparelli e outras estilistas daquela época também pode ser interpretada nos termos da distinção de Becker (1982, p. 242) entre artesãos e artistas. O autor define artesanato como uma compilação de conhecimentos e habilidades que podem ser utilizados para produzir objetos úteis ou belos, tais como cerâmicas, móveis e roupas; produzem seu trabalho sob encomenda, para clientes ou empregadores. Para o artesão comum, a utilidade é o principal fator na avaliação de suas criações; para o artista-artesão, a beleza e as qualidades estéticas são o mais importante. Frequentemente, as obras dos artistas-artesãos tornam-se artes decorativas. Podem ser expostas em museus e galerias de arte e conquistar prêmios. Esses artesãos são menos dependentes da avaliação do seu trabalho por clientes individuais; são avaliados por um círculo maior de intermediários, inclusive diretores de galerias de arte e curadores de museus.

O artista-artesão desenvolve e aperfeiçoa suas técnicas, em vez de subvertê-las. Antes da década de 1960, a maioria dos estilistas de *haute couture* eram artistas-artesãos. Em Paris, no período do pós-guerra, um dos principais estilistas, que simbolizou a tradição da *haute couture*, foi Balenciaga, cuja abordagem foi descrita do seguinte modo: "Dotado de uma técnica muito elaborada, que ele mesmo tinha inventado, não parou de desenvolvê-la e aperfeiçoá-la, sem abandonar os cânones que constituíam seu estilo: rigor, esforço persistente, elegância e beleza" (Martinez Herreros, 1985, p. 41).

A diferença entre esses artistas-artesãos e os artistas de vanguarda é percebida quando estes últimos "invadem" o artesanato. Nessa situação, os artistas de vanguarda utilizam as habilidades do artesão, mas os objetos que criam não são, propositalmente, nem úteis nem belos. Em vez disso, o artista que utiliza habilidades de artesão para executar obras de arte procura criar peças únicas, totalmente diferentes de outros objetos. Por exemplo, o estilista de moda contemporâneo Jean-Paul Gaultier, no desempenho do papel de inovador de vanguarda, mostrou recentemente um traje com a frente de um elegante vestido branco, trabalhado em estilo Balenciaga, e a parte de trás coberta apenas por uma malha arrastão justa e uma flor (Menkes, 1996).

DESIGN DE MODA E VANGUARDAS NA ÉPOCA DO PÓS-MODERNISMO

A partir da década de 1960, a compreensão da mudança de moda requer um novo modelo. A mudança de moda não pode mais ser inteiramente entendida como um processo de difusão das elites para o resto da população. Em vez disso, em qualquer dada estação, há diversos estilos usados por membros de diferentes faixas etárias e estilos de vida. Algumas modas se difundem para baixo, a partir das elites, e outras se difundem para cima, a partir dos moradores dos guetos urbanos de minorias (Polhemus, 1994). Alguns estilos não são difundidos, mas permanecem nos enclaves de origem. Os jovens estilistas preocupam-se menos com a definição de moda e mais com a criação de um estilo pessoal, para ganhar visibilidade no mundo da moda. Os estilistas que continuam a oferecer a tradição da *haute couture* desaparecem. Nesse ambiente caótico, é possível identificar estilistas cujo trabalho é vanguardista ou pós--modernista, embora muitos hesitem entre uma e outra condição.

Um grupo pode ser designado como "os classicistas". Eles representam uma geração mais velha de estilistas, que continuam a observar as convenções da *haute couture*, criando belas roupas, na tradição do artista-artesão. Por ocasião da aposentadoria de um dos últimos membros desse grupo, Hubert de Givenchy, a crítica de moda do *Le Monde* comentou: "Sua coleção [...] foi um manifesto de equilíbrio, clareza, rigor; a gramática do gosto francês aplicada à costura [...] Cada detalhe obedecia a uma ordem absoluta de linhas, de diagonais perfeitas, de jaquetas de seda que nunca se marcavam sobre o corpo, mas se ajustavam a este" (Benaïm, 1995a).

A abordagem do design de moda subjacente à tradição da *haute couture* é aquela em que os estilos e as técnicas evoluem ao longo do tempo, como exemplificada pelo o trabalho de Balenciaga. De acordo com Milbank (1985, p. 320), "todo o trabalho de Balenciaga era temático, cada coleção tinha origem na anterior; suas coleções, de fato, eram mais intrinsecamente relacionadas do que as de praticamente qualquer outro costureiro".

Como exemplo da natureza do seu estilo criativo, ele inventou a manga três quatros, mas, no processo, experimentou diversas variações: "*manche montée non ajustée, raglan, pivot, pingouin, gigot, dolman, chauve-souris*" (Delbourg-Delphis, 1985). Da mesma forma, na década de 1950, Dior criou inúmeras novas silhuetas, às quais deu nomes tirados das letras do alfabeto: a linha H, a linha A, a linha Y e a linha S; essas linhas foram com a variação sistemática dos componentes básicos do vestido: largura dos ombros, volume e delgadeza da saia (Sichel, 1979, p. 30).

Outro grupo de estilistas pode ser denominado "os vanguardistas". Para estes, a *haute couture* funcionou de forma análoga a um estilo de arte estabelecido, contra cujas convenções eles se rebelaram. Um dos primeiros estilistas do período do pós-guerra a se envolver no vanguardismo foi Paco Rabanne. A partir do início da década de 1960, ele criou roupas tão originais que muitas quase não podiam ser vestidas. Seu objetivo foi utilizar materiais que não eram considerados apropriados para vestuário, como metal e plástico, que ele considerava representativos da vida contemporânea (ele acredita que o tecido vai desaparecer). Sua autoimagem é a de um artista, um escultor que executa obras únicas (Tretiack, 1988). "A criatividade real é iconoclasta", ele afirmou, recentemente; "o futuro será de quem explodir com a moda" (Benaïm, 1995b). Seu trabalho está em diversos museus, mas não é claro se deve ser classificado como "escultura", "desenho industrial" ou "moda" (McDowell, 1987, p. 226).

Outro meio de desafiar as convenções estéticas envolve a criação de roupas que expressam valores que são a antítese daqueles expressos no vestuário ocidental, em geral, e na tradição francesa da *haute couture*, em particular. Uma estilista japonesa, Rei Kawakubo, residente no Japão, que apresenta suas coleções semestralmente em Paris, criou, no início da década de 1980, roupas que transgrediam as principais características do vestuário do Ocidente, como simbolizado pela *haute couture*. Espera-se que as roupas ocidentais sejam simétricas; já no vestuário japonês tradicional e no trabalho de Kawakubo, a simetria não é importante. Por exemplo: um vestido pode ter três mangas; uma jaqueta pode ter um lado maior do que o outro. Outra característica da *haute couture* francesa que as roupas de Kawakubo transgrediram é a perfeição da habilidade artesanal: o ponto de costura manual deve ser perfeito; o corte, impecável. Rei Kawakubo criou suéteres cheios de buracos e vestidos com bainhas esfarrapadas e inacabadas (Sudjic, 1990). As máquinas são deliberadamente manipuladas, de modo que seu produto seja imperfeito (Sudjic, 1990, p. 80).

As roupas com buracos ou outras imperfeições também são vistas como manifestações sociais, como referências indiretas às roupas das mulheres moradoras de rua e como ataques velados contra a decadência da moda ocidental (Sudjic, 1990, p. 80). Em Paris e outras capitais da moda, o efeito das roupas de Kawakubo, no início da década de 1980, era de iconoclastia. "Contra o pano de fundo da moda predominante do período [...] as criações de Kawakubo eram radicalmente estranhas. De fato, algumas de suas roupas eram interpretadas como um ataque frontal contra *a própria ideia da moda*" (Sudjic, 1990, p. 70; itálico do autor).

Na década de 1990, jovens estilistas como Jean Colonna e Martin Margiela também produziram roupas que desafiavam propositalmente a habilidade artesanal perfeita da *haute couture*: calças muito curtas, jaquetas e vestidos amarrotados, jaquetas presas no meio das costas com um grande alfinete de segurança, e jaquetas com botões e suas casas desalinhados ("Jean Colonna", 1993). Ainda mais iconoclasta, pois constitui uma ameaça à base econômica da moda, é o projeto de Margiela: criar novos estilos a partir de peças recortadas de roupas de segunda mão (Polhemus, 1994, p. 114).

Subverter as convenções estéticas da *haute couture* também foi objetivo das primeiras coleções do francês Jean-Paul Gaultier. Seu trabalho se caracterizava pelas transformações vanguardistas de valores e ícones amplamente aceitos na tradição da *haute couture*: uso de um tipo de vestuário associado a dada atividade com propósito muito diferente (uma jaqueta de aviador como parte de um vestido de noite), adoção de detalhes de *lingerie* (espartilhos usados por cima da roupa). Como outra possibilidade, Gaultier tomou um importante ícone da *haute couture*, a jaqueta Chanel, e a reproduziu em pele sintética com um cinto feito de correntinha de caixa de descarga (Delbourg-Delphis, 1983, p. 154). Seu objetivo era alterar os significados usuais atribuídos às roupas e outros objetos que podiam ser apropriados como vestuário, como as tampas de potes de geleia que utilizou para fazer braceletes. Sua filosofia era que, em termos de valores estéticos, qualquer coisa era possível e nada era sagrado. Em contraposição ao modo como o vestuário fora interpretado previamente, ele demonstrou que a mesma peça de roupa podia ser interpretada de diversos modos, dependendo de como era apresentada e com o quê (Delbourg-Delphis, 1983, p. 162). Contrário às regras anteriores do traje da moda, Gaultier sustentou que estar na moda dependia não tanto do *que* alguém vestia, mas *como* vestia.

Alguns estilistas, em particular as mulheres, estiveram envolvidas na subversão das convenções sociais concernentes ao modo como o gênero se expressa no vestuário. As criações da Kawakubo, por exemplo, não obedecem às regras concernentes à expressão e ao realce da sexualidade feminina na tradição da *haute couture*; suas roupas ocultam os atributos sexuais femininos, em vez de destacá-los. Martin (1987a) descreve-a como refreando a sexualidade e a sensualidade: "Toda sedução carnal é abandonada, toda indicação de erotismo é sublimada". Kawakubo explicou seu ponto de vista do seguinte modo: "Precisamos romper com as formas convencionais do vestuário para a nova mulher de hoje. Precisamos uma nova imagem que seja forte, não uma releitura do passado" (Sudjic, 1990, p. 81).

Outros estilistas ridicularizam noções estereotipadas da sexualidade feminina, enfatizando-as ao máximo. De acordo com Drier (1987), "parodiando o estereótipo, levando-o a extremos [...] eles começam a abrir caminho – para o humor, para o jogo, potencialmente para a liberdade de reconstruir, e assim redefinem os termos do que significa ser uma mulher".

Outra característica da vanguarda é a tentativa de redefinir a função social do artista e o contexto em que a arte é exposta e distribuída.

O artista de vanguarda assumiu o papel de rebelde ou, no mínimo, de alguém suficientemente marginal para ser capaz de atacar as convenções sociais. Estilistas como Yohji Yamamoto manifestam um senso de distanciamento pessoal tradicionalmente associado ao artista de vanguarda:

> Nosso trabalho, como toda atividade criativa, deve rasgar a cortina opaca das convenções sociais. Somos agitadores e, ao mesmo tempo, temos de tentar pertencer ao *Establishment*. Esse é um dos aspectos paradoxais de nossa atividade. Os norte-americanos me dizem: "Senhor Yamamoto, o senhor não é bem-sucedido." Eu respondo: "Obrigado!" A ideia de sucesso, no sentido norte-americano, não tem nada a ver com meu trabalho (Yohji Yamamoto, 1995).

Finalmente, alguns estilistas de moda alteraram o contexto em que seu trabalho é exibido, apresentando suas coleções em locais que carecem das conotações de elegância e riqueza geralmente associadas a roupas de estilistas, como estações de metrô, supermercados em bairros pobres e moradias abandonadas (Benaïm, 1993). As lojas onde essas roupas são vendidas também são utilizadas para transmitir declarações a respeito das intenções artísticas dos estilistas. Trabalhando próximo de arquitetos, Kawakubo inventou para suas lojas decorações totalmente diferentes daquelas de lojas tradicionais de venda de vestuário feminino ou outros tipos de bens de consumo pessoal. Sudjic (1990, p. 114) anota que as lojas da estilista "não têm semelhança com as tradições do projeto de loja existentes naquela época; nenhuma mercadoria ficava visível na vitrina, e pouco estava em exposição dentro da própria loja".

Frequentemente imitadas na década de 1990, suas lojas têm mais em comum com os espaços brancos e imaculados de diversas galerias de arte dedicadas à arte moderna ou contemporânea do que com lojas de departamento ou butiques tradicionais. Uma consequência dos ambientes austeros e um tanto sombrios em que suas roupas eram vendidas foi a redefinição da clientela tradicional de roupas de luxo: *socialites*, atrizes e mulheres de negócios. Sudjic (1990, p. 114) assinala: "Em vez de 'transmitir' seus artigos para os transeuntes, a loja atuava como um filtro. Seu caráter exigia certa confiança por parte das clientes: aquelas que não se sentissem à vontade com as roupas não tenderiam a encarar a loja."

Como ocorre com muitos dos estilistas de vanguarda que transgridem as convenções estéticas da *haute couture*, a clientela de Kawakubo no Ocidente inclui, em grande medida, intelectuais, artistas, profissionais e mulheres que trabalham na indústria da moda. De acordo com Sudjic (1990, p. 81), suas roupas "atraem aquelas que se veem fora da ideia convencional de moda".

Um terceiro grupo de estilistas pode ser denominado "os pós-modernos". Enquanto os vanguardistas procurem ser iconoclastas, mas de um jeito marginal, os pós-modernos preferem tirar proveito da ambiguidade, criando efeitos que podem ser interpretados de diversas formas ou que são difíceis de interpretar, porque não visam expressar uma mensagem clara. Ann Demeulemeester, estilista belga, procura criar ambiguidade de gênero, tornando difusas as linhas demarcatórias de categorias binárias: "Sempre tento criar uma mulher que é ao mesmo tempo masculina e feminina [...]. Para mim, uma pessoa muito masculina ou muito feminina é menos atraente: o estilo que só favorece mulheres coquetes e muito femininas me parece vazio" (Sépulchre, 1993).

A androginia prevalece, o luxo é solapado com "*looks* de rua" e o pastiche impera – o contínuo reembaralhamento de fragmentos de textos preexistentes. Se, no passado os estilistas inspiravam-se em estilos anteriores para criar um novo trabalho, hoje simplesmente recriam tais estilos, a fim de justapor diversos períodos e atmosferas. A diferença entre essas abordagens em relação ao passado pode ser vista na adaptação que Dior fez do estilo do final do século XIX. Em vez de produzir uma cópia, ele utilizou elementos do estilo mais antigo para criar o que é, provavelmente, o mais famoso estilo do século XX: o New Look. Diferentemente, John Galliano, estilista pós-moderno, reproduz estilos de diversos períodos e os justapõe na mesma coleção.

Um equivalente ao projeto pós-moderno de repudiar o culto modernista da originalidade, criando e vendendo cópias idênticas de pinturas famosas (Connor, 1989, p. 239), é encontrado na obra de Martin Margiela, que, há pouco, consagrava sua coleção à produção de cópias exatas de coleções criadas décadas atrás. O que ele escolheu copiar, porém, foram coleções que não tinham prestígio nenhum na tradição da *haute couture*: todo o guarda-roupa de uma boneca da década de 1960, mantos cerimoniais da virada do século e uniformes escolares pretos (Sépulchre, 1994).

O estilista pós-moderno também redefine a relação do público com as roupas da moda. De acordo com essa abordagem, a moda é um assunto individual; cada mulher deve montar seu próprio estilo de vestimenta, um que é apropriado para ela, a partir de diversos elementos, em vez de comprar e consumir automaticamente um *look* total. A mulher da moda é considerada uma pessoa que não adota um estilo único, mas utiliza diversos estilos, que lhe permitam manifestar diferentes facetas de sua personalidade ou participar de diversos ambientes sociais. Essa atitude orientada para a cliente opõe-se àquela tradicionalmente expressa na *haute couture*, qual seja, a cliente devia ser vestida exclusivamente por um único costureiro, que impunha um guarda-roupa completo.

Alguns estilistas se identificam tanto com estratégias vanguardistas, como pós-modernas. Vivienne Westwood, estilista inglesa que apresenta suas coleções em Paris, ilustra uma abordagem pós-moderna em relação ao design de moda, por sua ênfase na paródia e na ambiguidade. Um exemplo, da coleção de 1990: um traje feminino, chamado "Half--dressed City Gent" (algo como "Cidadão semivestido"), constituído por uma camisa masculina larga, com colarinho frouxo e gravata, e uma calcinha rosa grafitada com um pênis enorme. Um item da coleção masculina de 1989 era uma meia-calça com uma folha de figueira sobre a área genital: usadas com calçados tradicionalmente masculinos, sua intenção é causar dúvida – é um homem ou uma mulher? (Ash, 1992, p. 174).

O método de Westwood de criar roupas foi comparado com o de um poeta de vanguarda do século XIX, Arthur Rimbaud. O que eles têm em comum, afirma Ash, é a técnica da *surmontage* (Connor, 1989, p. 175), isto é, a sobreposição em camadas de ideia sobre ideia, "uma espécie de *surmontage* de desigualdades (culturais e técnicas), da qual resulta uma nova forma e da qual emerge uma nova ideia, a respeito de sexualidade, vestuário, corte, história, pintura, música, dança, desempenho na passarela, filosofia, idade, juventude, tempo" (Connor, 1989, p. 165).

Em meados da década de 1970, Westwood, em colaboração com um empresário musical, criou um dos estilos de vestimenta anticonvencional de maior sucesso: o *punk*. O abuso do corpo e o vestuário expressavam atitudes sarcásticas e niilistas em relação aos valores do *Establishment*. O estilo incluía camisetas retalhadas com navalha, costuras para simular cicatrizes, camisetas que mostravam a rainha da Inglaterra com um alfinete de segurança atravessando o nariz e a boca, correntes e cabelos com cores extravagantes (Jones, 1987). Em 1975, o sócio de Westwood criou a primeira banda *punk*, os Sex Pistols, composto de rapazes da classe trabalhadora vindos das proximidades de sua loja de roupas, e os vestiu nesse estilo.

A "sensibilidade *punk*" aplicada ao design de moda continuou sendo percebida como vanguarda, mesmo no início da década de 1990. Estilos contraculturais, como o *punk*, são capazes de subverter tabus sociais em um grau muito maior do que é possível para estilistas, que têm de vender roupas para o grande público, e fornecem os exemplos principais desse tipo de vanguarda. No caso do *punk*, desdobramentos como *body piercing*, trajes *drag* e sadomasoquistas foram adotados principalmente por jovens e minorias sexuais e raciais. Sua futura adoção por estilistas das correntes predominantes, como Calvin Klein, sinalizaram o fim de sua identificação como vanguarda (Splinder, 1995). Os estilos contraculturais são frequentemente copiados por estilistas de moda, uma indicação de sensibilidade pós-moderna, mas a mudança de contexto tem o efeito de negar os elementos anticonvencionais.

TEMAS PÓS-MODERNOS E DE VANGUARDA NAS COLEÇÕES DOS ESTILISTAS

Um exame das descrições das coleções dos estilistas franceses num período de dez anos revela que determinados temas se repetiram ano após ano.[2] Em vez de evoluírem ou progredirem, os estilos apresentados todo ano pelos estilistas franceses oscilaram em sua ênfase relativa sobre um conjunto de temas que podem ser conceituados em termos de oposições binárias. Quatro temas dominantes são recorrentes: futuro--tradição, masculinidade-feminilidade, luxo-pobreza e ocultamento-

---

[2]   As descrições que constituem a base dos comentários a seguir são encontradas nos artigos que abordam as coleções de moda francesas que apareceram na principal publicação do setor têxtil de Paris, o *Journal du Textile*, de 1987 a 1996.

-desnudamento corporal. Em geral, o estilista de vanguarda enfatizou o polo binário que seria a antítese da moda de luxo, enquanto o pós--moderno envolveu-se numa estratégia de tornar indefinidos os limites da oposição binária.

Futuro-tradição foi um dos temas predominantes: uma indefinição pós-moderna dos períodos de tempo, muitas vezes com ênfase na nostalgia pelo passado, na passagem do velho para o novo, do passado para o presente, do étnico para o contemporâneo. O que levou ao uso crescente da intertextualidade como técnica estética é o fenômeno da "sobreposição semiótica", que resulta da constante proliferação e da contínua redefinição de imagens em toda a mídia visual (cinema, tevê, propaganda, pintura e moda). Turim (1985, p. 377) define isso como "a acumulação e a transformação dos significados associados a um objeto como este passa pela história ou como é apresentado em diversas versões". A cultura midiática forneceu os "bancos de dados visuais", que são constantemente redisseminados, e tornam o passado imediatamente disponível de um modo antes impossível, um fenômeno que permite aos estilistas pós-modernos tirar proveito dos multissignificados que ficaram ligados a objetos e estilos do passado distante e recente.

Na mesma estação, era comum que os estilistas revivessem estilos de vestuário identificados com diversas décadas do século XX ou com períodos históricos de séculos passados. Outros estilistas utilizavam como fonte de inspiração um cenário exótico do passado, como a Veneza do Renascimento. Embora Wilson (1990) sustentasse que os estilistas estavam recorrendo a estilos de períodos muito anteriores ao daquele geralmente definido como pós-moderno, as referências ao passado parecem ter aumentado e se tornaram cada vez mais anárquicas. Uma estratégia equivalente é a incorporação de detalhes das culturas étnicas contemporâneas, pois estas são remanescentes de períodos anteriores;

isso proporcionou uma fonte adicional de ambiguidade com base na fusão cultural. Com frequência, a África, a Índia, a China e o Islã foram evocados nessas coleções. Um estilista foi descrito nos seguintes termos:

> 🦌 Em uma grande mistura de temas e formas, Christian Lacroix homenageia todos os folclores do mundo. Suas *hippies* de luxo saltam sem transição de um vestido folgado de camponesa para um traje complexo, com listras peruanas multicoloridas e franjas com pérolas ("La mode multiple des créateurs mise en examen", 1993).

Em compensação, o futuro, uma tentativa de criar desenhos sem nenhuma referência ao passado, raramente apareceu. Só Issey Miyake, estilista japonês estabelecido em Paris, produziu, estação após estação, formas extraordinárias com materiais nunca antes utilizados para vestuário. De acordo com uma descrição, "suas roupas, dançadas em vez de vestidas, pareciam não pesar nada no corpo e acompanhar o menor movimento. É o efeito da gaze transparente feita de uma fibra que capta luz e adere suavemente à pele" ("La mode multiple des créateurs mise en examen", 1993).

O tema da ambiguidade sexual (masculinidade-feminilidade) também apareceu ano após ano em diversas coleções, evocada na justaposição de itens identificados com os vestuários masculino e feminino. Em 1991, as coleções parisienses para o verão de 1992 incluíram paletós em cores escuras sobre sutiãs ou bustiês de finas tiras de plástico, paletós largos sobre *tops* de malha arrastão, gravatas vestidas com saias com aberturas laterais até o quadril e sóbrios paletós sobre roupas justas de couro ("Autopsie des 20 collections leaders", 1991). Os jornalistas de moda falaram de estilistas "brincando totalmente com a ambiguidade masculina-feminina" ou "brincando com a ideia do masculino" ("Autopsie des 20 collections leaders", 1991). Em algumas coleções, os temas masculinos e femininos eram misturados no mesmo traje; em outras, na coleção como um todo: paletós, coletes e calças masculinas se alternando com nudez, transparências e vazados. Se as mulheres incorporaram elementos do vestuário masculino em seus trajes durante séculos, o grau de indistinção de gênero nessas coleções é peculiar ao período contemporâneo.

O tema do luxo-pobreza reuniu elementos de subversão e oposição vanguardista, inclusive a justaposição do minimalismo à perfeição do vestuário de alta-costura, da assimetria à simetria, da moda de rua ao luxo. A simulação da pobreza no vestuário pode ser interpretada como comentário a respeito do luxo excessivo da moda (ilustrado nessas coleções pelo uso de materiais caros e bordados e pela reaparição das caudas nos vestidos de noite). Em resposta ao luxo, os estilistas mais jovens estavam particularmente propensos a criar roupas que sugeriam pobreza. Entre os temas associados à pobreza, incluíam-se suéteres ou mangas parcialmente desfiados, costuras do lado externo da roupa, materiais rasgados e roupa muito grande ou muito pequena. "Tudo é uma questão de meios, de detalhes, do método de tratar os materiais. São rasgados, triturados, queimados. Cobertos com manchas de 'sujeira', alvejados ou ricamente bordados" ("La mode des créateurs été 93 s'est dédoublée", 1992).

A coleção de um estilista foi descrita como "perambulando entre Sarajevo e o Exército da Salvação", enquanto as roupas de outro estilista, na mesma estação, exibiu "opulência fora do comum". Em uma coleção, a pobreza estava contida em um detalhe único, um fileira inacabada de pontos de costura e uma linha de costura pendente da frente de um vestido. Um subtema da pobreza era a preocupação com a ecologia, indicada pela ênfase em materiais simples, como ráfia e cânhamo, e a utilização de conchas e seixos em joias.

O quarto tema, ocultamento-desnudamento, tornou-se cada vez mais popular durante a década. Seios e a região da barriga eram expostos ou cobertos com materiais transparentes, crochê ou malha arrastão, que revelavam tanto quanto ocultavam. Em uma coleção, um traje nupcial nada mais era do que um buquê de flores e um pedaço de fio. Muitas vezes, a *lingerie*, como sutiãs e espartilhos, substituía as roupas de cima.

A importância desse tema é ambígua. No passado, a nudez feminina evocava em geral a falta de poder e a subordinação. No entanto, a ênfase na nudez feminina nas coleções de homens e mulheres estilistas pode refletir atitudes de mudança em relação à sexualidade feminina; sugere--se a ideia de que as mulheres são capazes de dominar, em vez de ser dominadas, nas relações sexuais. A cantora *pop* Madonna defende o uso de imagens explicitamente pornográficas em seus vídeos, afirmando que permanece no controle de sua imagem e que não é um objeto sexual passivo (Skeggs, 1993). Nesse sentido, a ênfase sobre a nudez pode ser interpretada como transgressão vanguardista de um tabu burguês.

O efeito geral dessas coleções foi de imensa variedade e mudança evidente, pois diferentes elementos do repertório eram evocados em cada estação. De fato, porém, os temas subjacentes permaneceram muito semelhantes. Cada peça de vestuário podia ser decifrada em termos de um conjunto complexo de alusões ao passado e a diversas identidades sexuais. Alguns itens do vestuário podiam ser interpretados como "ataques" contra todo o negócio da moda de luxo ou como comentários a respeito das concepções burguesas do ocultamento do corpo. Ao mesmo tempo, essas coleções incluíam outros tipos de vanguarda (como jaquetas concebidas para não serem fechadas) e diversos exemplos de surrealismo (um chapéu feito de caixa de lenços de papel, usado com um traje feito com um material que parecia papel; um *trompe l'oeil* de *jeans* pintado sobre calça de lona).

CONCLUSÃO

No campo da cultura popular, as abordagens pós-modernas parecem coexistir inquietamente com a vanguarda. Obter a atenção de públicos que são cada vez mais sofisticados na interpretação da complexa imagística visual e verbal requer a utilização de técnicas mais variadas do que antes do surgimento da mídia eletrônica. No design de moda, as vanguardas procuram subverter as convenções estéticas, adotando uma postura anticonvencional, enquanto os pós-modernos hesitam entre códigos convencionais e anticonvencionais, criando efeitos de polissemia, ambiguidade e paródia. Para as vanguardas, a principal técnica de comunicar significado é a subversão simbólica; para os pós-modernos, a intertextualidade. Essas duas tendências substituíram a abordagem clássica do design de moda, que retrabalhava elementos anteriores para produzir estilos que, embora relacionados ao passado, não eram nem cópias nem pastiches.

As qualidades anticonvencionais da vanguarda são atenuadas quando justapostas ao pós-moderno. Para o típico artista de vanguarda do passado, o vanguardismo constituía toda a sua identidade: influenciava não só obras de arte, como relações sociais e visões políticas. Mas, para muitos adeptos da vanguarda na cultura popular, é meramente uma técnica, não uma identidade, um recurso que é adotado para um propósito específico e rapidamente abandonado. A ênfase na vanguarda e no pós-modernismo, tanto na cultura de elite quanto na popular, levou a uma enorme variedade, mas não a uma mudança evolucionária ou a mensagens coerentes. Na atmosfera deflacionária do pós-modernismo, a mística da vanguarda submergiu – talvez para sempre.

BIBLIOGRAFIA

ASH, Juliet. "Philosophy of Catwalk: The Making and Wearing of Vivienne Westwood's Clothes". Em ASH, Juliet & WILSON, Elizabeth (orgs.). *Chic Thrills: a Fashion Reader*. Berkeley: University of California Press, 1992.

BAUDRILLARD, Jean. "The Ecstasy of Communication". Em FOSTER, Hal (org.). *The Anti-Aesthetic: Essays in Postmodern Culture*. Port Townsend: Bay Press, 1983.

BECKER, Howard. *Art Worlds*. Berkeley: University of California Press, 1982.

BEHLING, Dorothy U. & DICKEY, Lois E. "Haute Couture: a 25-Year Perspective of Fashion Influences, 1900-1925". Em *Home Economics Research Journal*, 8, julho de 1980.

BENAÏM, Laurence. "La dictature de l'effiloche". Em *Le Monde*, 17/18-10-1993.

_____. "La mode d'hiver a defile dans une ambience de fin de siècle". Em *Le Monde*, 16/17-7-1995a.

_____. "Les trente ans de carrière de Paco Rabanne, ou l'obsession du futur". Em *Le Monde*, 5-8-1995b.

BOYNE, Roy & RATTANSI, Ali. "The Theory and Politics of Postmodernism: By Way of an Introduction". Em BOYNE, Roy & RATTANSI, Ali. *Postmodernism and Society*. Londres: Macmillan, 1990.

CALDWELL, John C. *Televisuatlity: Style, Crisis and Authority in American Television*. New Brunswick: Rutgers University Press, 1995.

CHARLES-ROUX, Edmonde. *Chanel: Her Life, Her World, and the Woman Behind the Legend She Herself Created*. Nova York: Knopf, 1975.

CONNOR, Steven. *Postmodernist Culture: An Introduction to Theories of the Contemporary*. Oxford: Basil Blackwell, 1989.

CRANE, Diana. "Fashion Design as an Occupation: a Cross-National Approach". Em *Current Research on Occupations and Professions*, 8, 1993.

_____. *The Transformation of the Avant-Garde: The New Art World, 1940-1985*. Chicago: University of Chicago Press, 1987.

CROW, Thomas. "Modernism and Mass Culture in the Visual Arts". Em BU-CHLOH, Benjamin; GUILBAUT, Serge; SOLIN, David. *Modernism and Modernity*. Halifax: Nova Scotia College of Art and Design, 1983.

DELBOUG-DELPHIS, Marylène. "Radioscope de la coupe Balenciaga". Em *Hommage à Balenciaga*, 1985.

_____. *La mode pour la vie*. Paris: Éditions Autrement, 1983.

_____. *Le Chic et le look: Histoire de la mode feminine et des moeurs de 1850 à nos jours*. Paris: Hachette, 1981.

DRIER, Deborah. "The Defiant Ones". Em *Art in America*, 75, setembro de 1987.

FERRY, Luc. "L'avant-garde se meurt". Em *L'Express*, 22-7-1988.

GARNIER, Guillaume. *Paris – couture – années trente*. Paris: Éditions Musées de Paris et Société de l'Histoire du Costume, 1987.

GOLDMAN, Robert. *Reading Ads Socially*. Nova York: Routledge, 1992.

_____; HEATH, Deborah, SMITH, Sharon L. "Commodity Feminism". Em *Critical Studies in Mass Communication*, 8, 1991.

JAMENSON, Frederic. "Postmodernism and Consumer Society". Em FOSTER, Hal (org.). *The Anti-Aesthetic: Essays in Postmodern Culture*. Port Townsend: Bay Press, 1983.

JONES, Mablen. *Getting it on: the Clothing of Rock n'Roll*. Nova York: Abbeville Press, 1987.

JOURNAL DU TEXTILE. "Jean Colonna". Em *Journal du Textile*, 1.349.

_____. "La mode des créateurs été 93 s'est dédoublée". Em *Journal du Textile*, nº 1.307, 9-11-1992.

_____. "La mode multiple des créateurs mise en examen". Em *Journal du Textile*, nº 1.349, 8-11-1993.

KAISER, Susan; NAGASAWA, Richard H.; HUTTON, Sandra S. "Fashion Postmodernity and Personal Appearance: a Symbolic Interactionist Formulation". Em *Symbolic Interaction*, 2, 1991.

KAPLAN, E. Ann. *Rocking Round the Clock*. Nova York: Methuen, 1987.

KELLNER, Douglas. "The Postmodern Turn: Positions, Problems and Prospects". Em RITZER, George. *Frontiers of Social Theory*. Nova York: Columbia University Press, 1990.

LA GAZETTE DE L'HÔTEL DE DROUT. "Haute Couture: Le coûte de la griffe". Em *La Gazette de l'Hôtel de Drout*, 15, 10-4-1992.

MARTIN, Richard. "Aesthetic Dress: The Art of Rei Kawakubo". Em *Arts*, março de 1987a.

_____. *Fashion and Surrealism*. Nova York: Rizzoli, 1987b.

MARTINEZ HERREROS, Fernando. "Balenciaga le maître". Em CLEMENTEL, Pierre Arizzoli. *Hommage à Balenciaga*. Paris: Éditions Herscher, 1985.

MCDOWELL, Colin. *McDowell's Directory of Twentieth Century Fashion*. 2ª ed. Londres: Frederick Muller, 1987.

MENKES, Suzy. "Galliano's Theatrics at Givenchy". Em *International Herald Tribune*, 22-1-1996.

MILBANK, Caroline R. *Couture: the Great Designers*. Nova York: Stewart, Tabori and Cange, 1985.

POLHEMUS, Ted. *Street Style: from Sidewalk to Catwalk*. Londres: Thames and Hudson, 1994.

REGEV, Motti. "Producing Artistic Value: the Case of Rock Music". Em *The Sociological Quaterly*, 35, 1994.

SÉPULCHRE, Cécile. "Ann Demeulemeester a mis le hors-mode à la mode". Em *Journal du Textile*, nº 1.303, 12-10-1993.

_____. "Martin Margiela invente une nouvelle forme de présentations". Em *Journal du Textile*, nº 1.372, 9/16-5-1994.

SERRE, Françoise & ABRAIZAR, Philippe. "Art et publicité: vers l'accessoirisation de la vie?". Entrevista com Gilles Lipovetsky. Em *Art et pub: Art et publicité, 1890-1990*. Exibição no Centro Georges Pompidou entre 31-10-1990 e 25-2-1991. Paris: Éditions du Centre Pompidou.

SICHEL, Marion. "1950 to the Present Day". Em *Costume Reference*. Vol. 10. Londres: B. T. Batsford, 1979.

SIMMEL, Georg. "Fashion". Em *American Journal of Sociology*, 62, maio de 1957 [1904].

SKEGGS, Beverly. "A Good Time for Women Only". Em LLOYD, Fran (org.). *Deconstructing Madonna*. Londres: B. T. Batsford, 1993.

SPINDLER, Amy. "The Cutting Edge. In Need of a Whetstone". Em *New York Times*, 16-5-1995.

SUDJIC, Deyab. *Rei Kawakubo and Comme des Garçons*. Nova York: Rizzoli, 1990.

TRETIACK, Philippe. "Paco le visionnaire". Em *Elle*, nº 2.233, 24-10-1988.

TURIM, Maureen. "Gentlemen Costume Blondes". Em NICHOLS, Bill. *Movies and Methods: an Anthology*. Vol. 2. Berkeley: University of California Press, 1985.

WILLIAMS, Raymond. *Marxism and Literature*. Nova York: Oxford University Press, 1977.

WILSON, Elizabeth. "These New Components of the Spectable: Fashion and Postmodernism". Em BOYNE, Roy & RATTANSI, Ali. *Postmodernism and Society*. Londres: Macmillan, 1990.

YAMAMOTO, Yohji. "Yohji Yamamoto: dans l'univers des créateurs, une spectaculaire discretion". Em *Elle*, nº 2.588, 7/13-8-1995.

YOUNG, Agnes. B. *Recurring Cycles of Fashion, 1760-1937*. Nova York: Harper, 1937.

PARTE 2

Moda e arte: sistemas de recompensa e produção da cultura

Sistemas de recompensa em arte, ciência e religião

Nas instituições culturais, como artes, ciências e religião, nas quais são regularmente produzidas inovações, os sistemas para avaliá-las são necessários para a distribuição de recompensas. Para compreender o processo de inovação cultural, é preciso examinar como a comunidade social, em uma dada área cultural, recompensa seus membros. Quem define os padrões a que os membros da comunidade devem obedecer? Quais são os "intermediários" que avaliam as inovações produzidas pelos membros da comunidade?

Com base em argumentação antes desenvolvida (Crane, 1972, esp. cap. 8), sustentarei que os elementos dos sistemas de recompensas são os mesmos nas artes, nas ciências e na religião, ainda que diversos tipos de sistemas de recompensas possam ser identificados nessas três instituições, o que acarreta diferentes consequências para a produção de inovações. Não estou sugerindo que as inovações nas ciências, nas artes e na religião sejam similares na forma, no conteúdo ou na intenção – questões estas que foram discutidas por outros autores (ver, por exemplo, Meyer, 1974) –, mas que o processo da inovação e mudança cultural em todas as três instituições pode ser descrito mediante a utilização do mesmo modelo, cujos parâmetros variam em situações diferentes.

A seguir, discutirei exemplos da ciência, da arte e da religião que ilustram como a alteração de diversos parâmetros do modelo de um sistema de recompensas influencia a produção de inovações e a natureza das inovações produzidas nesses sistemas. A variedade de situações às quais o modelo pode ser aplicado é enorme. Meus "dados", inevitavelmente, serão derivados de uma análise dos estudos existentes, mas também vou sugerir novos tipos de estudos que precisam ser realizados.

TIPOS DE SISTEMAS DE RECOMPENSAS

Uma fonte importante de variação no funcionamento dos sistemas de recompensas é o grau em que os inovadores controlam o sistema. Usando essa variável, podemos desenvolver uma tipologia dos sistemas de recompensas útil para organizar de modo significativo a imensa diversidade de inovações culturais da sociedade moderna. O controle sobre o sistema de recompensas é revelado por quem controla as funções básicas do sistema, definindo regras cognitivas e técnicas e distribuindo recompensas simbólicas e materiais. As regras para a produção de inovações são um recurso central dos sistemas de recompensas. Quando um inovador deseja ser reconhecido por suas inovações (Hagstrom, 1965; Gross, 1973), deve se adaptar às regras cognitivas concernentes aos problemas ou temas apropriados referentes à inovação; tais regras podem ser incorporadas tanto em dispositivos de solução de quebra--cabeças como em "visões de mundo" (Kuhn, 1970; Masterman, 1970). Também deve seguir regras técnicas referentes aos métodos e às técnicas apropriados para uso na produção de inovações.

Tipos diferentes de padrões são utilizados para avaliar o grau em que uma inovação atendeu às regras cognitivas e técnicas correntes para esse trabalho. De Grazia (1963) identificou quatro conjuntos de padrões:

1) padrões racionais, que acarretam uma tentativa objetiva de verificar se o trabalho inovador atendeu ou não às regras cognitivas e técnicas correntes; 2) padrões definidos por intermediários poderosos, que avaliam se as inovações "preservam e aumentam o poder e prestígio do grupo dominante" ou não; 3) padrões dogmáticos, o que significa que novas ideias são aceitas na medida em que se adaptam a teorias e regras prevalecentes; e 4) padrões indeterminados, o que significa que o acaso, e não a qualidade, influencia a avaliação de uma inovação e que o sistema de recepção das inovações é anárquico.

Os sistemas de recompensas nos quais os inovadores definem regras cognitivas e técnicas e distribuem recompensas simbólicas e materiais podem ser contrapostos àqueles em que pouco o fazem, ou nem isso. As inovações são produzidas, expostas, distribuídas, criticadas e consumidas em uma vasta gama de contextos sociais, mas podem ser identificados os quatro tipos de sistemas de recompensas expostos a seguir.

1) *Sistemas de recompensas independentes*, em que as inovações culturais são produzidas para um público de inovadores do mesmo tipo. Os próprios inovadores definem regras cognitivas e técnicas e distribuem recompensas simbólicas e materiais. Exemplos desses sistemas de recompensas são encontrados na ciência básica e na teologia.

2) *Sistemas de recompensas semi-independentes*, em que os inovadores definem regras para o trabalho de inovação e distribuem recompensas simbólicas, mas as recompensas materiais são distribuídas por consumidores, empreendedores ou burocratas. Um exemplo desse tipo de sistema de recompensas é a arte de vanguarda, em que os inovadores definem regras, os críticos, trabalhando muito próximos dos inovadores, distribuem recompensas simbólicas e os consumidores distribuem recompensas

materiais. Cada vez mais, em algumas áreas da ciência básica, as recompensas materiais são distribuídas por burocratas de entidades governamentais.

3) *Sistemas de recompensas subculturais*, em que as inovações culturais são produzidas para um público que representa uma subcultura específica. Um tipo desses sistemas é a subcultura étnica, baseada numa variedade de características sociais que a torna relativamente permanente, duradoura e coesa. Outro tipo de sistema de recompensas subcultural emerge quando seus membros compartilham um conjunto de significados, uma interpretação da existência em um ponto específico do tempo. Essas formas de subculturas respaldam a expressão de certos tipos de atitudes, valores e tensões sociais e, em seguida, desaparecem (Luckmann, 1967). Um terceiro tipo são as subculturas geracionais, que, em geral, surgem entre os membros mais jovens da sociedade e desaparecem à medida que estes envelhecem e são absorvidos por outras subculturas. Os inovadores definem regras em sistemas de recompensas subculturais, mas são os consumidores que distribuem recompensas simbólicas e materiais. Entre alguns exemplos desse tipo de sistema de recompensas incluem-se a música urbana negra (*jazz*), as seitas religiosas e a "ciência alternativa".

4) *Sistemas de recompensas heteroculturais*, em que as inovações culturais são produzidas por públicos heterôgeneos, compostos de membros de diversas subculturas. Trata-se de uma situação em que os empreendedores ou burocratas definem regras para o trabalho de inovação, os consumidores distribuem recompensas simbólicas e os empreendedores ou burocratas distribuem recompensas materiais. As produções artísticas dos meios de comunicação de massa, a assim chamada "religião civil" e a tecnolo-

gia caem nessa categoria. Esse tipo de forma cultural é parasitária, apropriando-se de outros tipos se os intermediários consideram que essas inovações serão do interesse de um público maior. Novos estilos de inovação são frequentemente produzidos nos outros tipos de sistemas de recompensa e, se bem-sucedidos, são dominados por empreendedores em sistemas heteroculturais.

O epítome do sistema de recompensas heterocultural envolve inovações que são produzidas para os meios de comunicação de massa. Hirsch (1972) apresentou um quadro detalhado desse sistema de recompensas, particularmente enquanto em operação nos segmentos mais especulativos e empresariais das indústrias editorial, fonográfica e cinematográfica. É típico do sistema de recompensas heterocultural a preponderância das recompensas econômicas em relação às recompensas simbólicas e o fato de que o inovador em si torna-se relativamente irrelevante e impotente – ele é facilmente substituível por outros inovadores com quem tem pouco contato ou intercâmbio. Nesse caso, a comunidade de inovadores é praticamente inexistente. Organizações com fins lucrativos controlam os recursos para produção, exibição e distribuição das inovações.

Nesse sistema de recompensas, os empreendedores em um conjunto de organizações com fins lucrativos (empresas cinematográficas, editoras e gravadoras) selecionam inovações que comercializam para uma massa de consumidores. Embora exista um conjunto de críticos dos meios de comunicação de massa, os quais desempenham ostensivamente o papel de intermediação cultural, eles tendem a ser cooptados pelos empreendedores. As inovações são avaliadas pelos empreendedores em termos do modelo de indeterminação: é uma questão de acaso se uma inovação será aceita ou não. A função do consumidor é classificar os itens selecionados previamente. Hirsch (1972, p. 649) afirma:

"O *feedback* dos consumidores fornece o indício quanto às experiências que devem ser imitadas ou abandonadas."

Na ciência, o fenômeno análogo é a tecnologia e a ciência aplicada, em que as comunidades de inovadores estão geralmente confinadas em limites organizacionais e em que regras cognitivas e técnicas são definidas pela administração.

Da mesma forma, o impreciso fenômeno conhecido como "religião civil" não inclui comunidades bem estruturadas de inovadores. Bellah (1967), por exemplo, sustenta que "existe uma religião civil elaborada e bem institucionalizada nos Estados Unidos, que se diferencia claramente das igrejas". Contém símbolos de solidariedade nacional e mobiliza níveis profundos de motivação pessoal para a conquista dos objetivos nacionais. Seu apelo e seu apoio transcendem as diversas subculturas das quais o país é composto. Também parece ser verdade que é promovida por políticos, na tentativa de obter uma espécie de pseudoconsenso no país como um todo. Para Hammond (1968), um modo de fazer isso nos Estados Unidos é por meio dos esportes e outras atividades no sistema público de educação.

Em contraposição, em sistemas de recompensas independentes e semi-independentes, os inovadores costumam trabalhar em comunidades razoavelmente coesas. Diversos estudos de comunidades de inovadores em ciência (Crane, 1972) demonstraram que essas comunidades estão concentradas em torno de alguns subgrupos coesos em comunicação uns com os outros, mas que sempre há certa quantidade de subgrupos isolados e muitos indivíduos cujo compromisso com o grupo é relativamente temporário. Os subgrupos têm líderes que definem padrões para o trabalho de inovação e recrutam seguidores. As inovações são avaliadas pelos inovadores das áreas próximas, que julgam por meio de publicações científicas, agências de fomento e prêmios ou contratam membros da equipe para departamentos acadêmicos. Em outras palavras, os sistemas de recompensas normalmente transcendem as comunidades dos inovadores, as quais competem por recompensas com outras comunidades que produzem inovações dentro do mesmo assunto. Estudos similares a respeito de comunidades de inovadores não foram realizados na arte de vanguarda ou em teologia, duas outras áreas onde se pode dizer que as inovações ocorrem em sistemas de recompensas independentes e semi-independentes. Entretanto, a partir de estudos qualitativos, há evidências de grupos análogos de inovadores (White & White, 1965; Carey, 1973).

Os inovadores, nos sistemas de recompensas independentes, controlam os recursos para a produção de inovações (por exemplo, departamentos acadêmicos e institutos de pesquisa) e para sua exposição e distribuição (por exemplo, publicações científicas ou eruditas). Nos semi-independentes, para a produção de inovações ou para sua exposição e distribuição, mas não os dois tipos de recursos.

Nos sistemas de recompensas subculturais, os consumidores desempenham papel muito mais importante. Essas comunidades consistem provavelmente em um pequeno núcleo de inovadores em interação, cercado por uma massa de consumidores que compartilham as atitudes e os valores básicos dos inovadores; tais comunidades são lideradas pelos inovadores. O protótipo é a seita ou o culto religioso, mas diversas tradições populares da música possuem modos análogos de organização. Os exemplos também podem ser encontrados na literatura. Bradbury (1971, p. 181) descreveu os periódicos literários que, nos séculos XVIII e XIX, na Inglaterra, funcionavam como meio de comunicação entre escritores e leitores, mantendo seu diálogo cultural: "Selecionam obras, direcionam o gosto, analisam, julgam e influenciam as duas partes na comunicação literária. Um bom editor é um mediador cultural central;

a boa revista, um estoque de assuntos essenciais e um corpo básico de julgamentos."

Na ciência, o sistema de recompensas subcultural é raro, mas podem ser encontrados alguns casos. Back (1971) descreveu como o grupo de pesquisadores dedicado ao estudo da técnica do treinamento da sensibilidade passou da avaliação científica da técnica para o uso de testemunhos pessoais referentes à efetividade do método e, ao mesmo tempo, atraiu quantidades crescentes de adeptos que não eram treinados nem motivados cientificamente. Da mesma forma, os movimentos da "ciência alternativa" atraem seus membros, inclusive não cientistas, a partir de ampla variedade de disciplinas, ao contrário de outras comunidades da ciência básica.

Nos sistemas de recompensas subculturais, os inovadores controlam os recursos para produção de inovações, mas não para sua exposição ou distribuição. No entanto, os recursos para exposição e distribuição não são controlados pelas grandes empresas, como nos sistemas de recompensas heteroculturais.

Em resumo, os sistemas de recompensas diferem em termos da coesão das relações entre os inovadores e no controle sobre os recursos para produzir, expor e distribuir as inovações. Esses fatores, por sua vez, afetam o grau de controle que os inovadores são capazes de exercer sobre o sistema de recompensas.

O IMPACTO DOS SISTEMAS DE RECOMPENSAS NA INOVAÇÃO

Tendo descrito diversos tipos de sistemas de recompensas, discutirei agora fatores que influenciam a natureza das inovações produzidas em tais sistemas. Especificamente, sob que condições as inovações produzidas nesses sistemas de recompensas podem ter características de variedade, ou de continuidade, ou de ambas as condições? "Variedade" refere-se à diversidade de tipos ou estilos de inovações permitidas dentro do mesmo sistema de recompensas, como indicado pela quantidade de diferentes conjuntos de regras cognitivas e técnicas para inovações. "Continuidade" refere-se ao grau em que inovações subsequentes se baseiam nas anteriores, dentro do mesmo conjunto de regras cognitivas e técnicas.

Podemos afirmar que um alto grau de continuidade, com pouca variedade, indica que a gama de tipos aceitáveis de inovações é limitada pelos intermediários. Se isso é feito pelos inovadores enquanto intermediários, provavelmente reflete a falta de recompensas relativas à quantidade de inovadores no sistema.

Um exemplo do efeito da relativa escassez de recompensas referente aos tipos de padrões utilizados para avaliar inovações é o da Academia Francesa no século XIX (White & White, 1965; Mulkay & Turner, 1971). A Academia Francesa operava um sistema de recompensas para avaliar objetos de arte e recompensar artistas em que as funções de intermediação cultural eram desempenhadas pelos membros da Academia; os consumidores desempenhavam funções insignificantes. O sucesso do sistema dependia do recebimento de reconhecimento da Academia. Na teoria, as inovações eram avaliadas de modo objetivo; na prática, os intermediários procuravam cada vez mais manter seu próprio poder e o de seus seguidores. À medida que cresceu a quantidade de artistas que tentavam participar do sistema, os alunos dos membros da Academia tinham mais probabilidade de conquistar prêmios. Ao longo dos anos, os membros da Academia revezavam-se em obter recompensas simbólicas para seus próprios alunos. Frequentemente, ocorriam conflitos entre as facções da Academia, cada qual apresentando candidatos para prêmios.

Com o tempo, as tensões internas levaram ao surgimento de um sistema alternativo para a distribuição de recompensas artísticas.

Fenômenos similares ocorrem na ciência. Ben-David & Collins (1966; ver também Ben-David, 1968) enfatizaram que a introdução de novas disciplinas no sistema acadêmico requer que o sistema seja expandido em termos da quantidade de cargos disponíveis. Em outras palavras, a escassez de recursos do sistema torna mais provável que aqueles que já têm cargos sejam menos receptivos à introdução de novas especialidades ou disciplinas.

Em outros casos, a variedade de tipos aceitáveis de inovações será limitada pelos intermediários que não são inovadores. Por exemplo, os empreendedores o farão para manter suas participações no mercado. Peterson & Berger (1975) descrevem como as gravadoras restringem a gama de inovações na indústria da música popular. Esses autores demonstram que, de 1948 a 1955, quatro grandes gravadoras dominavam a indústria da música popular, o que era possível porque controlavam a mídia de comercialização de música e os canais de distribuição das gravações. Embora a concorrência fosse intensa, as empresas tinham pouco incentivo para inovar, pois visavam conquistar maior participação de mercado dos Estados Unidos. A música popular do período era notável por sua homogeneidade: "Expressava uma variedade limitada de sentimentos, de formas convencionalistas."

Ao discutir teologia, que é uma fonte de inovações culturais dentro das igrejas estabelecidas, Schoof (1970) afirma que, antes do Concílio Vaticano II, "a autoridade hierárquica de ensino da Igreja Católica exerceu uma influência inibitória e até paralisante sobre o pensamento original dos teólogos católicos". Todas as iniciativas de inovação da teologia enfrentavam críticas da autoridade de ensino, a qual apoiava um tipo específico de teologia – o neoescolasticismo – completamente fora de sintonia com as realidades do mundo moderno e insensível às mudanças que estavam ocorrendo na sociedade secular. A Igreja tratava qualquer questionamento desse sistema como heresia. Em termos do nosso modelo de sistemas de recompensa: padrões dogmáticos, em vez de racionais, eram utilizados para avaliar as inovações. A função de intermediação era exercida por burocratas, em uma hierarquia organizacional, o que reforçava sua autoridade.

Por outro lado, um alto grau de variedade (diversos conjuntos de regras cognitivas e técnicas para inovação dentro do mesmo sistema de recompensas) e com pouca continuidade (pouco desenvolvimento dentro de conjuntos de regras cognitivas e técnicas) representam uma situação de anomia em que aqueles que distribuem recompensas simbólicas e materiais não escolhem de modo consistente um estilo de inovação em detrimento de outro. Em vez da qualidade, o acaso afeta a aceitação das inovações. Há evidências de que a pintura e escultura contemporâneas representam um exemplo desse tipo de situação. Devido aos altos preços que agora podem ser obtidos com as pinturas, as recompensas materiais tornaram-se mais importantes que as recompensas simbólicas. Os consumidores que distribuem recompensas materiais tendem a mudar suas escolhas de um estilo de inovação para outro. O poder crescente do consumidor é visto na produção frenética de inovações para atrair sua atenção (Kramer, 1973, p. 5). Diversos críticos manifestaram descontentamento com a situação. Kozloff (1967, p. 170) lamenta "a falta de sentido da estrutura de recompensa da arte contemporânea. Em outras palavras, muitos, muitos *establishments* significam nenhum *establishment*". Analisando um recente movimento de arte, Kramer (1973, p. 540) afirma:

❦ Com o pretexto de representar o último "avanço" na inovação da vanguarda, a *pop art*, na realidade, voltou-se para o maior público possível – um público que ficou repentina e gratamente aliviado da obrigação de lidar com todas as lendárias dificuldades que a arte moderna sempre interpôs entre o público e sua capacidade de aceitar novos vocabulários artísticos. Em vez de ideias complexas e imagens herméticas, de formas que tinham de algum modo sido analisadas antes, a *pop art* podia ser plenamente vivenciada. Ofereceu uma iconografia familiar e uma ironia irreverente, fácil. Tudo na nova arte era instantaneamente reconhecível, instantaneamente assimilável [...] a alta cultura era exibida apenas como outra piada, outra paródia, sem escrúpulos e distinções um tecido facilmente penetrável de aparências. [...] A *pop art* nunca foi uma arte de massa, mas, não obstante, ampliou o público para a arte como nunca tinha acontecido antes. [...] A esse novo público não faltava só experiência estética séria [...]. Era, em resumo, um público completamente desconcertado pelos mitos da cultura popular.

Para que a variedade e a continuidade estejam presentes em um sistema de recompensas, diversas condições são necessárias: 1) deve haver um equilíbrio entre a disponibilidade de recursos materiais e a quantidade de inovadores, de modo que cada inovador tenha um chance razoavelmente boa de ser recompensado; 2) no sistema de recompensas, as simbólicas devem ser tão importantes quanto as materiais. Se a disponibilidade relativa de recompensas materiais declinar, os padrões dogmáticos ou de poder tenderão a substituir os padrões racionais para a avaliação das inovações e isso, por sua vez, levará a continuidade sem variedade. Se as recompensas simbólicas tornarem-se menos importantes do que as materiais, os padrões racionais tenderão a ser substituídos por padrões indeterminados e isso, por sua vez, levará a variedade sem continuidade e, geralmente, a uma situação de anomia em todo o sistema.

Os sistemas de recompensas nos quais a variedade ou a continuidade são enfatizadas uma à custa da outra estão provavelmente em um estado instável. Ambas as situações tendem a levar ao afastamento dos inovadores do sistema, que se sentem discriminados, e à criação de novo sistema de recompensas, com novos conjuntos de regras cognitivas e técnicas, e novo conjunto de intermediários, consumidores e organizações de exposição e distribuição. Por exemplo, alguns dos artistas a cujas pinturas a Academia Francesa negou reconhecimento acabaram por desenvolver um novo sistema de recompensas.

MUDANÇAS DE UM TIPO DE SISTEMA DE RECOMPENSAS PARA OUTRO

Também podemos examinar as condições que levam um sistema de recompensas a mudar de um tipo para outro. Por exemplo, um sistema de recompensas independente pode tornar-se um sistema heterocultural, e vice-versa. Existem indicações de que um dado tipo de sistema de recompensas está começando a predominar nas sociedades modernas? Aparentemente, dois fatores são importantes aqui: 1) o controle relativo pelos inovadores, em comparação como os burocratas e empreendedores, sobre os recursos para produzir, expor e distribuir inovações; e 2) as mudanças na possibilidade da formação de comunidades sociais dos inovadores.

Nas sociedades modernas, há indicações de que a tendência dominante é que os sistemas independentes, semi-independentes e subculturais transformem-se em sistemas heteroculturais, e não o contrário. Isso reflete o crescente poder das organizações que podem assumir o controle dos recursos para produzir, distribuir e expor as inovações e interferir na formação espontânea das comunidades de inovadores. Essa tendência parece estar acontecendo em todas as três instituições culturais. Krohn (1972, pp. 65-66) comenta:

> Os perigos da dependência única em relação ao apoio do governo parecem mais evidentes: como a ciência pode manter uma medida crítica de autonomia, autodisciplina e senso de direção? Provavelmente, é seguro afirmar que nenhum governo já apoiou a ciência numa escala moderna e lhe permitiu desenvolvimento amplo e intelectualmente autônomo. Sem dúvida, os Estados Unidos não parecem imunes ao uso restrito e direto da ciência nos termos do governo.

Bradbury (1971, p. 194), ao descrever a situação do escritor contemporâneo, afirma:

> O escritor compete por atenção com todos os outros acontecimentos da nossa sociedade. [...] O escritor perdeu uma comunidade literária coerente para a qual apelar, junto à qual se testar, obteve seu senso dos padrões [...] ao escrever, tende agora a se tornar parte do insípido ambiente geral da situação da cultura de massa em si. [...] Os escritores estão incertos em relação a seus valores, a seu público e a suas chances de sobrevivência.

Ao mesmo tempo, as burocracias religiosas comportam-se em relação a seus "consumidores" de certa forma como os oligopolistas dos meios de comunicação de massa. Heirich (1974) descreve os sete principais grupos religiosos dos Estados Unidos (católicos romanos, batistas, metodistas, luteranos, judeus, presbiterianos e episcopais) como oligopólios que se comportam como grandes empresas nos setores de consumo. Eles "dominam o campo e se envolvem em uma 'concorrência amigável' entre si, em vez de seguir as afirmações de um 'livre mercado' estrito". Como no mercado secular, o resultado é um produto religioso relativamente homogêneo.

Certos tipos de inovações culturais são mais suscetíveis a essas tendências do que outros, como aqueles em que substanciais recursos são necessários para produzir, expor ou distribuir inovações ou em que os lucros são obtidos da venda de inovações no mercado. As inovações que podem ser produzidas com recursos mínimos e não são "comerciais" ainda estão sendo produzidas em outros tipos de sistemas de recompensas. O caso da música urbana negra (*jazz*) é um interessante contraexemplo da tendência. Para Thomson (1974), esse tipo de música foi salvo da comercialização porque o público estava concentrado em poucas áreas – principalmente os bairros pobres de Chicago e Kansas City – e era fácil de atingir por meio de apresentações ao vivo e discos gravados por pequenas gravadoras:

> Sua intolerância completa a tudo, exceto a si mesmo, sua força inata para rejeitar impurezas tornou-o praticamente inútil ao grande comércio. [...] Mudanças radicais tanto no estilo como no conteúdo expressivo do *jazz* ocorreram com muito pouca interferência do exterior.

Outro contraexemplo daquela tendência é a teologia, que é marginal aos "oligopólios" e, portanto, "protegida" em relação a eles (Berger, 1972). Na última década, a teologia católica tornou-se o espaço de uma profusão de movimentos e escolas, defendendo diversos tipos de interpretações a respeito da situação religiosa contemporânea. Após o Concílio Vaticano II, a influência dos intermediários autoritários e burocráticos enfraqueceu, embora não fosse destruída no todo. Deixar de conceber a teologia como formulação de dogma e passar a concebê-la como reflexão sobre a religião levou a um período de considerável inovação; Carey (1973) identifica no mínimo quatro tipos de movimentos dentro da teologia católica, no final da década de 1960, que variavam do radical ao conservador.

Em alguns casos, a tendência inverteu-se, mas, provavelmente, só de modo temporário. Peterson & Berger (1971; 1975) discutem como, de vez em quando, o oligopólio das gravadoras de música popular é quebrado por produtores e distribuidores independentes, que tiram proveito da disponibilidade dos mercados de consumidores insatisfeitos com os produtos oligopólicos. Os independentes estabelecem novas regras cognitivas e técnicas para a música popular. Tais modificações podem ser consideradas transformações dos sistemas de recompensas de heteroculturais em subculturais, resultantes da perda de controle sobre os recursos para distribuição de inovações pelas principais gravadoras.

As condições anômicas da arte contemporânea, em que a variedade é enfatizada à custa da continuidade, levaram ao afastamento de alguns grupos de inovadores daquele sistema. Por exemplo, os artistas que criam o que é denominado minimalismo escolheram romper completamente com o *establishment* artístico existente e criar pinturas que estão no limite entre arte e não arte (Battcock, 1968). Esse retorno de um sistema de recompensas heterocultural à situação de semi-independente pode talvez ser interpretado, em parte, como resultado de mudanças nas condições que influenciam a formação das comunidades sociais de artistas. Conforme cresce a quantidade de dissidentes, aumenta a possibilidade de formação de grupos de inovadores que expressem valores contrários àqueles do *establishment*.

CONCLUSÃO

Haveria quatro tipos de sistemas de recompensas, que atuam nas artes, nas ciências e na religião. Tais sistemas de recompensas seriam diferentes na quantidade de controle que os inovadores exercem, definindo regras cognitivas e técnicas para inovações e distribuindo recompensas simbólicas e materiais. Tanto os grupos de inovadores como os sistemas de recompensas ao quais pertencem estariam em constante mudança, desenvolvendo-se ou transformando-se de diversos modos, o que complica a elaboração de estudos empíricos.

Essa tipologia dos sistemas de recompensas sugere diversas áreas para pesquisa adicional. São necessários estudos comparativos que utilizem o mesmo arcabouço conceitual das inovações culturais antes examinadas em separado. Especificamente, podem-se comparar grupos de inovadores que atuam no mesmo tipo de sistema de recompensas, mas estão situados em instituições culturais diferentes, ou grupos de inovadores que atuam em tipos diferentes de sistemas de recompensas, na mesma instituição cultural. Também seria útil comparar os efeitos de uma mudança externa sobre tipos diferentes de sistemas de recompensas. Por exemplo: em algumas áreas culturais, estão surgindo oligopólios; como afetam a natureza das inovações produzidas nessas áreas?

Finalmente, como sustentamos que processos similares ocorrem em cada uma das três instituições culturais, seria interessante examinar a influência de uma instituição sobre outra. É mais provável que a difusão das ideias de uma instituição cultural para outra ocorra por intermédio de tipos similares de sistemas de recompensas, pois membros de tipos similares de sistemas de recompensas em instituições diferentes possivelmente compartilham certos tipos de valores, atitudes e comportamentos que levam à criação de vínculos de uma rede social com outra.

BIBLIOGRAFIA

ALBRECHT, M. C. "The Arts in Marketing Systems". Artigo apresentado em *The Annual Meeting of the American Sociological Association*, Nova York, 1973.

BACK, K. *Beyond Words*. Nova York: Russel Sage, 1971.

BATTCOCK, G. (org.). *Minimal Art: a Critical Anthology*. Nova York: E. P. Dutton, 1968.

BELLAH, R. N. "Civil Religion in America". Em *Daedalus*, 96, inverno de 1967.

BEN-DAVID, J. *Fundamental Research and the Universities*. Paris: Organisation for Economic Development and Cooperation, 1968.

_____ & COLLINS, R. "Social Factor in the Origin of a New Discipline: the Case of Psychology". Em *Americ. Soc. Rev.*, 31, agosto de 1966.

BERGER, P. "Religious Establishment and Theological Education". Em *Theology Today*, 19, julho de 1972.

BRADBURY, M. *The Social Context of Modern English Literature*. Nova York: Schocken, 1971.

CAREY, J. P. "An Overview of Catholic". Em *Theology Today*, abril de 1973.

CRANE, D. *Invisible Colleges: Diffusion of Knowledge in Scientific Communities*. Chicago: University of Chicago Press, 1972.

DE GRAZIA, A. "The Politics of Science and Dr. Velikovsky". Em *American Behav. Scientist*, 7, setembro de 1963.

GROSS, L. "Art as the Communication of Competence". Em *Social Sci. Information*, 12-12-1973.

HAGSTROM, W. *The Scientific Community*. Nova York: Basic, 1965.

HAMMOND, P. E. "Further Thoughts on Civil Religion in America". Em CUTLER, D. R. (org.). *The Religious Situation: 1968*. Boston: Beacon, 1968.

HEIRICH, M. "The Sacred as a Market Economy". Artigo apresentado em *The Annual Meeting of the American Sociological Association*, Montreal, 1974.

HIRSCH, P. M. "Processing fads and fashions: an Organization-set Analysis of Cultural Industry Systems". Em *Amer. J. of Sociology*, 77, janeiro de 1972.

KOZLOFF, M. "Art Criticism Confidential". Em MILLER, J. E. & HERRING, P. D. *The Arts and the Public*. Chicago: University of Chicago Press, 1967.

KRAMER, H. *The Age of the Avant-Garde*. Nova York: Farrar, Straus & Giroux, 1973.

KROHN, R. G. "Patterns of Institutionalization of Research". Em NAGI, S. Z. & CORWIN, R. G. (orgs.). *The Social Context of Research*. Nova York: John Wiley, 1972.

KUHN, T. *The Structure of Scientific Revolutions*. 2ª ed. Chicago: University of Chicago Press, 1970.

LUCKMANN, T. *The Invisible Religion*. Nova York: Macmillan, 1967.

MASTERMAN, M. "The Nature of a Paradigm". Em LAKATOS, I. & MUSGRAVE, A. E. (orgs.). *Criticism and the Growth of Knowledge*. Cambridge: Cambridge University Press, 1970.

MERTON, R. K. "The Normative Structure of Science". Em MERTON, R. K. *The Sociology of Science*. Chicago: University of Chicago Press, 1973.

MEYER, L. B. "Concerning the Sciences, the Arts and the humanities". Em *Critical Inquiry*, 1, setembro de 1974.

MULKAY, M. J. & TURNER, B. S. "Overproduction of Personnel and Innovation in Three Social Settings". Em *Sociology*, 5, janeiro de 1971.

PETERSON, R. & BERGER, D. G. "Cycles in Symbol Production: the Case of Popular Music". Em *Amer. Soc. Rev.*, 40 (2), 1975.

_____. "Entrepreneurship in Organization: Evidence from the Popular Music Industry". Em *Admin. Sci. Q.*, 16, março de 1971.

SCHOOF, M. *A Survey of Catholic Theology*. Paramus: Panelist Newman Press, 1970.

THOMSON, V. "Making Black Music". Em *New York Rev. of Books*, 21, outubro de 1974.

WHITE, H. & WHITE, C. *Canvases and Careers*. Nova York: John Wiley, 1965.

O mercado global de arte como um sistema de recompensa

As recentes mudanças no mercado da arte contemporânea têm implicações sobre nossa compreensão de como os mercados de arte funcionam: como estão mudando os sistemas de recompensas nas artes, a extensão do declínio das vanguardas e os modos como a alta cultura e a cultura popular podem ser diferenciadas. Atualmente, há um mercado global para a arte contemporânea, no qual os atores mais influentes estão situados nos Estados Unidos e em alguns poucos países da Europa Ocidental, principalmente o Reino Unido, a Alemanha, a França, a Itália, a Holanda e a Suíça (Quemin, 2006; ver também Moulin, 2000). Neste capítulo, examinarei as características do mercado de arte global e suas implicações sobre as teorias sociológicas das artes.

No passado, os sociólogos da arte distinguiam um sistema de recompensas associado à alta cultura e outro associado à cultura popular. No sistema associado à alta cultura, à qual pertencia a arte contemporânea, as recompensas simbólicas eram mais importantes que as remunerações materiais – ao contrário do sistema de recompensas da cultura popular, integrada por atividades como cinema, televisão e música comercial, em que as remunerações materiais eram mais importantes que as recompensas simbólicas (Crane, 1976). As diferenças entre os dois sistemas incluíam a natureza do conteúdo das artes, em comparação com a cultura popular, especificamente a facilidade com que as artes podiam ser decifradas pelas audiências, e a produção artesanal das obras de arte no estúdio, em comparação com a produção mais industrializada das artes populares. Na obra de Bourdieu (1993), que estava muito interessado nas mudanças que ocorriam na organização das artes, essas distinções foram incorporadas nos conceitos de "campo restrito da produção", em comparação com o "campo da produção cultural de grande escala". Para este autor, o crescente papel do mercado e dos critérios financeiros como meios de legitimar as artes colocava em risco a sobrevivência das obras difíceis, que não atraíam imediatamente o público, em favor das obras que eram menos exigentes e mais sensacionais (Cook, 2000).

Nos últimos trinta anos, o sistema de recompensas subjacente à arte contemporânea foi gradualmente desestabilizado por dois desenvolvimentos.

Em primeiro lugar, os limites entre a alta cultura e a cultura popular se desfizeram constantemente, em favor de uma perspectiva pós-moderna em que tais distinções são insustentáveis. A cultura popular, na forma de grafites, cartuns e ícones de celebridades, tornou-se tema importante nas obras de diversos artistas bem-sucedidos. Em segundo lugar, o número absoluto de novos artistas e grupos de artistas com novas perspectivas estéticas torna cada vez mais difícil avaliar sua importância relativa.

Bauman (1997) sustenta que as mudanças nas artes contemporâneas são "aleatórias, dispersas e desprovidas de direção bem definida" e que a importância de uma obra de arte é determinada menos por elementos estéticos que pela publicidade e notoriedade resultantes da própria obra. Até que ponto a globalização do mercado de arte está acelerando essas mudanças, aumentando a pressão dos incentivos financeiros para os artistas e a influência dos colecionadores super-ricos na avaliação das reputações artísticas?

MERCADOS DE ARTE CONTEMPORÂNEA DO PÓS-GUERRA: COMUNIDADES ARTÍSTICAS E RECOMPENSAS SIMBÓLICAS

Até a década de 1990, as principais obras de arte contemporânea eram vendidas principalmente em poucos mundos urbanos da arte, inclusive Nova York, Paris, Londres e, em menor grau, Berlim. Esses mundos da arte de elite incorporavam os padrões em relação aos quais os mundos da arte menos prestigiosos eram comparados.

Nos primeiros, as obras de arte eram exibidas e vendidas em galerias. O mercado de leilões desempenhava papel secundário, principalmente para obras importantes de artistas falecidos. O valor financeiro de uma pintura era menos importante do que sua consagração por alguns museus importantes (como o Museu de Arte Moderna de Nova York), cujos curadores tinham as importantes tarefas de montar exposições de artistas destacados e comprar obras importantes. Os artistas eram menos motivados pelo ganho financeiro do que por seus objetivos estéticos e pela avaliação de suas obras por seus pares. A existência de um mundo da arte implicava que a arte era uma atividade coletiva, com base em compromissos compartilhados com convenções artísticas, que definiam o que era considerado arte em um período específico e como devia ser produzida (Becker, 1982; Crane, 1987). Ao interagir entre si, os artistas que participavam do sistema ou que aspiravam participar estabeleciam um consenso a respeito do valor das obras que estavam criando. Novos critérios estéticos emergiam continuamente, à medida que novos grupos de artistas ingressavam no mundo da arte. Em muitos casos, quando tais critérios se opusessem muito intensamente aos critérios estéticos dos artistas consagrados, o termo "vanguarda" era apropriado.[1]

Essas comunidades de arte contemporânea eram culturas urbanas (Crane, 1992). Um recente artigo acerca da arte contemporânea do pós-guerra em Nova York começa assim: "No mundo da arte, geografia é destino" (Rosenberg, 2008). Áreas específicas de Nova York, como a Tenth Street, o Greenwich Village, o East Village e o SoHo, eram locais onde as comunidades de artistas viviam e trabalhavam, trocando ideias e estudando a obra uns dos outros. Por exemplo, nos primeiros anos do expressionismo abstrato, os artistas formavam "uma comunidade pouco rígida, baseada na compreensão e no respeito mútuos. As interações pessoais eram de grande importância, já que originavam um clima estético em que a inovação e as posições extremas eram aceitas e estimuladas" (Sandler, 1976, p. 79). No início do século XX, os estilos artísticos também eram identificados com áreas específicas de Paris, tais como Montparnasse e Montmartre.

No período em que o expressionismo abstrato surgiu, as recompensas eram poucas. Eram raros os visitantes nas galerias de arte que exibiam pinturas desse estilo. Um importante historiador de arte recorda que, nos três anos em que dirigiu uma galeria cooperativada influente, em Nova York, vendeu apenas uma única obra (Sandler, 1984, p. 12). A maioria dos artistas trabalhava durante muitos anos antes de alcançar algum sucesso econômico. Hoje em dia, ironicamente, suas pinturas valem milhões de dólares.

---

[1]   Para análises e reconceituações recentes do termo "vanguarda", ver Cook, 2000; Crane, 2002; Huston, 1992; e Pagani, 2001. Moulin (2000, p. 29) sugere que o termo "arte contemporânea" pode agora ter substituído o termo "vanguarda".

Os artistas valorizavam sua autonomia em relação aos colecionadores e *marchands*. Eles alimentavam a expectativa de que os integrantes do público que, como colecionadores ou observadores especializados, participavam ativamente do mundo da arte teriam consciência e compreenderiam as convenções subjacentes às suas obras. A maior parte das pessoas do grande público não tendia a compreender essas convenções estéticas. Os artistas não esperavam ser compreendidos pelo grande público. Um pintor ligado ao expressionismo abstrato, quando perguntado "Para quem é a arte?", respondeu: "É apenas para algumas pessoas específicas, que são educadas em arte e literatura. Gostaria de me livrar da ideia de que a arte é para todos [...]. O homem comum pode sobreviver sem arte" (Crane, 1987, p. 48).

As mudanças sociais, culturais e organizacionais da década de 1990 produziram um mercado de arte global cuja influência sobrepuja a dos principais mundos urbanos da arte e é qualitativa e quantitativamente diferente dos mundos da arte anteriores. Mas, apesar das mudanças em sua temática, que parecem torná-la mais acessível ao grande público, a arte contemporânea não se tornou mais acessível ou disponível ao grande público, pelos motivos que explicarei a seguir.

O MERCADO GLOBAL PARA A ARTE CONTEMPORÂNEA

A. ESTRUTURA SOCIAL E ECONÔMICA

O mercado global de arte contemporânea (Bellet, 2008b) está concentrado em torno de quatro feiras de arte internacionais principais, três mercados nacionais de leilões, alguns *marchands* importantes, principalmente dos Estados Unidos, da Grã-Bretanha e da França, e um pequeno grupo de colecionadores super-ricos, vários dos quais bilionários. O mercado das obras de arte contemporânea (isto é, obras de arte produzidas nos últimos vinte anos) é um subconjunto de todo o mercado de arte global, que inclui as vendas de obras de artes de períodos anteriores. Recentemente, o valor das transações de todo o mercado de arte global passou de € 27,7 bilhões, em 2002, para € 43,3 bilhões, em 2006, um crescimento de 56% em valor (Bellet, 2008b).

Nesse mercado, as obras de arte são vendidas principalmente em dois tipos de locais: feiras de arte internacionais e mercados de leilão. As feiras mais importantes ocorrem uma vez por ano em Nova York (The Armory Show), Londres (Frieze Art Fair), Basileia (Art Basel) e Miami (Art Basel Miami Beach). É onde as principais galerias de arte exibem suas mercadorias, permitindo que colecionadores, *marchands* e outros especialistas do mercado de artes identifiquem novas tendências com rapidez e localizem novos talentos. Em Miami, cerca de vinte feiras "satélites" surgiram em torno da feira principal (Billard, 2007; Rosenberg, 2007). Basel também possui seus "satélites" (Bellet, Daguen & Lequeux, 2007). Duas dessas grandes feiras foram criadas recentemente: a Frieze Art Fair, em 2003, e a Art Basel Miami Beach, em 2001.

Para os artistas e suas galerias, os custos de participação nesses eventos são muito altos, mas é a única maneira de ter acesso aos colecionadores mais ricos (Bellet, 2004). Esses eventos são importante fonte de informação, tanto para *marchands* como para colecionadores. Em vez de visitar dezenas de galerias em Nova York, Londres e Paris, os principais participantes do mercado de arte global reúnem-se em um único lugar. Em um período de tempo muito curto, os colecionadores e os *marchands* podem detectar tendências e novos movimentos, bem como observar obras de novos artistas e novas obras de artistas já estabelecidos. Previsivelmente, essas feiras têm enorme influência sobre os preços desse mercado (Ellison, 2004).

As obras de arte também são exibidas em bienais de arte urbanas. As bienais de arte são exibições mediante convite: para participar, os artistas precisam ser selecionados por curadores. Somente poucas, como a Bienal de Veneza e a Documenta de Kassel, são centros importantes para vendas internacionais de arte. Em consequência do aumento exponencial de bienais, em particular na Ásia, estimou-se que existem atualmente 112 bienais de arte contemporânea em cidades de todo o mundo (Le Queux, 2007).

Concomitantemente à emergência de feiras de arte, casas de leilão importantes, como Christie's e Sotheby's, tornaram-se muito mais influentes.[2] Em maio de 2008, seis leilões importantes de arte contemporânea aconteceram em uma única semana, definindo diversos novos recordes de preços em leilão de artistas específicos. Por causa da enorme importância desse novo tipo de mercado de arte em relação ao valor monetário das obras artísticas, suas vendas em leilões tornaram-se muito significativas, pois estabelecem publicamente o valor de obras específicas. Em consequência, em lugar dos museus, as casas de leilão definem a arte contemporânea. Os museus seguem tendências definidas no mercado de arte internacional, mas não têm mais os meios financeiros para definir tendências com a aquisição de obras de arte contemporânea de alto valor (Bellet, 2004).[3] Os museus até recorrem a galerias e colecionadores, para ajudar a financiar exposições de megaobras contemporâneas, de difícil transporte e instalação (Finkel, 2007).

Os preços em leilão de determinados artistas contemporâneos – Jeff Koons, Damien Hirst e Lucien Freud, por exemplo – decolaram na últi-

---

[2] A Christie's e a Sotheby's constituem 80% de todo segmento internacional de leilões de belas-artes (Ellison, 2004). As duas casas estão presentes em Londres, Nova York e Paris.

[3] Em 2010, uma escultura de Giacometti, escultor francês do pós-guerra, foi vendida em leilão por € 74 milhões. Esta quantia equivale a mais de dezesseis anos do orçamento para aquisições do Centre Pompidou, um dos principais museus de arte moderna de Paris (Bellet, 2010).

ma década, juntamente com os preços de artistas importantes do período do pós-guerra, como Andy Warhol e Francis Bacon (Sabbah, 2008).[4]
Muitas vezes, os preços de certas pinturas são substancialmente maiores
do que os preços em leilão dos principais pintores europeus do passado.
Por exemplo: *Green Car Crash*, pintura de Warhol datada de 1963, foi
arrematada em leilão, em 2007, por US$ 71,7 milhões, aproximadamen-
te o valor de duas boas pinturas de Rafael ou Monet (Bellet & de Roux,
2007).

De acordo com o Artprice, a quantidade de obras de arte que valiam
mais de 1 milhão de dólares era de 154, em 1996; em 2007, o número tinha subido mais de oito vezes, para 1.254 (Azimi, 2008). Por que
a venda de obras de arte contemporâneas e de obras de arte em geral
tornou-se tão importante? Uma explicação é a quantidade enorme de
riqueza disponível que está sendo criada na economia global, a maior
parte da qual concentrada nas mãos de um pequeno grupo de homens
de negócios e empreendedores (ver mais adiante). Outra explicação é
que as cidades utilizam as feiras e as bienais de arte como meios de criar
ou mudar sua imagem global ou até a identidade dos seus países. Para os
países emergentes, a participação no mercado de arte global é um modo
de indicar que contribuem para a cultura global de maneira expressiva.
Como o inglês, a arte contemporânea está se tornando a língua univer-
sal (Le Queux, 2007).

Para resumir, de acordo com um crítico de arte norte-americano,
"atualmente, os preços determinam reputações" (Tomkins, 2007a,
p. 71). Os preços são definidos mediante vendas em casas de leilão. Os
tradicionais guardiões da arte, como críticos e curadores de museu,

---

[4]   Por exemplo: em 2008, o maior preço para uma pintura de um artista vivo (Lucien Freud, pintor
      britânico) era US$ 33,6 milhões. O maior preço para um artista do pós-guerra ou contemporâ-
      neo, vivo ou morto (Francis Bacon, pintor britânico), era US$ 86,3 milhões.

desempenham hoje papéis menos importantes na recepção de novos estilos artísticos. A importância dos artistas contemporâneos tende a ser medida mais por sua presença em coleções de megacolecionadores que em museus de prestígio. Na década de 1950, quando o mercado da arte contemporânea era pequeno e relativamente inativo, alguns críticos, como Clement Greenberg, eram muito influentes. Na atualidade, os preços em leilão são o fator principal. Nesse ambiente, só são influentes alguns *marchands*, os quais têm acesso a um nível elevado de recursos financeiros, que lhes permite participar de feiras de arte internacionais e de investir na produção de obras de arte.

B. O PAPEL DOS MEGACOLECIONADORES NO MERCADO GLOBAL DE ARTE CONTEMPORÂNEA

Ao contrário dos mercados de arte do passado, o mercado global de arte contemporânea é orientado pelos gostos de colecionadores muito ricos, os quais pertencem a uma nova classe que recentemente emergiu na economia global, os super-ricos, definidos como pessoas cujas fortunas pessoais são maiores do que US$ 30 milhões. Em 2007, estimou-se que existiam 103.320 pessoas nesse grupo, no mundo todo ("Le nombre de riches dépasse les dix millions dans le monde", 2008). Essas pessoas são ávidas consumidoras de itens de luxo de todos os tipos.

Nesse contexto, as obras de arte tornam-se itens de luxo, juntamente com joias, iates, carros extravagantes e alta-costura. Esses colecionados são tão poderosos que foram chamados de "megacolecionadores". Afirma-se que representam 80% dos compradores recentes de arte contemporânea. Em consequência, os gostos dos membros dessa nova classe estão reformulando as características dos objetos de arte e dos mercados de arte em que são vendidos. Esses megacolecionadores podem se dar ao luxo de financiar galerias e investir na produção de obras de arte por artistas proeminentes. Não raro, dispõem de equipes de especialistas e consultores de arte que os ajudam em suas aquisições. Podem até construir museus para abrigar suas próprias coleções. Ao mesmo tempo, os compradores de arte contemporânea estão mais geograficamente diversificados que antes e os compradores russos e chineses tornaram-se cada vez mais importantes (Melikian, 2007d; Melikian, 2008a).

Nesse grupo, são especialmente importantes os proprietários de *hedge funds*, que tendem a transpor ao domínio das artes suas habilidades de especulação aprimoradas no mercado acionário. Eles estabelecem "posições" de certos artistas, cujo valor de mercado passam a influenciar. Investem maciçamente nesses artistas, para elevar os preços de suas obras e aumentar o valor de suas próprias coleções. Quando a demanda pelas obras de tais artistas aumenta, limitam artificialmente a oferta de suas obras, o que leva a maiores preços e até a maior demanda (Bellet & de Roux, 2007).

Em janeiro de 2008, quando os preços nos mercados de ações caíram, os preços de pinturas em leilões continuaram a subir (Melikian, 2008b). Nos derradeiros meses daquele ano, quando a crise econômica piorou, os preços declinaram. Em 2009, os preços da arte do pós-guerra e contemporânea caíram 33%, mas voltaram a subir meses depois, quando subiram os preços no mercado de ações (Sullivan, 2009).

Algumas megacoleções são enormes. François Pinault, colecionador francês, possui 2,5 mil obras de arte, tanto na Christie's (a casa de leilões) como num museu em Veneza. Ele trabalha com dez consultores e especialistas, que lhe dão assistência nas aquisições e na conservação da coleção. O colecionador norte-americano Eli Broad, financista, é dono de mais de 2 mil obras de arte moderna e contemporânea (Wyatt, 2008). A coleção de Broad dobrou de tamanho nos últimos cinco anos.

Ele mantém a maioria das suas obras de arte em uma fundação que as empresta para museus. Outro colecionador norte-americano, Martin Margulies, empresário do setor imobiliário, possui 4 mil obras de arte. Steve Cohen, multibilionário dono de um *hedge fund*, comprou perto de um bilhão de dólares em obras de arte entre 2000 e 2006 (Tomkins, 2007a, p. 72).

Não há dúvida de que os gostos e as seleções desses colecionadores afetam os tipos de pinturas que as galerias escolhem para vender. Afirma-se que esses colecionadores estão "submersos no presente", ao contrário das gerações anteriores de colecionadores (Bellet & de Roux, 2007). Souren Melikian, crítico de arte europeu, atribui o interesse dos colecionadores atuais em arte contemporânea à sua "ânsia de causar certa impressão aos outros e a si mesmos [...]. A estética e a contemplação não têm mais nada a ver com isso" (Melikian, 2007b). Ele explica a crescente imprevisibilidade dos preços em leilões pela "entrada maciça no mercado de novos compradores com pouco contato com arte, [que são] incapazes de julgar por si mesmos quanto uma obra é boa" (Melikian, 2008a).

Um destacado *marchand* afirma que, na década de 1970, os colecionadores não pertenciam à elite empresarial. Eram psiquiatras e advogados que estabeleciam relações de longo prazo com os *marchands* (Tomkins, 2007a, p. 72). Ao contrário dos megacolecionadores atuais, que tendem a adquirir logo as obras de arte, muitas vezes tendo visto não mais do que uma versão digital, aqueles colecionadores, em muitos casos, tomavam emprestadas e conviviam com as pinturas durante meses antes de tomar a decisão de adquiri-las ou não.

As informações acerca das nacionalidades e profissões dos principais colecionadores de arte contemporânea estão disponíveis em uma lista dos duzentos maiores colecionadores do mundo, compilada pela

ARTnews, revista de arte norte-americana (Esterow, 2008). Sessenta e quatro por cento desses colecionadores se especializam na coleção de arte contemporânea; entre estes, 62% são norte-americanos (ver Tabela 1). Vinte e nove por cento vivem na Europa Ocidental. Apenas 6% estão situados na Ásia, América Latina e Oriente Médio.[5] Entre os colecionadores especializados em outros tipos de arte, a proporção de colecionadores norte-americanos é visivelmente menor. A proporção de colecionadores residentes na Europa Ocidental e em outros continentes é correspondentemente maior.

TABELA 1: DISTRIBUIÇÃO DOS PRINCIPAIS COLECIONADORES DE ARTE POR PAÍS OU REGIÃO, SEGUNDO A ESPECIALIDADE, 2008

País/região	Arte contemporânea	Outros tipos de arte
Número total	127	73
Estados Unidos	62%	42%
Europa Ocidental	29%	42%
Ásia	2%	4%
América Latina	3%	6%
Oriente Médio	1%	3%
Outros	3%	4%

Nota: Com base na lista dos duzentos maiores colecionadores de arte listados em Esterow (2008). Os colecionadores foram classificados em duas especialidades, com base no seu interesse principal como colecionadores.

Por causa do aumento considerável dos preços atuais de algumas obras de arte, estas tendem a ser adquiridas como forma de investimento. Esterow (2008, p. 121) cita um *marchand* londrino: "As melhores obras estão se mostrando um investimento sólido hoje em dia." Um

---

[5] Possivelmente, essa lista, compilada por uma revista norte-americana, superestima a proporção de colecionadores norte-americanos. No entanto, Esterow (2008, p. 121) informa que, para compilar a lista, correspondentes da *ARTnews* em 22 países entrevistaram colecionadores, *marchands*, leiloeiros, diretores de museu, curadores e consultores.

estudo recente dos investimentos dos milionários de todo o mundo constatou que, "mais do que nunca, os milionários, em particular os europeus, consideram as coleções de arte como alternativas ao investimento financeiro" (Vulser, 2010). Previsivelmente, 30% dos principais colecionadores de arte contemporânea estão envolvidos em diversas formas de atividade financeira (por exemplo, serviços financeiros, *hedge funds*, investimentos, banco de investimentos e capital de risco). Cinquenta e dois por cento participam de alguma atividade empresarial (por exemplo, indústria, manufatura, imóveis e varejo). Onze por cento estão na mídia (por exemplo, propaganda, cinema, setor editorial, rádio e televisão). Apenas 2% desses colecionadores são profissionais liberais, tais como médicos e advogados (ver Tabela 2). Só um dentre esses grandes colecionadores é um artista plástico (Damien Hirst; ver abaixo).

TABELA 2: DISTRIBUIÇÃO DOS PRINCIPAIS COLECIONADORES DE ARTE POR ATIVIDADE, SEGUNDO A ESPECIALIDADE, 2008

Atividade	Arte contemporânea	Outros tipos de arte
Número total	127	73
Negócios, indústria, varejo	52%	46%
Finanças, atividade bancária, investimentos	30%	18%
Mídia, atividade editorial	11%	13%
Herança	4%	14%
Profissionais liberais	2%	6%
Outros	1%	3%

Novamente, os dois tipos de colecionadores variaram. Oitenta e dois por cento dos colecionadores especializados em arte contemporânea estão empregados em alguma forma de atividade empresarial ou financeira, em comparação com os 64% dos colecionadores especializados em outros tipos de arte. Catorze por cento dos colecionadores especializados em outros tipos de arte obtêm suas rendas de heranças, em comparação com os 4% dos colecionadores especializados em arte contemporânea.

O surgimento de um grupo de colecionadores para quem a empresa e o investimento financeiro são as principais preocupações está acelerando as mudanças, que já estavam em curso, na natureza e produção das obras de arte, na natureza dos sistemas de recompensas nos mundos da arte e no grau em que o conceito de uma vanguarda ainda é significativo.

C. OBRAS CONTEMPORÂNEAS E DO PÓS-
-GUERRA: SEMELHANÇAS E DIFERENÇAS

Um número relativamente pequeno de artistas contemporâneos, junto a outro grupo maior de artistas que surgiu no período do pós-guerra, é objeto de intensa especulação no mercado de arte global (Bellet, 2004; Tomkins, 2007a, p. 71). As obras desses artistas foram vendidas por, no mínimo, um milhão de dólares no mercado de leilões. As obras de um número um pouco maior de artistas contemporâneos alcançaram preços nos leilões que variam de US$ 20 mil a um milhão de dólares. As obras da maioria dos artistas são leiloadas por menos de US$ 20 mil dólares ou não alcançam um preço mínimo.

No período do pós-guerra, o mercado da arte foi dominado por uma sucessão de estilos artísticos, como o expressionismo abstrato, o minimalismo, a *pop art* e o neoexpressionismo (Crane, 1987). Em um estudo do mercado de arte de Nova York (Crane, 1987, p. 116), constatei um padrão semelhante, em que as obras de poucos artistas desses estilos alcançaram valores elevados nos leilões (acima de US$ 100 mil), mas a maior parte das obras foi vendida por menos de US$ 50 mil.

Os artistas que alcançaram os maiores preços estavam associados a poucas e poderosas galerias. O mais notável foi a alteração dos preços máximos, que não superavam US$ 550 mil. Entre 1970 e 1982, os preços médios em leilões para pinturas expressionistas abstratas, pinturas *pop* e obras minimalistas foram, respectivamente, US$ 128.750, US$ 25 mil e US$ 3.684 (Crane, 1987, p. 116). Em 2008, o maior preço em leilão para uma pintura expressionista abstrata alcançou US$ 72,4 milhões; para uma pintura *pop*, US$ 80 milhões; e para uma obra minimalista, US$ 4,29 milhões. Previsivelmente, o preço das obras desses artistas aumentou ao longo do tempo, em particular pelo fato de que muitos deles faleceram. A morte de um artista bem-sucedido tende a provocar o aumento do valor de suas obras, pois não há a possibilidade de obras adicionais (Velthuis, 2003). O que surpreende são os níveis de preços alcançados por alguns artistas contemporâneos, em certos casos consideravelmente maiores que os preços correntes de pinturas tradicionais e do início do século XX. Como seus pares em um período anterior, os artistas contemporâneos caros são representados por galerias prestigiosas, mas, hoje, uma única galeria em uma cidade importante não é suficiente. Frequentemente, eles são representados por diversas galerias nas cidades, em diversas partes do mundo.

As obras de arte dos artistas contemporâneos são muito diversificadas em estilos e temas (Melikian, 2008c; Melikian, 2007a). Uma grande categoria desses artistas compartilha um ponto de vista da natureza da arte que deriva de Marcel Duchamp (1887-1968), pintor francês do século XX, como reinterpretado por Andy Warhol, artista do pós-guerra. Em vez de atributos visuais ou habilidade artesanal, a seleção do tema da obra de arte é o elemento principal na execução da expressão artística. Esses artistas parecem concorrer entre si para encontrar novos tipos de tema, variando do bizarro e hediondo até o mundano e *kitsch*, como exemplificado pelos tanques de vidro contendo animais em formol de Damien Hirst, pelo imenso coração de aço na forma de um presente enviado no Dia dos Namorados de Jeffrey Koons, ou pelas sentenças cômicas em letras vermelhas sobre um fundo cor de oliva de Richard Prince.[6] De forma alternativa, os artistas contemporâneos reciclam a principal contribuição de Duchamp para a história da arte, o *ready-made*, ou seja, a ideia de que a importância de um objeto depende do seu contexto. Um exemplo recente desse tipo de obra é *No-one Ever Leaves*, de Jim Hodges, que consiste em uma jaqueta de couro jogada em um canto, com uma teia de aranha feita de correntes prateadas presas à bainha da jaqueta e à parede (Melikian, 2007e).[7] Em tais obras, um conceito ou uma ideia é mais importante do que o tema em si.

Em diversos casos, a cultura popular é o assunto da arte contemporânea. Há uma fusão de arte e entretenimento, como no caso dos três artistas mencionados acima, cujos trabalhos estão entre aqueles que alcançaram os maiores preços nos últimos anos. A última obra de Hirst é um enorme crânio incrustado com diamantes que, ao preço de US$ 78 milhões,[8] é uma das obras de arte mais caras do mundo. Koons, que foi chamado de "o *superstar* do *kitsch*" (Azimi, 2007b), produz reproduções gigantescas de brinquedos infantis (por exemplo, uma representação de doze metros de altura de um cão west highland white terrier denominado *Puppy*), cabeças de macaco de desenho animado e imagens de tamanho natural de garotas nuas das páginas centrais da *Playboy* (Tomkins, 2007b); recentemente, produziu uma escultura de Michael Jackson com seu macaquinho de estimação. Em sua opinião, o artista

---

[6] As sentenças são: "Um elefante rosa, um canguru verde e duas cobras amarelas passeando até o bar. 'Vocês estão um pouco adiantados, garotos', afirmou o *barman*. 'Ele ainda não chegou.'" Recentemente, essa obra foi leiloada por US$ 1,38 milhão (Melikian, 2007a).

[7] Em 2007, essa obra foi vendida em um leilão por US$ 689.600 (Melikian, 2007e).

[8] Esse preço representa venda direta a um colecionador, em vez de venda em leilão.

contemporâneo não precisa saber nada a respeito da história da arte. A obra de Prince recicla diversas formas de cultura popular, inclusive "fotos de propaganda, pornografia leve, materiais impressos ligados ao culto da motocicleta, capas de livros de ficção barata, peças de carro da era da série *Dukes of Hazzard* [*Os gatões*, no Brasil] e recordações de celebridades" (Schjeldahl, 2007, p. 90). Ele também copia obras de artistas consagrados do pós-guerra, como Jasper Johns, Robert Rauschenberg, Ed Ruscha e Willem de Kooning (Schjeldahl, 2007). Há pouco, a obra de Prince mereceu uma grande retrospectiva no Museu Guggenheim, em Nova York. O tipo tradicional de vanguarda, que representou um movimento relativamente coerente, composto de um grupo de artistas envolvidos no ataque e na redefinição das premissas estéticas correntes da arte, está notavelmente ausente. Algumas exposições de obras de arte polêmicas e sensacionais geram muita publicidade, mas não representam movimentos autênticos de vanguarda.

Em vez de representante de uma vanguarda, o artista contemporâneo bem-sucedido pode ser caracterizado como um empreendedor que gere um negócio com atuação no mercado global. Nessas condições, artistas como Damien Hirst sustentam que não se preocupam em ser originais, mas em estabelecer marcas que signifiquem um estilo com "marca registrada" (Lury, 2005). Entre os exemplos das obras de arte de Hirst, inclui-se uma vaca em formol e um recipiente em que moscas emergem de vermes, alimentam-se de uma cabeça de uma vaca em putrefação e morrem quando são eletrocutadas sobre uma barreira elétrica. Ele também aplicou sua "marca registrada" em cerca de quinhentas pinturas de manchas vivamente coloridas sobre um fundo branco, que são feitas por seus assistentes de acordo com suas exigentes especificações.

Hirst produz obras de arte que representam "montagens e remontagens, apropriações e incorporações" (Lury, 2005, p. 95). Essas montagens podem incorporar objetos com direitos autorais alheios. Ele foi processado por copiar um dos brinquedos de seu filho e perdeu o caso. Sua "marca" significa um estilo peculiar ou com "marca registrada", difícil de imitar e com a intenção de inspirar "fidelidade à marca" (Lury, 2005, p. 96).

Takashi Murakami, artista-empreendedor japonês, vai mais além nessa direção (Schjeldahl, 2008). Uma recente retrospectiva de sua obra no Brooklyn Museum, em Nova York, apropriadamente intitulada ©*Murakami*, incluiu uma loja Louis Vuitton de verdade, que vendia bolsas e outros itens de luxo, todos desenhados pelo artista. Além de suas obras de arte, Murakami produziu artigos para a empresa de produtos de luxo Louis Vuitton, que faturou centenas de milhões de dólares com tais artigos. Ele possui sua própria empresa, com escritórios em Tóquio e Nova York, que emprega cerca de cem funcionários, para produzir as obras de arte que constituem a marca Murakami. Suas pinturas caracterizam-se pela "violência apocalíptica, encanto meloso, nacionalismo ressurgente e [...] perversão sexual" (Schjeldahl, 2008, p. 68).

Como esses artistas conceituam o público de suas obras? Hirst e Murakami parecem considerar o público uma massa homogênea, não diferentemente de como Hollywood vê o público de seus *blockbusters*. Hirst diz que suas pinturas com manchas repetitivas produzem sobre os observadores efeitos parecidos com os de remédios antidepressivos. Ele teria dito: "As pinturas de manchas são uma fórmula infalível para iluminar a porcaria de vida das pessoas" (Lury, 2005, p. 100). Ou seja, acredita que essas pinturas fazem o mesmo efeito sobre todas as pessoas e não está interessado nas variações das reações do público em relação à sua obra. Em outra ocasião, afirmou que põe sua obra em caixas fechadas para afastar espectadores (Lury, 2005, p. 102). Quaisquer toques pessoais adicionados por observadores "ferrariam" a obra.

De acordo com um crítico de arte, o objetivo de Murakami seria "controlar e padronizar a experiência estética, forçando os observadores a responder automaticamente de modo infantil. Ele nos oferece alívio do incômodo [...] de pensar e sentir como indivíduos: uma eufórica imersão na reação emocional instintiva, a mesma para todas as pessoas" (Schjeldahl, 2008, p. 70).

Koons assume uma postura um pouco diferente em relação ao observador. Como Marcel Duchamp, para quem o observador era parte importante do processo criativo, Koons sustenta estar mais preocupado com o observador do que com a obra de arte. Mas, em contraposição à ideia de Duchamp de que a função do observador era completar a obra, interpretando seu significado e seu lugar na história da arte, Koons afirma: "Só tento criar obras que façam as pessoas se sentirem bem consigo mesmas, com sua história e seu potencial" (Tomkins, 2007b, p. 67). Seu objetivo é "ajudar as pessoas a aceitar seu próprio *background* cultural". Ele acredita que o contato com sua obra faz as pessoas "se sentirem muito bem" (Tomkins, 2007b, p. 66). Em outras palavras, suas obras de arte pretendem exercer um efeito positivo sobre os observadores e exigir um mínimo de contribuições por parte deles. Koons não se afirma conhecedor da história da arte e também não espera que seus observadores saibam algo a respeito de arte, embora possa, de vez em quando, incluir detalhes que fazem menção às vanguardas do passado. Sobreposta em sua pintura *Three Elvises*, baseada em uma página central da *Playboy*, há a garra de um caranguejo, motivo utilizado por Salvador Dalí na década de 1930.

Outros artistas contemporâneos muito valorizados recaem em dois grupos: artistas ocidentais que trabalham em estilos artísticos do pós--guerra ou tradicionais e artistas asiáticos que se beneficiam do atual modismo em relação a artistas asiáticos e, em particular, chineses, cujas obras ganharam visibilidade no ambiente mundial. Por exemplo, Peter Doig produz pinturas descritivas de paisagens em estilo tradicional; Mark Grotjahn realiza pinturas geométricas arrojadas; Robert Gober é um artista de instalações, cujas obras frequentemente retratam partes do corpo ou seguem a tradição de Duchamp, como um dreno pluvial exibido como objeto de arte.

Entre os artistas asiáticos, Yoshitomo Nara, artista *pop* japonês, realiza pinturas semelhantes às obras de Murakami e Prince em sua dependência de imagens e temas da cultura popular. Ele pinta imagens engraçadinhas e ostentosas de crianças, introduzindo imagística incongruente, que sugere um potencial de violência. Alguns artistas chineses são mais provocadores. Uma das obras de Yue Minjun, *Execution*, exibe quatro homens, quase despidos, rindo, enquanto dois outros simulam os gestos de um pelotão de fuzilamento (Melikian, 2007c). Cai Guo-Qiang faz desenhos com pólvora a partir de espoletas e materiais explosivos, estendidos sobre o papel e inflamados (Micucci, 2007). Como seus pares ocidentais, Cai Guo-Qiang também monta instalações gigantescas, como um arco de 99 réplicas de lobos em tamanho natural, que parecem mergulhar em uma parede de vidro e de uma série de nove carros, alguns dos quais foram recentemente pendurados na rotunda do Museu Guggenheim, em Nova York. Levou um mês para se instalar uma exposição da sua obra no museu.

Maurizio Cattelan, a exceção do grupo, utiliza sua arte para questionar e satirizar costumes contemporâneos. Sua obra mais cara é uma escultura que representa o papa João Paulo II atingido por um meteorito. Com preço imediatamente inferior, está um elefante em uniforme da Klu Klux Klan. Outra obra polêmica compõe-se de três crianças (em resina) enforcadas em uma árvore.

D. A PRODUÇÃO DA ARTE NO MERCADO GLOBAL DA ARTE CONTEMPORÂNEA

Nesse mercado, a produção de obras de arte não raro envolve altos investimentos por parte dos *marchands* e colecionadores e de grandes equipes de assistentes ou, em muitos casos, empresas distintas, que, na realidade, produzem as obras de arte sob a direção do artista. Jeff Koons e Takashi Murakami empregam entre oitenta e cem pessoas para produzir suas obras de arte (Tomkins, 2007b; Schjeldahl, 2008). Pode haver três pessoas trabalhando sobre cada tela de Koons, ao mesmo tempo, "copiando a partir de digitalizações impressas, em que as cores são marcadas e identificadas por números" (Tomkins, 2007b, p. 6).

Se as obras de arte são muito grandes, exigem recursos industriais, demandam muita mão de obra ou demoram a ser feitas, fabricantes profissionais de arte as constroem para o artista (Finkel, 2008; Fineman, 2006). Muitos artistas não possuem as habilidades técnicas para produzir as obras que imaginam. Na década de 1960, os artistas minimalistas muitas vezes encomendavam para empresas a confecção de suas complicadas esculturas. Atualmente, o costume de mandar construir obras de arte por empresas especializadas nesse tipo de serviço é muito mais difundido.

Instalar tais obras de arte em um cenário urbano pode ser um desafio formidável. Em certos casos, as obras são tão complicadas que até 45 empreiteiros diferentes podem ser necessários para sua montagem. Em maio de 2000, a instalação no Rockefeller Center da gigantesca escultura *Puppy*, de Jeff Koons, foi um processo de três semanas de duração, que envolveu cerca de cem montadores, plantadores, engenheiros e assistentes de arte (Fineman, 2006). A instalação *School: the Archeology of Lost Desires, Comprehending Infinity, and the Search for Knowledge*, de Damien Hirst, no saguão da Lever House, em Nova York, levou dois anos para ser montada, a um custo de um milhão de dólares (Vogel, 2007). De acordo com o artista, a execução do croqui da obra de arte levou dez minutos.

O custo de produzir obras de arte, de transportá-las e de instalá-las de modo temporário ou permanente cresceu tanto que as galerias e os colecionadores muitas vezes contribuem com as despesas, em parte ou no todo. Em outras palavras, alguns colecionadores coproduzem obras de arte, juntamente com o artista e a galeria. Nessas situações, é costume produzir diversas cópias da obra, distribuídas entre o artista, o colecionador e a galeria (Bellet, 2005). Por exemplo, *Balloon Dog*, a enorme (três metros de altura) obra de Jeffrey Koons, existe em cinco versões, de cores diferentes (Finkel, 2008), assim como seu coração de aço, *Hanging Heart*. Sua obra *Michael Jackson and Bubbles* existe em três versões (Azimi, 2007b).

A crescente divisão de trabalho entre "operários da arte" e "pensadores da arte" suscita perguntar qual o papel do artista contemporâneo. Jeffrey Deitch, dono de uma galeria no SoHo, sugere que avançamos na direção da compreensão do artista como filósofo, não como artesão (Fineman, 2006). Deitch afirma: "A ideia e a visão do artista são valorizadas, mais do que a capacidade de dominar os ofícios que respaldam a obra". Maurizio Cattelan declara: "Não concordo com a ideia de que um artista manipula materiais. Não desenho. Não pinto. Não esculpo. Nunca toco nas minhas obras" (Corrias, 2005).

Katy Siegel, crítica de arte e professora de história da arte contemporânea, refere-se a "uma verdadeira divisão de classes no mundo da arte, entre os operários da arte e os pensadores da arte" (Fineman, 2006). Embora alguns assistentes de Damien Hirst tenham seguido carreira como artistas, centenas de aspirantes a artistas estão relegados a carrei-

ras em que confeccionam as obras de poucos artistas altamente bem-
-sucedidos.[9]

A ênfase sobre obras de arte como ideias, mais do que como objetos, é indicada pelo fato de que os colecionadores costumam adquirir
obras de arte sem ver os trabalhos, exceto na forma digital, pela internet
(Tomkins, 2007a, p. 72). No passado, quando reproduções eram invaria-
velmente consideradas inferiores ao original, seria impensável comprar
uma obra de arte sem vê-la. A prática corrente de comprar com base em
imagens digitais indica que o valor de uma obra de arte agora depende
do discurso que a cerca na mídia, não de suas características visuais e
qualidade (Melikian, 2008c). Melikian (2007b) afirma: "Essa diversidade atordoante, em todos os níveis financeiros da arte contemporânea,
atualmente em máxima demanda, demonstra que as considerações visuais têm importância apenas limitada na formação dos preços. Ideias,
nomes, alguns diriam o volume de propaganda, são os fatores que conduzem ao triunfo financeiro."

O mundo da arte contemporânea em si mesmo foi descrito como
uma indústria, comparável à do cinema ou da moda. O *marchand*
Jeffrey Deitch teria declarado: "O mundo da arte costumava ser uma
comunidade, mas hoje é uma indústria. Não é só um mercado; é uma
indústria da cultura visual, como a do cinema ou a da moda, e se funde
com as duas" (Tomkins, 2007a, p. 72).

Há pouco, Jasper Johns, importante artista do pós-guerra, revelou a
um entrevistador que ainda executa manualmente todas as suas obras,
não recorre a assistentes ou computadores. Ele acrescentou o seguinte
comentário: "É um mundo da arte diferente em relação àquele em que

---

9   Em maio de 2010, uma pintura de Picasso, executada em uma única tarde, em 1964, tornou-se a
     obra de arte mais cara já vendida no mercado de leilões, alcançando mais de US$ 106,5 milhões
     (Melikian, 2010). Nesse contexto, é interessante destacar que o próprio Picasso pintou o quadro.

eu cresci. Os artistas [...] têm mais consciência a respeito do mercado do que antes. Aparentemente, paira no ar que a arte é o próprio comércio" (Vogel, 2008).

ARTE CONTEMPORÂNEA E MODA

Uma consequência dessas mudanças é que a arte e a moda – que eram, no passado, bem distintas enquanto conceitos sociológicos – estão se tornando mais parecidas. A recepção de novas obras de arte está se assemelhando à de novas tendências da moda. Como a moda, a arte está sendo condicionada por considerações de ordem cada vez mais comercial e cada vez menos estética. Especificamente, é condicionada por gostos ecléticos e muitas vezes superficiais de um novo grupo de colecionadores muito ricos.

É muito significativo que o mundo global da arte tenha mudado para um sistema de vendas sazonais por meio de feiras internacionais de arte, análogo a shows sazonais de coleções de moda, que ocorrem todos os anos em Milão, Paris, Londres e Nova York. Afirma-se que certos artistas estão "na moda", em cada feira de arte. Saber antecipadamente quais serão esses artistas pode gerar lucros para aqueles que já possuem suas obras. Os motivos para adquirir arte foram comparados aos motivos para comprar roupas da moda.

Entre 2006 e 2008, o aumento abrupto dos preços e das vendas de arte contemporânea chinesa sugere a existência de um modismo (Pomfret, 2008; Kolesnikov-Jessop, 2008). O mercado de arte contemporânea chinesa foi descrito como "altamente manipulável e especulativo" (Pomfret, 2009). Em 2007, o valor das vendas de arte chinesa cresceu 41%, em comparação com o ano anterior. O preço por metro quadrado das obras dos cem artistas contemporâneos chineses mais importantes aumentou 40%, em 2007. No mesmo ano, cinco dos dez artistas vivos mais bem cotados em leilões eram chineses (Barboza, 2009) – uma enorme mudança em relação ao início da década, quando Quemin (2006) constatou que era muito difícil para artistas asiáticos terem êxito no mercado ocidental de arte e concluiu que o mercado de arte não era verdadeiramente global.

Também há analogias entre moda e arte na relevância do conceito de uma marca. No negócio da moda, as marcas são utilizadas para ligar imagens a produtos de luxo, a fim de convencer o comprador de que está adquirindo uma mercadoria nova, mas valiosa. A função do estilista de moda tornou-se subordinada ao papel da marca que representa a empresa que lhe dá emprego. Diversos estilistas jovens são incapazes de iniciar seu próprio negócio e trabalham para empresas controladas por conglomerados poderosos, que limitam sua autonomia criativa e avaliam seu trabalho em relação ao sucesso de suas marcas (Crane, 2000).

Não é por acaso que artistas como Damien Hirst e Takashi Murakami afirmam que criaram marcas. O conceito também parece ser pertinente para muito do que Jeffrey Koons e Richard Prince estão fazendo e, provavelmente, pode ser estendido para muitos outros artistas. Esses artistas comandam empresas que criam produtos de luxo para um nicho de mercado altamente lucrativo. Como os estilistas de moda, cujos trabalhos também são o resultado de uma atividade coletiva, os artistas ganham todo o crédito por essas produções industriais.

CONCLUSÃO

O assunto deste trabalho foi um segmento pequeno, mas muito importante, altamente visível e extremamente lucrativo do mercado de arte: o mercado global de arte. Como tal, parece provável que esteja definindo os padrões dos mercados urbanos de arte que continuam a existir em muitas das grandes cidades dos Estados Unidos, da Europa e, cada vez mais, da Ásia. De certa forma, esses mercados urbanos de arte apoiam-se em feiras internacionais de arte, que trazem grande quantidade de *marchands* e colecionadores para certas cidades.

A natureza do sistema de recompensa que cerca a produção desse tipo de arte é a antítese daquele que existia no mundo da arte no início do pós-guerra. Num enclave superior do mercado de arte, obras de arte muito caras circulam entre colecionadores extremamente ricos, cujos gostos moldam os aspectos simbólicos e materiais dos produtos. As vendas em casas de leilão fornecem indicadores confiáveis da demanda desses produtos. Passando ao largo dos mercados urbanos de arte e das comunidades artísticas, essas transações ocorrem em reduzido número de feiras internacionais de arte, sob a égide de pequeno grupo de *marchands* poderosos. Como é o caso em outros mercados globais, os participantes importantes desse mercado necessitam de altos níveis de renda disponível e altos níveis de capital para investimento.

O acesso ao mercado global de arte está disponível apenas para colecionadores muito ricos, para os *marchands* mais bem-sucedidos e poderosos e para as principais casas de leilão. Esse circuito relativamente fechado produziu um tipo de arte que tende a reciclar imagens e símbolos culturais já amplamente disseminados na cultura popular e na mídia. Embora seu conteúdo seja prontamente acessível a um público maior, essas obras de arte tendem a ter um público relativamente escasso e elitizado. Muitas das obras pertencem a coleções particulares. Alcançam um público maior quando adquiridas ou expostas em museus ou se os colecionadores criam espaços de visualização para suas obras.

As imensas somas disponíveis para aquisição e investimento nesse tipo de obras de arte produziram uma preferência por peças extremamente grandes e caras, manufaturadas de modo industrial ou semi-

-industrial, um sistema que requer o emprego de grandes quantidades de artistas em funções relativamente subalternas; outros artistas fornecem habilidades técnicas de alto nível para a produção dessas obras; esses dois grupos não recebem nenhum tipo de reconhecimento ou recompensa além de salários. Para os artistas que desenham as obras de arte e que lucram imensamente – em termos de recompensas tanto econômicas como simbólicas – com sua produção, as questões estéticas são minimizadas, em comparação com os problemas de maximização das vendas e do lucro, a fim de manter esses sistemas de produção industrial. As comunidades de artistas nesse nível do mercado de arte parecem ser praticamente inexistentes.

O mercado global de arte é um exemplo do modo como a globalização dos mercados expande a desigualdade econômica e cultural, além de aumentar a riqueza e os privilégios de pequenos segmentos da população mundial à custa do restante dela.

BIBLIOGRAFIA

AZIMI, R. "Cinq artists vivants au sommet". Em *Le Monde: argent!*, 12-3-2007a.

_____. "Jeff Koons, superstar du kitsch". Em *Le Monde: argent!*, 11/12-11-2007b.

_____. "L'insatiable appétit des collectioneurs des pays émergents". *Le Monde: argent!*, 20/21-1-2008.

BARBOZA, D. "Artists in China Wait Out Downturn". Em *International Herald Tribune*, 12-3-2009.

BAUMAN, Z. *Postmodernity and its Discontents*. Nova York: New York University Press, 1997.

BECKER, H. S. *Art Worlds*. Berkeley: University of California Press, 1982.

BELLET, H. "La Foire de Bâle frappée par l'explosion des prix de l'art contemporain". Em *Le Monde*, 22-6-2004.

_____. "La folie des mégacollectionneurs d'art contemporain". Em *Le Monde*, 1º-12-2005.

_____. "Ventes records à l'arraché à New York". Em *Le Monde*, 17-11-2007a.

_____. "Démesure à la foire de Miami, entre Salons d'antan et galleries d'aujourd'hui". Em *Le Monde*, 8-12-2007b.

_____. "Maastricht, foire de la démesure, expose un secteur florissant". Em *Le Monde*, 11-3-2008a.

_____. "La France dépassée par la Chine". Em *Le Monde*, 3-4-2008b.

_____. "Le prix exorbitant d'un Giacometti". Em *Le Monde*, 9-2-2010.

_____ & ROURE, B. "Les vedettes de l'art trash au Centre Pompidou". Em *Le Monde*, 20/21-2-2005.

_____ & DE ROUX, E. "Les nouveaux collectionneurs". Em *Le Monde*, 17-7-2007.

_____; DAGEN, P.; LEQUEUX, E. "Art contemporain: un grand tour en quatre étapes". Em *Le Monde*, 8-6-2007.

BILLARD, M. "An Avalanche of Art: Miami Beach Fair Spurs 20 Satellite Shows". Em *International Herald Tribune*, 30-11-2007.

BOURDIEU, P. *The Field of Cultural Production*. Cambridge: Polity, 1993.

CHAYETTE, S. "En dépit d'un euro fort, LVMH annonce un résultat record en 2007". Em *Le Monde*, 7-2-2008.

_____. "Chiffres: 74 millions d'euros". Em *Le Monde*, 1-9-2007.

COOK, R. "The Mediated Manufacture of an 'Avant-Garde: a Bourdieusian Analysis of the Field of Contemporary Art in London, 1997-9". Em FOWLER, B. (org.). *Reading Bourdieu on Society and Culture*. Oxford: Blackwell, 2000.

CORRIAS, P. "Artists par hazard, milliardaire malgré lui". Em *Courrier International*, 745, 10 a 16-2-2005.

COTTER, H. "Is Whitney's Subdued Fair a Sign of the Times?". Em *International Herald Tribune*, 11-3-2008.

CRANE, D. "Reward Systems in Art, Science, and Religion". Em *American Behavioral Scientist*, 19, 1976.

_____. *The Transformation of the Avant-Garde: the New York Art World, 1940-1985*. Chicago: University of Chicago Press, 1987.

_____. "High Culture *versus* Popular Culture Revisited: a Reconceptualization of Recorded Cultures". Em Lamont, E. & Fournier, M. (orgs.). *Cultivating Differences: Symbolic Boundaries and the Making of Inequality*. Chicago: University of Chicago Press, 1992.

_____. *Fashion and Its Social Agendas: Class, Gender, and Identity in Clothing*. Chicago: University of Chicago Press, 2000.

_____. "Avant-Gardes and Artists". Em *International Encyclopedia of the Social and Behavioral Sciences*. Vol. 2. Oxford: Pergamon-Elsevier Science, 2002.

DUNN, R. "Postmodernism: Populism, Mass Culture, and Avant-Garde". Em *Theory, Culture and Society*, 8, 1991.

ELLISON, H. "Opportunity Knocks as Art Fairs Mushroom". Em *International Herald Tribune*, 20-12-2004.

ESTEROW, M. "The ARTnews 200 Top Collectors: 'The Ship Sails On'". *ARTnews*, verão de 2008.

FINEMAN, M. The Artisans Who Make Large Artworks Possible. Em *The New York Times (Le Monde edition)*, 13-5-2006.

FINKEL, J. "Museums Solicit Dealers' Largess". Em *The New York Times*, 18-11-2007.

_____. 2008. "A Company at the Ready When Artists Think Big". Em *The New York Times (Le Monde edition)*, 3-5-2008.

FRÉTARD, D. "L'ivresse de l'utraluxe". Em *Le Monde 2*, 15-12-2007.

HUSTON, L. "The Theory of the Avant-Garde: an Historical Critique". Em *Canadian Review of Sociology & Anthropology*, 29, 1992.

KOLESNIKOV-JESSOP, S. "Is a Correction Coming for Asian Art Market?". Em *International Herald Tribune*, 31-5/1º-6-2008.

_____. "Chinese Market Finds its Footing". Em *International Herald Tribune*, 10-6-2009.

LE MONDE. "Le nombre de riches dépasse les dix millions dans le monde". Em *Le Monde*, 26-6-2008.

LE QUEUX, E. "Toutes les grandes villes du monde veulent en être". Em *Le Monde*, 8-6-2007.

LURY, C. "Contemplating 'a Self-Portrait as a Pharmacist': a Trade Mark Style of Doing Art and Science". Em *Theory, Culture & Society*, 22, 2005.

MELIKIAN, S. "Works by Warhol Bring in $137 million". Em *International Herald Tribune*, 18-5-2007a.

_____. "Yes, It's Art: Just Ask the Experts – And the Buyers". Em *International Herald Tribune*, 19/20-5-2007b.

_____. "Breakthrough by Chinese Artists Opens New Vistas". Em *International Herald Tribune*, 20/21-12-2007c.

_____. "$325 Million Sale Reflects Buoyant Market". Em *International Herald Tribune*, 15-12-2007d.

_____. "Bacon and Koons Lead 4315.9 Million Sale". Em *International Herald Tribune*, 16-11-2007e.

_____. "Behind Stellar Sales, a Dangerous Game". Em *International Herald Tribune*, 19/20-1-2008a.

_____. "Drawings, Porcelain and Paintings Soar". Em *International Herald Tribune*, 26/27-1-2008b.

_____. "Sotheby's Sale Sets a Record: 95 Million Pounds". Em *International Herald Tribune*, 29-2-2008c.

_____. "A Picasso Commands World Record $106 Million". Em *International Herald Tribune*, 6-5-2010.

MICUCCI, D. "U.S. Museums and Dealers Catch the Asian Fever". Em *International Herald Tribune*, 13/14-10-2007.

MICHAUD, C. "Signs Emerge of Recovery for Art Sales". Em *International Herald Tribune*, 20-4-2010.

MOULIN, R. *Le marché de l'art: mondialisation et nouvelles technologies*. Paris: Dominos Flammarion, 2000.

PAGANI, J. "Mixing Art and Life: the Conundrum of The Avant-Garde's Autonomous *Status* in The Performance Art World of Los Angeles". Em *Sociological Quarterly*, 42, 2001.

POMFRET, J. "Looking at Asian Art for the Next Big Jackpot". Em *International Herald Tribune*, 4-2-2008.

_____. "China's White-hot Market Now in Deep Freeze". Em *International Herald Tribune*, 13-10-2009.

QUEMIN, A. "Globalization and Mixing in the Visual Arts: an Empirical Survey of 'High Culture' and 'Globalization'". Em *International Sociology*, 21, 2006.

RIDING, A. "'Ethically Sourced' Art, for a Mere $100 Million". Em *International Herald Tribune*, 9/10-6-2007.

ROSENBERG, K. "Where Serious Art Meets Raucousness". Em *International Herald Tribune*, 11-12-2007.

_____. "New York Cool: a Transitional Generation is Given its Due". Em *International Herald Tribune*, 26/27-4-2008.

SABBAH, C. "Une pause salutaire?". Em *Le Monde: argent!*, 20/21-1-2008.

SANDLER, I. *The Triumph of American Painting: a History of Abstract Expressionism*. Nova York: Harper and Row, 1976.

_____. "Tenth Street Then and Now". Em *The East Village Scene*. Filadélfia: Institute of Contemporary Art – University of Pennsylvania, 12 de outubro a 2 de dezembro e 1984.

SCHJELDAHL, P. "The Joker: Richard Prince at the Guggenheim". Em *The New Yorker*, 15-10-2007.

_____. "Buying it: a Takashi Murakami Retrospective". Em *The New Yorker*, 14-4-2008.

SULLIVAN, P. "An Investor's Guide to Art Market Pain". Em *International Herald Tribune*, 10-6-2009.

TAYLOR, J. "Futurism: The Avant-Garde as a Way of Life". Em Hess, T. B. & Ashbery, J. (orgs.). *Avant-Garde Art*. Londres: Collier Books/Collier-Macmillan, 1968.

TOMKINS, C. "The Turnaround Artist: Jeff Koons, Up From Banality". Em *The New Yorker*, 23-4-2007a.

_____. "A Fool for Art: Jeffrey Deitch and the Exuberance of the Art Market". Em *The New Yorker*, 12-11-2007b.

VELTHUIS, O. "Symbolic Meanings of Prices: Constructing the Value of Contemporary Art in Amsterdam and New York Galleries". Em *Theory and Society*, 32, 2003.

VOGEL, C. "Hirst Unveils his $10 Million 'School'". Em *International Herald Tribune*, 13-11-2007.

_____. "Jasper Johns: Color in Shades of Gray". Em *International Herald Tribune*, 6-2-2008.

VULSER, N. "Les millionnaires investissent plus avec emotion qu'avec raison". Em *Le Monde*, 24-6-2010.

WYATT, E. "A Philanthropist Opts not to Give it all Away". Em *International Herald Tribune*, 10-1-2008.

Globalização, tamanho organizacional e inovação na indústria francesa da moda de luxo

A PRODUÇÃO DA TEORIA CULTURAL REVISITADA

INTRODUÇÃO

Não se poderia entender a natureza e o papel da cultura registrada na sociedade contemporânea sem o exame das características da organização em que é produzida e disseminada. A produção da teoria cultural que gerou ampla literatura (para análise, ver Peterson, 1994) concentra-se nos efeitos dos diferentes tipos de estrutura organizacional (DiMaggio, 1977) e tipos de mercados (Peterson & Berger, 1975; Lopes, 1992; Crane, 1992) sobre a diversidade e o alcance dos produtos culturais. A teoria examina como as diferentes características dos mercados e das organizações onde a cultura é criada e disseminada afetam as diversas formas de cultura, especialmente a possibilidade de se produzir uma forma particular de cultura e a possibilidade de inovação.

Usando como base as teorias econômicas do oligopólio, a produção dos teóricos da cultura mostra que as indústrias culturais são em geral dominadas por poucas grandes empresas que controlam grande parte do mercado. Como cada empresa dentro do oligopólio tenta obter uma fatia maior do mercado, há alto nível de competitividade, mas cada participante tem pouco incentivo para inovar. Essas empresas em geral preferem evitar os riscos associados à inovação estilística e capitalizar sobre as inovações propostas por pequenas empresas (Peterson & Berger, 1975; Lopes, 1992).

Estudos anteriores também indicam que as dimensões da organização cultural trazem importantes implicações para o nível de inovação que aparece nos produtos produzidos ou disseminados pela organização. A relação entre o tamanho organizacional e o nível de inovação é complexa (Pavitt *et al.*, 1987). Nas indústrias em que é necessário alto nível de investimento por um período considerável de tempo para desenvolver produtos inovadores, as grandes organizações levam vantagem. Por exemplo, grandes organizações culturais provavelmente levam vantagem no desenvolvimento de conteúdos dramáticos ou musicais para tevê, vídeo ou cinema. Quando o desenvolvimento de novos estilos não requer a aplicação intensiva de mão de obra ou de capital e quando o sucesso da inovação depende do contato próximo com o público jovem, as pequenas organizações talvez tenham mais vantagens. As pequenas organizações culturais tendem a ser dominadas pelos *créateurs*, não por administradores, e assim têm mais probabilidade de correr riscos na produção e na distribuição de material inovador. Grandes corporações são controladas por gerentes e administradores que têm nos lucros sua maior preocupação, o que coloca a qualidade estética e a inovação em segundo plano.

Uma grande controvérsia para a produção da teoria cultural tem sido os efeitos dos diferentes tipos de relações entre grandes e pequenas empresas. Lopes (1992) observa que, na indústria de música popular, a incorporação de pequenas empresas como divisões independentes de grandes firmas tem mantido o nível de inovação nesse ramo de negócios. Aksoy & Robins (1992), em sua análise da indústria cinematográfica de Hollywood, são mais pessimistas a respeito das consequências da cooperação entre pequenas e grandes empresas para a inovação, especialmente no mercado global. Sobre o qual eles argumentam que será cada vez mais dominado por um pequeno número de enormes corporações, em detrimento dos pequenos negócios que atuam em mercados locais, regionais e em âmbito nacional. Outros estudos mostram que, em resposta à concorrência da televisão, os estúdios cinematográficos diversificaram seus produtos, incluindo séries para a televisão e vídeos musicais, e padronizaram seus produtos cinematográficos no formato *blockbuster*, um tipo muito caro de filme criado para atrair o grande público internacional (Philips, 1982). Situação bem diferente e excepcional ocorre quando pequenas empresas conseguem desenvolver ampla cooperação entre si, como no caso da indústria de confecções do norte da Itália, que permite aos pequenos negócios competir de forma mais efetiva com os grandes (Brusco, 1982).

Nas duas últimas décadas, dois fatores que influenciam o comportamento das organizações produtoras de cultura tornaram-se cada vez mais importantes: 1) o controle das organizações por conglomerados (empresas cuja principal atividade é a de comprar e vender outras empresas); e 2) a globalização dos mercados para produtos culturais. A presença dos conglomerados tem se mostrado como o fator de maior pressão em direção ao oligopólio nas indústrias culturais, assim como de maior ênfase nos lucros do que na inovação (Bagdikian, 1990).

Alguns poucos estudos examinaram os efeitos da globalização dos mercados de produtos culturais; um exemplo é o de Aksoy & Robbins,

1992. Um das hipóteses que será explorada neste artigo é a de que a globalização aumenta muito os custos para a entrada de novas empresas no mercado de produtos culturais e diminui suas chances de sobrevivência. Nas indústrias culturais em que as pequenas empresas têm maior probabilidade do que as grandes de produzir produtos inovadores, essas mudanças trazem implicações no nível de inovação.

Neste estudo, mostro a relevância da produção da teoria cultural, ao explicar as mudanças ocorridas na indústria francesa de moda de luxo. Originada em meados do século XIX, essa indústria hoje está orientada para os mercados globais. Ao mesmo tempo, está em declínio a inovação, ou o aparecimento de inovações, que deveria ser ingrediente essencial da moda nos diferentes estilos de vestimentas. É provável que as inovações bem-sucedidas sejam resultado da observação habilidosa do comportamento dos jovens em relação a suas roupas em diferentes cenários e em diferentes países. Como na indústria de música popular, os pequenos negócios têm mais chances do que os grandes de se conscientizar das mudanças no estado de espírito e nas atitudes do público (Burnett, 1992), mas enfrentam obstáculos crescentes para sobreviver.

A ideia de que algumas empresas que vendem roupas da moda possam alcançar alto nível de estabilidade é contrária à avaliação de Brittain & Freeman (1980, p. 313), para quem a indústria da moda é um caso em que, devido às rápidas modificações dos produtos, as pequenas empresas com poucos funcionários e pouco capital para investir acabam se beneficiando. A meta dessas organizações é explorar as oportunidades comerciais, em lugar de operar em alto nível de eficiência competitiva. A interpretação que esses autores fazem dos mercados de moda implica um tipo particular de mercado, no qual os artigos de moda são produzidos de forma barata, vendidos rapidamente e logo substituídos por novos artigos. De fato, apenas um dos mercados de moda na França, o de moda jovem, corresponde a esse modelo. Os outros mercados, detentores de muito mais prestígio, são o de alta-costura e o de prêt-à-porter de luxo.

Alta-costura (haute couture). Antes da chegada de Charles Frederick Worth a Paris em 1858, alfaiates e costureiras particulares eram contratados para vestir as classes de elite. O que distinguiu o negócio de Worth dos seus predecessores foi o fato de que não se esperava que ele copiasse os modelos criados por outros. Ele era um *créateur* autônomo, que contratava vários artesãos e assistentes para ajudá-lo na realização de suas ideias.

Até a década de 1960, as confecções na França dividiam-se em dois polos: 1) costureiros que desenhavam e faziam sob encomenda roupas que eram vendidas diretamente aos clientes; e 2) fábricas industriais cujos produtos eram vendidos em lojas de departamentos. As casas de costura ditavam os estilos, que eram copiados pela indústria de vestuário. As roupas produzidas industrialmente representavam apenas um quarto do mercado e eram consideradas deselegantes e de baixa qualidade. Mulheres de certo padrão que não podiam pagar por alta-costura encomendavam suas roupas de costureiras, as quais copiavam os modelos do momento (Vincent-Ricard, 1987). Hoje, as casas de alta-costura vendem tanto roupas sob medida como peças prontas para vestir, junto com outros produtos de luxo, como perfumes, cosméticos e artigos de couro.

Prêt-à-porter de luxo. Durante as décadas de 1950 e 1960, a indústria de vestuário francesa modernizou-se, incorporando técnicas de produção vindas dos Estados Unidos, assim como novas ideias sobre *merchandising* (Vincent-Ricard, 1987, cap. II). Uma década de afluência crescente, juntamente com o crescimento populacional, acelerou a demanda (Vincent-Ricard, 1987, p. 41). Isso levou a enorme expansão na indústria de vestuário da França. Nos anos 1960, essas condições abriram oportunidades para estilistas, que se autodenominavam *créateurs*, os quais fundaram empresas para fabricar e vender suas criações como produtos prêt-à-porter.[1] No início, seu alvo eram as classes inferiores do mercado, mas, desde o final da década de 1970, a maior parte desses pequenos negócios voltou-se para produtos do mercado de luxo.

Nesses dois mercados, a imagem do *créateur* como artista e conhecedor é usada para vender ampla gama de produtos, inclusive roupas. Nas últimas duas décadas, o *status* de estilista de moda foi redefinido como o de "artista-artesão" objeto de retrospectivas em museus, cuja obra, após respeitável período de tempo, é vendida em leilões. Se o mito enfatiza a autonomia artística, os *créateurs*, de fato, estão cada vez mais sob controle dos gerentes de suas casas, que funcionam como os produtores culturais em outras formas de cultura popular (cinema, tevê, música popular).

Moda jovem. O terceiro mercado de moda que se encaixa na concepção de Brittain & Freeman (1980) é o segmento de moda jovem. Centenas de pequenas butiques surgiram e desapareceram no distrito das confecções de Paris, conhecido como "Sentier". Até os anos 1970, esses pequenos empreendedores ganhavam dinheiro copiando os modelos dos costureiros, sonegando impostos e explorando a mão de obra para produzir artigos de vestuário baratos e modismos que caíam no gosto passageiro do público (Montagné-Villette, 1990). Na década de 1970, começaram a imitar as roupas esportivas e de lazer criadas nos Estados Unidos e a criar suas próprias variações sobre esse estilo. Nos anos 1980, algumas empresas desse mercado conseguiram se expandir para negócios de tamanho considerável, com cadeias de lojas nos distritos da

---

[1]   Bourdieu & Delsaut (1975, p. 30) interpretam essas mudanças em termos da modificação da composição da classe dominante na França e da ascensão da "nova burguesia".

moda em Paris, em outras cidades francesas e em outros países (Bézard, 1990; Lecompte-Boinet, 1991b). Por não haver dados disponíveis sobre inovação de produto nessas empresas, esse mercado não foi examinado neste trabalho.

A indústria francesa de moda de luxo é única no grau de ênfase que coloca nas peças de alta-costura feitas sob medida. Em outros países, onde também há indústrias de moda de luxo de porte considerável, como Inglaterra, Itália, Japão e Estados Unidos, as empresas de moda aceitam encomendas apenas em casos excepcionais. Os estilistas nesses países seguem em geral o padrão dos *créateurs*. Já as empresas que vendem peças assinadas nesses países devem ser diferenciadas de dois outros tipos de empresas: confecções industriais que contratam estilistas como seus funcionários, com pouca ou nenhuma autonomia, e pequenas butiques que visam a nichos de baixo custo, como moda jovem ou esportiva. Até os anos 1960, a alta-costura ditava a moda no sentido de que todos os outros mercados de vestuário copiavam ou adaptavam os modelos criados pelos costureiros franceses. Nos últimos trinta anos, gradualmente, os *créateurs* na França e os estilistas de outros países substituíram os costureiros franceses como ditadores de tendências. Além disso, os modismos criados pelas empresas que produziam peças baratas para nichos específicos às vezes influenciavam os modelos criados pelos estilistas. Resumidamente, em determinado momento, o mercado de moda focou-se em um centro formado por alguns costureiros franceses. Hoje, há muitos "centros" que funcionam como um sistema "caótico" de influência e concorrência mútuas.

Neste estudo, comparo os efeitos da estratégia de negócios, dos custos de entrada e da globalização dos mercados sobre a sobrevivência organizacional e inovação de produto nos mercados de alta-costura e dos *créateurs*. Provavelmente existem relações semelhantes entre esses tipos de variáveis em outros ramos de negócios. Usando a produção da teoria cultural, foram formuladas as hipóteses expostas a seguir.

- Em termos de estratégia de negócios e atitudes em relação à inovação, as empresas nessa indústria assemelham-se às empresas em outras indústrias culturais, favorecendo os lucros em detrimento da originalidade; conforme as empresas foram sendo compradas por conglomerados, essas tendências foram aceleradas, o que resultou em uma alta taxa de sobrevivência.

- Algumas poucas e bem-sucedidas empresas controladas por conglomerados funcionam como oligopólios, como fica claro por seu domínio sobre grande parcela das vendas do mercado.

- Como em outras indústrias culturais, as grandes empresas tentam capitalizar sobre a capacidade de inovar dos pequenos e médios negócios ao contratar seus estilistas, que tendem a estar em contato mais próximo com o mercado (também chamado de "rua" no jargão da moda).

- A globalização levou a um extraordinário aumento de custo para entrar no mercado da indústria da moda francesa, dificultando, na França, o surgimento de novos negócios nesse setor.

- O domínio da indústria por oligopólios e a globalização dos mercados criaram uma situação na qual as pequenas empresas têm menor probabilidade de serem reconhecidas como inovadoras pelos especialistas de moda, ao passo que as grandes empresas são capazes de sobreviver com baixo nível de inovação.

FONTES DE DADOS

Usando listas e catálogos biográficos publicados em jornais e periódicos franceses, foram compiladas listas abrangentes de empresas nos dois mercados de moda franceses (costureiros e *créateurs*). Na França, o uso da classificação "alta-costura" é restrito àquelas empresas que atendem os requisitos para essa classe estabelecidos pela Câmara Sindical de Alta-Costura. As regras são as seguintes: 1) empregar no mínimo vinte pessoas na produção de peças de vestuário nos estúdios da empresa; 2) apresentar para a imprensa em Paris uma coleção de pelo menos 75 criações a cada estação (primavera e outono); 3) apresentar essa coleção com pelo menos três modelos vivos; 4) apresentar essa mesma coleção na sua própria casa, em áreas especiais para esse propósito (Chapsal, 1989, p. 371). Uma lista desses costureiros foi publicada por Chapsal (1989, p. 371-376). Muitas outras empresas usam a classificação extraoficial *couture*, mas as empresas que têm direito de uso da classificação *alta-costura* são as de maior prestígio.

Diferentemente das casas de costura, claramente identificadas por sua associação às respectivas câmaras de comércio, os *créateurs* não são tão facilmente identificados. Uma lista de *créateurs* foi compilada com base em catálogos biográficos dos estilistas de moda (McDowell, 1987; Delbourg-Delphis, 1984) e de listas publicadas na principal publicação francesa para a indústria de confecções, o *Journal du Textile*. Estilistas estrangeiros são incluídos na lista de *créateurs* franceses se suas casas estiverem sediadas na França, mas não se suas sedes se localizarem em outros países.

As empresas desse mercado são de propriedade privada e raramente publicam relatórios anuais. Consequentemente, as informações sobre seus negócios e atividades financeiras foram recolhidas de fontes como o *Journal du Textile*, o *Le Monde* e *The International Herald Tribune*, de um estudo recente da indústria francesa de vestuário de luxo (Conseils et Analyses Stratégiques, 1990), de histórias da moda e de entrevistas com estilistas e seus funcionários encarregados da área de relações públicas.

A mensuração da inovação em organizações culturais é um problema perene, que se torna ainda mais difícil de resolver em uma área onde cada produto é considerado *a priori* uma inovação. A solução adotada aqui foi a de nos basearmos no julgamento dos especialistas de moda.[2] Duas vezes por ano, desde 1978, a principal publicação de moda em Paris, o *Journal du Textile*, pede a especialistas em moda que façam o *ranking* dos estilistas. Esses especialistas indicam aproximadamente quinze renomados jornalistas de moda, em sua maior parte franceses, associados às grandes revistas e aos jornais de moda na França, e aproximadamente setenta gerentes de lojas que vendem peças assinadas em Paris e em outras grandes cidades francesas. Pediu-se a esses especialistas que respondessem à seguinte pergunta: quais as coleções mais criativas dessa temporada e que provavelmente influenciarão a moda? (Les professionnels meilleurs juges de la mode, 1995). Não receberam nenhum tipo de diretriz ou especificação para as suas respostas. O resultado foi o *ranking* dos cinquenta principais estilistas apontados pelos gerentes de lojas e dos vinte principais estilistas, pelos jornalistas de moda. Trabalhei com o *ranking* de *créateurs* e costureiros feitos pelos jornalistas e gerentes de lojas entre 1978 e 1995.

ESTRATÉGIA DE NEGÓCIOS, TAMANHO E ESTABILIDADE: ALTA-COSTURA

Depois da Segunda Guerra Mundial, a natureza dos negócios na área de moda de luxo mudou, na França. No pós-guerra, as casas de costura

---

[2]   Em um estudo sobre inovação em campo muito diferente, o da tecnologia industrial, as informações sobre inovação também foram obtidas como resultado do julgamento de especialistas. Pediu-se que identificassem inovações tecnológicas significativas que obtiveram sucesso comercial no Reino Unido (Pavitt *et al.*, 1987, p. 298-299).

francesas representaram um novo tipo de organização de moda, baseado no conhecimento financeiro e no licenciamento de vários outros tipos de produtos como fontes de receitas adicionais. No período pré--guerra, os costureiros geralmente eram os donos ou, pelo menos, sócios das *maisons*. Os valores investidos nos negócios eram tipicamente baixos. A principal atividade era a produção de roupas encomendadas por clientes. Ainda assim, essas empresas não se encaixavam na descrição da pequena e instável organização que vendia modismos, proposta por Brittain & Freeman (1980) como característica dos mercados de moda. As empresas francesas que vendiam *haute couture* no pré-guerra recorriam a vários mecanismos para reduzir a incerteza inerente ao mercado de moda. Estabeleceram uma clientela relativamente estável e homogênea, formada pela classe média alta conservadora, pela aristocracia ou por boêmios afluentes, como atrizes, artistas e escritoras bem-sucedidas. As clientes em geral se vestiam exclusivamente com um determinado costureiro (Bertin, 1956, p. 53). Em segundo lugar, os estilistas de maior sucesso baseavam suas reputações em tipos específicos e bem definidos de inovação de moda, como o corte em viés (Vionnet) ou peças esportivas confeccionadas com novos tipos de materiais (Chanel).

Uma terceira estratégia, o uso de linhas de produtos subsidiários além das vestimentas, para compensar as incertezas do mercado de roupas de tendência, foi primeiramente usada por Poiret, antes da Primeira Guerra Mundial (Grumbach, 1993, p. 23). Esses produtos eram geralmente manufaturados e vendidos pelas próprias casas de costura. O principal produto subsidiário desenvolvido por esses designers foi o perfume. Entre as duas guerras mundiais, quase um terço das *maisons* de alta-costura desenvolveram linhas de perfumes que propiciavam consideráveis receitas adicionais. Chanel também colocou a bijuteria como parte integrante de seu *look* de moda e criou linhas de bijuterias para serem usadas com suas roupas (Mackrell, 1992). Entretanto, para todos os costureiros do pré-guerra, as roupas permaneciam como o principal produto de seus negócios. Comparados aos da década de 1990, os costureiros que estavam nesse meio, entre as duas guerras, tinham um número maior de funcionários engajados na produção e venda de roupas, produziam grande número de modelos para suas coleções bianuais e tinham uma multidão de clientes. Por exemplo, Worth tinha 1.200 funcionários em 1873; Patou e Lelong tinham o mesmo número em 1920; Chanel empregava 4 mil pessoas em 1935 (Grumbach, 1993). Na década de 1980, a maior parte dos costureiros tinha menos de cem funcionários trabalhando na fabricação de roupas.

O primeiro exemplo do novo tipo de empresa do pós-guerra foi criado por um magnata do ramo têxtil francês para Dior em 1946 (Marly, 1990). O negócio de Dior era único naquele momento, pois ele se associou a um parceiro financeiro que trouxe 10 milhões de francos para começar o negócio (2,5 milhões de francos, em valores de 1992),[3] além de um gerente profissional (Marly, 1990, p. 17-18). Dior era um empregado, não o dono: era o diretor artístico, responsável pela criação (Grumbach, 1993, p. 46).

A mais importante inovação introduzida pela empresa de Dior em termos de estratégia corporativa foi o licenciamento de produtos.[4] Uma importante fonte de renda para os negócios de moda que sobreviveram à guerra e para os novos negócios abertos após o conflito eram os *royal-*

---

[3]   A equivalência em 1992 dos valores do franco em períodos anteriores foi baseada em informações contidas em *Le pouvoir d'achat du franc de 1901 a 1994*. Em 1992, o dólar americano valia entre 5 e 6 francos (média de 5,3) com flutuações diárias, dependendo das transações nos mercados internacionais de câmbio.

[4]   Schiaparelli foi o primeiro costureiro a licenciar uma peça de roupa (em 1940), mas Dior foi o primeiro a fazer uso extensivo dessa prática (Grumbach, 1993, p. 76).

ties obtidos com o licenciamento de grande variedade de produtos, de artigos de vestuário a utensílios domésticos. A partir de 1960, o mercado para roupas sob medida (alta-costura) começa a entrar em declínio. Nos anos 1970, o licenciamento de produtos e os perfumes eram a maior fonte de receitas para essas empresas. As peças de moda eram principalmente usadas para criar uma imagem de prestígio para a empresa e aumentar a atratividade dos outros tipos de produtos, especialmente os perfumes. Em 1995, 22 das 26 casas de alta-costura em operação naquele ano tinham seus próprios perfumes, embora nem todas tivessem controle sobre esse produto. Uma casa de alta-costura com vendas anuais abaixo de 500 milhões de francos conseguia gerar receitas adicionais de mais de um bilhão de francos em licenciamento e perfumes.

Ao mesmo tempo em que muitas dessas organizações foram bem-sucedidas em contornar as incertezas do mercado de moda, o resultado desse movimento foi o deslocamento da sua meta original: a criação de roupas de moda. A alta-costura agora representava de 5% a 10% das vendas anuais das casas de costura (Conseils et Analyses Stratégiques, 1990, p. 13). Em 1996, oito empresas do pré-guerra e seis do pós-guerra já haviam eliminado ou suspendido encomendas de roupas sob medida, usando a notoriedade associada aos nomes dos seus costureiros para vender peças de prêt-à-porter, perfumes e licenças.[5] De fato, a nova

---

[5] Em meados dos anos 1950, três firmas abandonaram completamente a alta-costura e permaneceram no mercado vendendo apenas outros produtos de luxo: Rochas, em 1953; Schiaparelli, em 1954; Fath, em 1956. No início da década de 1970, Balenciaga parou de fazer peças sob medida. Nas décadas seguintes, cinco casas eliminaram a alta-costura: Courrèges, em 1986; Patou e Grès, em 1988; Lanvin, em 1993; Laroche, em 1995; todas, menos uma, mantiveram-se em outros setores do negócio de roupas de luxo (prêt-à-porter, perfumes, etc.). Em meados dos anos 1990, quatro casas suspenderam a alta-costura "temporariamente": Lapidus, Carven, Cardin e Per Spook (Menkes, 1996). Outras casas mantiveram as encomendas, pois as apresentações bianuais de suas coleções geram enorme publicidade, que, por sua vez, confere a "aura" ao redor do nome da empresa (Menkes, 1990). Um nome baseado apenas em grandes realizações de um costureiro pode reter sua atratividade financeira, mesmo depois que a empresa perdeu todos os outros

estratégia corporativa do pós-guerra possibilitou que muitas dessas empresas atravessassem suas crises financeiras. Suas chances de sobrevivência aumentaram consideravelmente.

As seguintes estatísticas são indicativas dessas mudanças em duas das principais casas. Em 1955, a empresa de Dior tinha mais de mil funcionários e 25 mil clientes (Marly, 1990, p. 73). Em 1989, dizia-se que Dior e Yves Saint Laurent tinham mais clientes de alta-costura que qualquer concorrente – cerca de duzentos (Menkes, 1989; Samet, 1989). A principal fonte de receita de Dior eram as trezentas licenças em cem países junto com as vendas de perfumes e cosméticos (Marly, 1990, p. 78). Yves Saint Laurent vendia apenas 1.600 itens de alta-costura por ano (Samet, 1989); a alta-costura representava só 1,4% das vendas totais da empresa.

Hoje em dia, é raro que as empresas de alta-costura sejam totalmente controladas pela família fundadora (Conseils et Analyses Stratégiques, 1990). A solução mais encontrada é o controle total da casa de moda por um conglomerado ou uma subsidiária de um conglomerado (Conseils et Analyses Stratégiques, 1990). No momento presente, um conglomerado tem três casas de costura (Dior, Givenchy e Christian Lacroix) e um *créateur* (Kenzo). Estudos de outros tipos de organizações mostraram que o fato de serem controladas por um conglomerado protege as subsidiárias das pressões financeiras que poderiam levar à falência (Freeman, 1990, p. 74). Esse parece ser o caso nesse setor: a firma de Christian Lacroix registrou prejuízos substanciais desde que foi criada em 1987, mas não faliu (Lecompte-Boinet, 1995b).

---

ativos. Por exemplo, mesmo depois que Grès já havia despedido praticamente todos os seus funcionários, uma empresa japonesa comprou essa casa de costura por 15 milhões de francos em 1988. Na realidade, compraram apenas o nome; a forma como a empresa era comercialmente explorada teve de ser completamente reconstituída (Les Japonais reprennent Grès, 1988, p. 6). Algumas das casas que haviam eliminado a alta-costura acharam necessário reintroduzi-la.

Como em outros ramos culturais, as empresas de alta-costura formam um oligopólio. No início dos anos 1990, o negócio estava dividido entre nove grandes organizações e nove outras menores (ver Tabela 1). Ao todo, as nove grandes casas de costura tinham vendas anuais de mais de 28 bilhões de francos. Em outras palavras, 34% das empresas obtinham 87% das receitas do ramo (estimadas em mais de 33 bilhões de francos). Sete dessas empresas foram criadas antes de 1965; uma (Ricci) sobrevive desde o período do pré-guerra. O único negócio nesse grupo que tem origem recente é estrangeiro (Hanae Mori). O restante dos negócios de costura tem vendas anuais de menos de 1 bilhão de francos; a maior parte vende menos que 500 milhões de francos.

TABELA 1: CASAS DE COSTURA E EMPRESAS DE *CRÉATEURS* POR TAMANHO DAS VENDAS ANUAIS, 1990-1992

Vendas anuais (milhões de francos)[a]	Costureiros	*Créateurs*
Mais de 1 bilhão	9	3
500-999 milhões	3	-
100-499 milhões	8	6
50-99 milhões	-	12
Menos de 50 milhões	2	51
Não há informação[b]	6	18
Total[c]	28	90

Notas:
[a] Inclui vendas diretas e *royalties* de licenciamento.
[b] Duas dessas casas de costura faliram em 1991 e 1995. Essas empresas provavelmente pertenciam à categoria inferior. As vendas de algumas empresas de *créateur* foram estimadas com base em informações de lojas, desfiles, perfumes e outras atividades do *créateur*.
[c] Número de firmas ativas em 1990-1992.

O trabalho dos costureiros mais velhos é frequentemente criticado como "datado" e "paródia inútil" (Benaim, 1992).[6] Os jornalistas descre-

---

6   Em 1992, 75% dos costureiros tinham mais de 50 anos; quatro tinham mais de 70 (Crane, 1993, p. 60).

vem muitos desses estilistas como pouco afeitos ao risco e só dispostos a inovar suas coleções o suficiente para se manterem atualizados, mas não o bastante para deixar sua conservadora clientela de meia-idade pouco à vontade (Benaim, 1994). Assim como as organizações produtoras de cultura em outros campos, as firmas de alta-costura cujos *créateurs* morreram ou se aposentaram contrataram estilistas de pequenas empresas considerados excepcionalmente talentosos e criativos.[7]

CUSTOS DE ENTRADA, GLOBALIZAÇÃO DO MERCADO E SOBREVIVÊNCIA ORGANIZACIONAL: ALTA-COSTURA

A mudança na natureza dos negócios da área de costura no pós-guerra fica evidente pelo padrão que seguem: de entradas e saídas antes e depois da Segunda Guerra Mundial. De 1891 a 1944 (um período de 53 anos), abriram-se 33 empresas;[8] de 1945 a 1995 (50 anos), apenas 22 firmas entraram no mercado. Ao avaliar o sucesso da estratégia de negócios desenvolvida no pós-guerra, é útil comparar as taxas de sobrevivência das empresas do pré-guerra que resistiram ao conflito com as das que se abriram no pós-guerra. Das 23 firmas do pré-guerra que sobreviveram à guerra, apenas nove (39%) existiam ainda em 1995. Das 22 firmas que abriram após a guerra, 18 (82%) se mantiveram. As quatro empresas do pós-guerra que faliram eram pequenas empresas incapazes de instalar completamente o novo estilo de gestão (Grumbach, 1993).

---

[7] Exemplos de *créateurs* que trabalham para casas de alta-costura: Claude Montana (Lanvin), John Galliano (Givenchy), Michel Klein (Guy Laroche) e Karl Lagerfeld (Chanel).

[8] Uma empresa abriu antes de 1891. Em 1945, um terço das empresas do pré-guerra tinha falido. Em 1965, dois terços tinham ido à falência.

Entretanto, a maior parte (18) das casas de costura do pós-guerra foi aberta entre 1945 e 1970; apenas quatro, desde 1970. Depois de 1970, os custos de entrada aumentaram, em parte por causa da crescente globalização da indústria da moda. Definem-se os custos de entrada como aqueles em que a empresa incorre até que comece a dar lucro. Tais custos incluem o investimento inicial para montar o negócio, assim como os gastos para criar uma coleção, abrir uma butique numa rua da moda em Paris, apresentar coleções duas vezes por ano, por vários anos seguidos, em um local de prestígio como o Museu do Louvre, lançar um perfume e anunciar perfumes e roupas. Além disso, um negócio de costura requer lojas em vários outros países, assim como várias lojas na França.

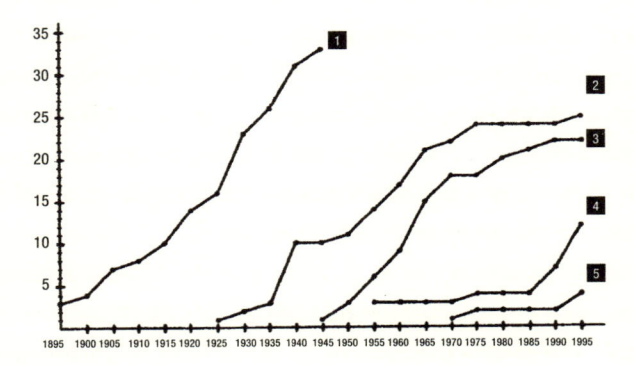

GRÁFICO 1. NÚMERO ACUMULADO DE ENTRADAS E SAÍDAS DE EMPRESAS DE ALTA-COSTURA NO PRÉ E NO PÓS-GUERRA, 1895-1995.

1. Número acumulado de entradas de empresas no pré-guerra.
2. Número acumulado de saídas de empresas no pré-guerra.
3. Número acumulado de entradas de empresas no pós-guerra.
4. Número acumulado de empresas no pré e no pós-guerra que eliminaram ou suspenderam a alta-costura.
5. Número acumulado de saídas de empresas no pós-guerra.

Todas essas despesas são consideravelmente maiores agora do que no período pós-guerra. Em 1990, o custo de criar até mesmo uma pequena coleção era aproximadamente de 6 a 8 milhões de francos (Conseils et Analyses Stratégiques, 1990). Em 1954, uma coleção custava para uma pequena casa de costura o equivalente a 100-150 mil francos de 1992 e o triplo (300-450 mil francos de 1992) para uma grande casa como Dior (Bertin, 1956, p. 113). O custo de abrir uma butique na Avenue Montaigne, uma rua de prestígio em Paris, era aproximadamente 12-18 milhões de francos em 1990 (Mattei, 1991). O intento da decoração dessas butiques era representar "o símbolo e a quintessência" do estilo do costureiro (Bontour, 1990).

Até 1976, as coleções eram geralmente apresentadas nas próprias casas de costura. Naquele ano, os costureiros começaram a lançar suas coleções em locais de prestígio em Paris, uma indicação de que não mais contavam apenas com sua clientela local, mas precisavam de publicidade para alcançar clientes em muitos outros países. Em 1982, começaram a lançar suas coleções no Museu do Louvre (Féderation française de la couture, du prêt-à-porter et des couturiers et des créateurs de mode, 1988). Em 1990, o custo de um desfile nesse local era de 3 a 8 milhões de francos (Conseils et Analyses Stratégiques, 1990).

Finalmente, no início dos anos 1980, o custo de lançar um perfume era estimado em 9,4 milhões de francos de 1992. Em 1990, o custo de lançar o primeiro perfume de Lacroix foi de aproximadamente 250 milhões de francos ("Christian Lacroix se met lui aussi au parfum", 1988). Os custos anuais de publicidade de perfume giraram em torno de 20 a 40 milhões de francos ("Le groupe Arnault regroupe son achat d'espace", 1991).

TABELA 2: CUSTO DO INVESTIMENTO DE *START-UP* PARA EMPRESAS DE ALTA-COSTURA, 1910-1987

Designer	Ano	Investimento*	Equivalente em 1992**
Lanvin[a]	1910	300	5.377
Vionnet[b]	1918	300.000	2.200.000
Balenciaga[c]	1937	200.000	516.000
Balmain[d]	1945	600.000	340.000
Dior[e]	1947	10.000.000	2.500.000
Saint-Laurent[f]	1962	200.000	1.320.000
Per Spook[g]	1977	200.000	520.000
	1981	20.000.000	33.300.000
Lacroix[h]	1987	60.000.000	68.200.000

Notas:
* Em francos franceses.
** Ver nota de rodapé 3, p. 150.
[a] Grumbach, 1993, p. 44-45.
[b] Bertin, 1956, p. 164.
[c] Marly, 1980, p. 108-109.
[d] Pierre Balmain, *40 années de création*, 1985, p. 225.
[e] Marly, 1990, p. 18.
[f] McDowell, 1987, p. 234.
[g] "Per Spook change de mains", 1980.
[h] "Christian Lacroix se met lui aussi au parfum", 1988.

Existem dados isolados disponíveis sobre o tamanho dos investimentos iniciais de várias casas de moda (ver Tabela 2). Essa informação é inadequada para determinar o custo total de entrada no mercado, pois cobre apenas a contribuição original dos fundadores, à qual deveríamos acrescentar empréstimos bancários e investimentos posteriores de capital; mas, ao mesmo tempo, revela aumentos exorbitantes. Em 1910, Jeanne Lanvin abriu seu negócio com 300 francos emprestados por seus fornecedores (Grumbach, 1993, p. 45). No final dos anos 1980, o valor exigido para montar um negócio de alta-costura em Paris estava ao alcance apenas de um conglomerado. Em 1987, o Financière Agache, um conglomerado francês de moda, abriu o negócio de Christian Lacroix, tendo o designer como funcionário assalariado e com um investimento de 60 milhões de francos (68,2 milhões de francos de 1992). Em 1995, a firma ainda não tinha dado lucro, e os prejuízos giravam em torno de 25-35 milhões de francos por ano ("Christian Lacroix se met lui aussi au parfum", 1988; Mangenot, 1992a; Sépulchre, 1993; Lecompte-Boinet, 1995b).

Em resumo, no período pós-guerra, um novo modo de organização de moda trouxe maiores lucros devido à exploração de licenças e à expansão para os mercados globais, assim como maior estabilidade à indústria de moda de luxo. Ao mesmo tempo, a globalização dos mercados aumentou em muito os custos de entrada no mercado, dando uma vantagem substancial ao controle pelos conglomerados e inibindo a entrada de novas e pequenas empresas.

ESTRATÉGIA DE NEGÓCIOS, CUSTOS DE ENTRADA E SOBREVIVÊNCIA ORGANIZACIONAL: OS ESTILISTAS DO PRÊT-À-PORTER

O protótipo do negócio de moda de luxo bem-sucedido é o das casas de alta-costura do pós-guerra. Entretanto, essa estratégia de negócios com ênfase em licenças e perfumes está fora do alcance da maior parte dos estilistas de prêt-à-porter. Nas duas últimas décadas do século XX, a maior parte desses estilistas foi incapaz de montar negócios lucrativos ou de expandi-los até uma dimensão que permitisse o desenvolvimento de licenças e o investimento necessário para criar um perfume de sucesso.

A maioria das empresas dos estilistas de prêt-à-porter é menor que as casas de alta-costura. No início dos anos 1990, 20 (71%) dessas casas tiveram vendas anuais acima de 50 milhões de francos e apenas 21

(23%) dos estilistas de prêt-à-porter estavam nessa categoria (ver Tabela 1). Quatro empresas foram classificadas na categoria de tamanho médio com base no número e no tipo de lojas que têm em Paris e na existência de um perfume. Algumas das empresas de prêt-à-porter eram muito inovadoras, o que é evidente pelo fato de que seus estilistas foram recrutados para criar as coleções das grandes casas de alta-costura. Entretanto, as empresas dos *créateurs* tinham em geral menor probabilidade de sobreviver do que as casas de alta-costura e eram muito menos lucrativas.

Os aspirantes a estilistas (*créateurs*) começaram a criar peças prêt-à-porter nos anos 1960. As empresas bem-sucedidas abertas pelos primeiros *créateurs* evoluíram das roupas baratas para jovens e adolescentes para nichos de mercado de preços mais caros em que vendiam produtos de luxo a clientes de meia-idade. No final dos anos 1970, os novos *créateurs* preferiam esse mercado, cuja atratividade devia-se em parte aos altos lucros que algumas poucas empresas de sucesso conseguiam alcançar e em parte ao prestígio que conferia ao estilista, o qual passava a ser considerado um artista, não mais um artesão ou empresário.

Nas décadas de 1960 e 1970, os *créateurs* conseguiram abrir empresas com baixos investimentos de seus fundos pessoais e se expandiram com base em seus lucros. Hoje em dia, isso é muito incomum. Assim como os costureiros, os *créateurs* também têm de arcar com despesas substanciais para pagar aluguel, abrir butiques, produzir coleções bianuais e apresentá-las ao público. Mesmo as novas empresas vendem cerca de 80% da sua produção fora da França (Guyot, 1993). O presidente de uma empresa de vestuário que fabrica linhas de peças assinadas observa:

> Hoje em dia, fala-se apenas do mercado global. Mas quem pode arcar com os pesados investimentos globais necessários para introduzir a linha de um designer simultaneamente na Europa, no Sudeste

da Ásia e nos Estados Unidos? Os investimentos exigidos para abrir uma nova empresa são desproporcionais aos lucros no curto prazo (Pujol, 1995).

Em geral, as empresas são incapazes de se expandir, a não ser que assinem acordos de licenciamento com empresas industriais na área de vestuário ou encontrem patrocinadores dispostos a investir nelas (Pasquet, 1990). Na maior parte dos casos, o crescimento foi promovido por investidores financeiros, em geral japoneses, mas ocasionalmente também italianos. Muitos *créateurs* não conseguem encontrar esses investidores e têm de se autofinanciar. Consequentemente, não lhes sobra dinheiro suficiente para expandir seus negócios. De acordo com um estilista, "os bancos fogem quando ouvem as palavras 'moda' ou 'criação'" (Lecompte-Boinet, 1991a).

Nas décadas de 1980 e 1990, muitas empresas foram abertas com pequenos investimentos – 50 mil francos ou menos (ver Tabela 3). Entretanto, os especialistas em negócios consideram que seria necessário o investimento de um milhão de francos (1,27 milhão, em valores de 1992) para abrir um negócio desse tipo (Lecompte-Boinet, 1991a; ver também Morand, 1990). Em 1991, Orcofi, um conglomerado francês, investiu 50 milhões de francos para abrir um negócio para um estilista jovem (Costil & Sépulchre, 1991), sugerindo que os custos para entrar nesse mercado estavam aumentando. Em 1995, o negócio ainda não tinha dado lucro; os prejuízos foram estimados em 45 milhões de francos (Lecompte-Boinet, 1995a).

O número de *créateurs* estreantes no mercado aumentou no final dos anos 1970 e no início dos 1980 (ver Tabela 4). Desde então, a taxa de seu crescimento diminuiu, talvez como reflexo do aumento nos custos para entrar no mercado.

TABELA 3: CUSTO DO INVESTIMENTO DE *START-UP* PARA EMPRESAS DE *CRÉATEURS*, 1962-1991

Designer	Ano	Investimento*	Equivalente em 1992**
Hechter[a]	1962	30.000	198.000
Godart[b]	1983	30.000	41.000
Lempicka[c]	1984	50.000	63.500
Pierlot[d]	1984	1.000.000	1.270,000
Perraudin[e]	1985	5.000	6.000
La Fressange[f]	1991	50.000.000	51.000.000
Gonnet[g]	1991	300.000	306.000

Notas:
* Em francos franceses.
** Ver nota de rodapé 3, p. 150.
[a] Mouratille, 1970.
[b] "La difference est dans les détails", 1984.
[c] Pasquet, 1990.
[d] Brabec, 1984.
[e] Benaim, 1987.
[f] Costil & Sépulchre, 1991.
[g] Maisel, 1993.

TABELA 4: DATA DE ORIGEM DAS EMPRESAS DE *CRÉATEURS* FRANCESES, PELO RECONHECIMENTO COMO EMPRESA INOVADORA (PRESTÍGIO NO *RANKING*)

Prestígio no *ranking*	Data de origem da empresa						
	1960-1969	1970-1974	1975-1979	1980-1984	1985-1989	1990-1995	Total
Top 10	3	2	11	3	2	1	22
11-20	2	0	4	6	3	0	15
Nenhum	4	1	15	32	20	19	91
Total	9	3	30	41	25	20	128

A maioria das empresas de *créateurs* é pequena, emprega menos de trinta pessoas e tem vendas anuais menores que 50 milhões de francos (ver Tabela 1). Normalmente, os *créateurs* têm pouca experiência no mercado de vestuário. Em alguns casos, a pequena empresa, inundada por pedidos como resultado do sucesso repentino de uma coleção, foi incapaz de arcar com suas obrigações financeiras e passou a dever ao mercado, pelo menos temporariamente. Outras pequenas empresas se estabeleceram com nível modesto de sucesso por alguns anos, mas não conseguiram crescer por falta de fundos.

Empresas de tamanho médio (vendas anuais acima de 50 milhões e inferiores a 500 milhões de francos) empregam de 30 a 70 pessoas. Apenas 18 empresas foram identificadas nesta categoria. Thierry Mugler, que tem 65 funcionários, 12 lojas e vendas anuais de 162 milhões de francos, é um bom exemplo desse tipo de empresa (Mangenot, 1992b). Foram poucas as empresas de *créateurs* nessa categoria que conseguiram obter licenças e desenvolver perfumes.

Apenas três empresas de *créateurs* foram definidas como grandes (ver Tabela 1). Todas as três vendem mais de 1 bilhão de francos por ano. As três também trabalham com licenciamento e perfumes. Duas (Kenzo e Lagerfeld) fazem parte de conglomerados e têm características muito semelhantes às das grandes casas de alta-costura controladas por conglomerados. Agnès B, entretanto, permaneceu como empresa familiar e evitou se tornar altamente burocratizada, preferindo se manter dentro do espírito da criatividade e da espontaneidade da empresa (Leroy, 1992).

MODA E INOVAÇÃO: AS PEQUENAS EMPRESAS SÃO MAIS INOVADORAS?

O tamanho da empresa de um estilista é uma indicação da sua estratégia de negócios; as empresas maiores têm mais probabilidade de serem controladas por conglomerados e de diversificar suas atividades, com licenças e perfumes. Por outro lado, é mais provável que as atividades das empresas menores concentrem-se mais no design das roupas em si; seus estilistas tendem a estar em contato próximo com grupos mais jovens do público e, portanto, tendem a ser mais inovadores. Dada a natureza de um negócio de moda, a idade da empresa é outro fator importante. As novas empresas tendem a uma abordagem mais inovadora no estilo de suas roupas, em comparação com as antigas. Em termos de vendas anuais, as empresas mais inovadoras são pequenas, médias ou grandes? São novas ou já estão bem estabelecidas? O *ranking* de designers criados por jornalistas de moda e gerentes de butiques, divulgados pela principal publicação de moda em Paris, o *Journal du Textile*, foi usado para avaliar a relação entre tamanho e idade da empresa e nível de inovação.

Como vimos, as empresas de alta-costura expandiram-se e diversificaram suas atividades a tal ponto que a alta-costura em si tornou-se um aspecto menor de suas atividades. Apenas três (12%) das 26 empresas de costureiros que produziam roupas durante o período de estudo aparecem entre as "top 10" no *ranking* dos especialistas de moda. Uma quarta empresa (Ungaro) apareceu no *ranking* entre a 11ª e a 20ª posições. Três dessas empresas (Chanel, Ungaro e Yves Saint Laurent) eram grandes e uma (Christian Lacroix) era média, mas controlada por um conglomerado. As empresas de Chanel, Yves Saint Laurent e Christian Lacroix adaptaram-se ao estilo de gestão predominante para as empresas de alta-costura no período pós-guerra. Ungaro, uma empresa familiar, é altamente diversificada, com muitas licenças e um perfume. Três dessas quatro empresas tinham mais de quinze anos de idade no momento em que apareceram nesse *ranking*. A ausência de outras casas de alta-costura no *ranking* sugere que a estratégia de negócios adotada, combinada com a idade dessas empresas, inibiu a inovação neste grupo de empresas.[9] Outra possibilidade é que essas quatro empresas con-

---

[9] A idade média das 25 empresas de alta-costura que produziam roupas em meados desse período (1986) era de 32 anos. A idade média das vinte empresas "top 10" de *créateurs* que operavam em 1986 (duas foram fundadas depois dessa data) era de onze anos.

seguiram produzir caríssimos desfiles de lançamento de suas coleções, como forma de promover suas criações, e, com isso, atraíram a atenção dos especialistas em moda em cujas avaliações este *ranking* se baseou.[10]

De um total de 128 empresas de *créateurs* franceses, apenas 22 (17%) apareceram no *ranking* das "top 10" a qualquer momento desse período. Treze estilistas estrangeiros também foram listados no *ranking* das "top 10". Entre as empresas francesas nesse *ranking*, 43% eram pequenas e 57% eram médias ou grandes. No entanto, apenas 16% dessas pequenas empresas constavam do *ranking* das "top 10", em comparação com 65% de médias e grandes empresas.

Durante os dezoito anos da história das listas, foram poucas as empresas que apareceram no *ranking* muito mais frequentemente que outras. Das 22 empresas de *créateurs*, pelo menos uma vez entre as "top 10", treze apareceram de uma a cinco vezes e nove, mais de cinco vezes. Quatro destas últimas apareceram onze ou mais vezes na lista – em outras palavras, quase todos os anos (ver Tabela 5). Uma empresa permaneceu por doze anos em primeiro lugar no *ranking* de gerentes de butique.

A dificuldade enfrentada pelas novas empresas para serem reconhecidas pelos especialistas de moda é ilustrada pelo fato de que as que aparecem nessas listas durante o primeiro período (1978-43) representam a maioria das que jamais apareceu. Dezessete (77%) das 22 empresas francesas que chegaram ao *ranking* das "top 10" apareceram nessas listas no período dos primeiros seis anos, 1978-1983 (ver Tabela 5). Apenas cinco empresas de novos *créateurs* estiveram nas listas de "top 10" em épocas posteriores, duas no segundo período e três no terceiro (ver Ta-

---

10   Com duas exceções (Lagerfeld e Galliano), a presença de *créateurs* nas casas de alta-costura não melhorou a posição destas no *ranking* de alta-costura. Também com uma exceção (Galliano), as casas de alta-costura escolheram *créateurs* mais velhos e experientes.

bela 5). Dezesseis (73%) das empresas mais bem posicionadas entraram no mercado antes de 1980, mas apenas um terço de todos os *créateurs* já estava no mercado naquela data (ver Tabela 4), o que mostra como era mais fácil conseguir reconhecimento quando o nível de competição era menor.

TABELA 5: DATA EM QUE A EMPRESA DO *CRÉATEUR* APARECE PELA PRIMEIRA VEZ EM UMA LISTA, PELO RECONHECIMENTO COMO EMPRESA INOVADORA (NÚMERO DE VEZES QUE APARECEU ENTRE AS "TOP 10")

Número de vezes entre as "top 10"	Data em que apareceu pela primeira vez nas "top 10"			
	1978-1983	1984-1989	1990-1995	Total
1-2	6	1	3	10
3-5	3	0	0	3
6-10	4	1	0	5
Mais de 10	4	0	0	4
Total	17	2	3	22

Das nove empresas que aparecem mais de cinco vezes no *ranking*, apenas duas eram pequenas empresas nos anos 1990. Cinco dessas empresas eram médias, e, destas, três aparecem das listas de "top 10" mais de dez vezes. Essas empresas dispunham dos recursos para comercializar suas inovações, mas não sucumbiram completamente à tentação das licenças.[11] No início do primeiro período (1978-1983), a maior parte das empresas de *créateurs* que fazia parte do *ranking* era em geral pequena; isso mostra que a relação entre tamanho e inovação mudou com o tempo. As pequenas empresas da França tinham mais probabilidade de entrar nessas listas no primeiro período do que no último.

---

[11]   Nenhuma pequena empresa de *créateur* apareceu entre as "top 10" mais de dez vezes. Duas das três casas de alta-costura apareceram mais de cinco vezes; também são empresas de porte médio ou grande.

Treze empresas estrangeiras também aparecem nas listas das "top 10". Enquanto nove dessas empresas entraram nessas listas depois de 1983, a maioria apareceu três vezes ou menos. Entretanto, três empresas estrangeiras tiveram um papel comparável ao das quatro empresas francesas que dominam o mercado, entrando para o grupo das "top 10" no final dos anos 1970 e no início dos anos 1980 e, em seguida, aparecendo onze vezes ou mais. Em 1990, essas empresas eram médias ou grandes. O restante das empresas estrangeiras apareceu seis vezes ou menos nessas listas (ver Tabela 6). A maioria era de porte médio ou grande.

Será que as pequenas e novas empresas francesas alcançaram reconhecimento na segunda metade da lista, o *ranking* das "top 11-20"? Apenas outros quinze estilistas franceses aparecem na lista das "top 11-20" (ver Tabela 4). Apesar de dois terços dessas empresas aparecerem nessas listas após 1983, a maior parte (12) começou a operar antes de 1985 (ver Tabela 4). Nenhuma das empresas que entrou no *ranking* em 1984 ou depois permaneceu na lista das "top 11-20" por mais de quatro vezes.

Em outras palavras, as empresas entre as "top 11-20" têm menos probabilidade do que suas concorrentes na lista das "top 10" de estabelecer suas reputações como inovadoras. Sua média de permanência no *ranking* é muito menor do que a dos *créateurs* no *ranking* das "top 10" (ver Tabela 6). Nenhuma aparece mais de quatro vezes, e a maioria (11) aparece apenas uma ou duas vezes. Em 1990, dez dessas empresas eram pequenas. A maior parte das empresas estrangeiras que aparece entre as "top 11-20" também permanece ali muito rapidamente: aparecem uma ou duas vezes (ver Tabela 6). Apenas duas empresas estrangeiras apareceram entre as "top 11-20" mais de quatro vezes.

TABELA 6: NÍVEL DE RECONHECIMENTO, POR FREQUÊNCIA DE RECONHECIMENTO DE INOVAÇÃO: NÚMERO DE ANOS NO *RANKING* E IDADE AO ENTRAR NO *RANKING*, POR NACIONALIDADE E PRESTÍGIO DA EMPRESA

Nacionalidade da empresa/ ranking	Número médio de anos nas listas	Idade média da empresa ao entrar nas listas
Francesa/"top 10"	5,8	5,7
Estrangeira/"top 10"	5,2	7,4
Francesa/"top 11-20"	1,9	4,9
Estrangeira/"top 11-20"	3,0	8,2

A relação entre a idade da empresa e a inovação também mudou. A idade média das empresas francesas era de 5,7 anos ao entrar para as "top 10" e de 4,9 anos, para as "top 11-20" (ver Tabela 6), mas variou com o período de tempo. A idade média na entrada diminuiu no segundo período de tempo, mas aumentou de novo no terceiro período (ver Tabela 7).

TABELA 7: IDADE DA EMPRESA E RECONHECIMENTO DA INOVAÇÃO POR PERÍODO DE TEMPO: IDADE MÉDIA DAS EMPRESAS DE *CRÉATEURS* NA PRIMEIRA VEZ EM QUE APARECEM NO *RANKING*, PELA DATA EM QUE APARECERAM PELA PRIMEIRA VEZ[a]

Data em que a empresa aparece pela primeira vez no ranking	Idade média das empresas quando aparecem pela primeira vez no ranking	
	"top 10"	"top 11-20"
1978-1983	6,0	5,4
1984-1989	4,0	4,2
1990-1995	5,3	7,0
1978-1995	5,7	4,9
	(22)	(15)

Nota: [a] Apenas empresas de *créateurs* franceses.

No entanto, as empresas mais antigas ganharam vantagem crescente nos últimos anos, especialmente na lista das "top 10". A idade média das empresas nessas listas aumentou do primeiro para o terceiro período. Ao final dos primeiros seis anos (1983), a idade média das empresas francesas entre as "top 10" era de 9,5 anos, comparados com 14,1 anos em 1989 e 14,7 anos em 1995 (ver Tabela 8).[12] A idade média de todas as empresas francesas que aparecem entre as "top 11-20" também aumentou durante esse período (ver Tabela 8).

TABELA 8: IDADE MÉDIA DAS EMPRESAS RECONHECIDAS, POR PERÍODO DE TEMPO: IDADE MÉDIA DAS EMPRESAS DE *CRÉATEURS* FRANCESAS AO FINAL DE CADA PERÍODO DE TEMPO

Período de tempo	Idade média[a] por *ranking*	
	"top 10"	"top 11-20"
1978-1983	9,5	9,3
1984-1989	14,1	11,9
1990-1995	14,7	13,4

Nota: [a] Inclui todas as empresas de *créateurs* franceses que aparecem nesses *rankings* durante cada período de tempo. Para o *ranking* das "top 11-20", os números incluem as empresas de *créateurs* listadas entre as "top 10" em outros períodos.

De fato, o que está sendo examinado aqui é a extensão em que a inovação é reconhecida por especialistas de moda e presumivelmente pela indústria da moda. Para interpretar os resultados, é necessário considerar fatores que contribuem para o reconhecimento de um designer como inovador. Duas técnicas frequentemente usadas pelos inovadores nas artes são: 1) violação de códigos e convenções existentes, para chocar colegas, críticos e o público; e 2) apresentação espetacular de obras de arte. Durante o período em questão, a segunda abordagem tornou-se cada vez mais importante na indústria da moda de luxo. Os desfiles tornaram-se eventos públicos, atraindo a cobertura da mídia e a pre-

---

[12] A idade média das empresas dos *créateurs* foi computada para o último ano de cada período. Quando foram adicionadas as empresas dos costureiros, as idades médias aumentaram: 10,2 em 1983; 15,4 em 1989; e 17,6 em 1995.

sença de multidões. Para chamar atenção em um ambiente altamente competitivo, os estilistas criaram espetáculos teatrais, exibindo roupas excêntricas, modelos caríssimas e efeitos especiais. Essas condições favoreceram médias e grandes empresas que podiam arcar com desfiles tão elaborados. Os jovens estilistas foram obrigados a produzir desfiles com meios limitados, pagando pela produção das roupas e escolhendo locações públicas, como estacionamentos e estações de metrô. Viam os desfiles como necessidade. Um jovem estilista observa: "As butiques não compram se não te veem nos jornais, e os jornais nem te conhecem sem um desfile" (Maisel, 1993).

Os observadores alegam que, em tempos de dificuldades financeiras, é muito difícil para os novos estilistas tentarem impor o tipo de criação de vanguarda que estabeleceu a carreira dos principais *créateurs* nos anos 1970 e início dos anos 1980. Em 1993, um jovem estilista declarou: "Acima de tudo, crio modelos vendáveis, em vez de roupas que expressem ideias" (Maisel, 1993). O design de vanguarda representa um tipo de diferenciação de produto que, levada longe demais, fracassa junto à clientela mais idosa e relativamente conservadora. Consequentemente, as empresas menores são forçadas a considerar a "possibilidade de uso", o que, de fato, significa um produto relativamente homogêneo.

CONCLUSÃO

Este capítulo mostrou que não existe apenas um, mas vários tipos de mercados de moda, cada um dos quais oferece diferentes níveis de oportunidade. O mercado de moda clássico é caracterizado por: 1) pequenas empresas; 2) mercados locais; 3) baixos custos de entrada; e 4) alta demanda por peças de baixo preço que ficarão na moda por curtos períodos e serão rapidamente substituídas por novos artigos.

O segundo tipo de mercado de moda corresponde ao mercado de luxo para a alta-costura, na primeira metade do século XX, e para o prêt-à-porter de luxo, nos anos 1960 e 1970, e é caracterizado por: 1) principalmente mercados locais; 2) custos de entrada de baixos a moderados; e 3) produtos com preços de moderados a altos. Quando a demanda está em alta, esses mercados oferecem oportunidades favoráveis a empresas relativamente pequenas e estáveis.

No outro extremo, o mercado de moda de luxo hoje favorece a atividade das grandes empresas, preferencialmente as subsidiárias de conglomerados, e é caracterizado por: 1) mercados globais; 2) altos custos de entrada necessários para criar e sustentar uma "imagem" no mercado global; 3) peças de roupa caríssimas para as quais a demanda é muito baixa; e 4) produtos adicionais, em geral vendidos sob licenciamento (perfumes, bijuterias e utensílios domésticos, por exemplo) com vários níveis de preço, para os quais a demanda é substancialmente maior, já que permanecem "na moda" por períodos mais longos. No entanto, os custos de criação e promoção de tais produtos são exorbitantes.

A globalização do mercado da moda de luxo resultou em altos custos de entrada no mercado, tanto para costureiros como para *créateurs*, e levou a uma situação em que se restringe e limita a entrada de novas empresas no segmento francês de moda de luxo, protegendo os lucros das empresas existentes. Além disso, como o controle financeiro de um grande número de empresas está agora nas mãos de corporações poderosas, essas empresas conseguem sobreviver depois da aposentadoria ou morte de seus fundadores, às vezes com importantes prejuízos anuais.

As mesmas condições que levaram à entrada restrita de novas empresas criaram uma situação na qual é muito difícil para as pequenas e novas empresas serem reconhecidas como inovadoras por especialistas de moda, cujo julgamento afeta a recepção das novas criações através da seleção das peças que serão vendidas nas butiques da moda e das que serão exibidas nas páginas dos editoriais das revistas mais importantes. Em outras palavras, novas ou não, a percepção das pequenas empresas de moda como mais inovadoras do que as grandes depende do ambiente que encontram ao entrar no mercado. Quando os custos de entrada são relativamente baixos e há relativamente poucos concorrentes, as novas e pequenas empresas são capazes de alcançar o reconhecimento por suas inovações. Quando competem com as grandes empresas em um mercado no qual os custos para entrar são altos, há menos probabilidade de serem percebidas como inovadoras – e até podem chegar a ser menos inovadoras, já que sua precária situação financeira exclui a experimentação. As pequenas empresas inovadoras que entraram no mercado antes que os custos para fazê-lo se tornassem proibitivos cresceram em tamanho e lucratividade e continuam a atrair atenção por meio de desfiles elaborados. Consequentemente, a idade média das empresas reconhecidas como inovadoras por especialistas de moda aumentou substancialmente. Nessa situação, empresas estrangeiras bem financiadas, também de médio ou grande porte, são mais bem-sucedidas que as novas e pequenas empresas francesas.

Este capítulo abordou a relação entre o tamanho da empresa e o reconhecimento da inovação cultural. Em alguns tipos de organizações culturais, as pequenas empresas que desenvolvem produtos inovadores são cooptadas pelas grandes corporações, mas continuam suas atividades como subsidiárias dessas organizações. No ramo da moda, as novas e pequenas empresas tendem a ser relegadas à margem do mercado devido aos altos custos de criar um negócio em escala global. Já que as novas e pequenas empresas costumam ser uma importante fonte de inovação nas indústrias culturais, os fatores que impedem o reconhecimento e a disseminação de suas inovações provavelmente trarão sérias consequências para a saúde do mercado. Isso pode ser especialmente verdadeiro no mundo da moda, que não pode se dar ao luxo de permanecer estático.

BIBLIOGRAFIA

Sociologia

AKSOY, A. & ROBINS, K. "Hollywood for the 21st century: Global Competition for Critical Mass in Image Markets". Em *Cambridge Journal of Economics*, 16, 1992.

BAGDIKIAN, B. *Media Monopoly*. 3ª ed. Boston: Beacon Press, 1990.

BOURDIEU, P. & DELSAUT, Y. "Le couturier et sa griffe: Contribution à une theorie de la magie". Em *Actes de la Recherche en Sciences Sociales*, 1, 1975.

BRITTAIN, J. W. & FREEMAN, J. H. "Organizational Proliferation and Density Dependent Selection". Em KIMBERLY, J. R. *et al.* (orgs.). *The Organizational Life Cycle: Issues in the Creation, Transformation, and Decline of* Organizations. São Francisco: Jossey-Bass, 1980.

BRUSCO, S. "The Emilian Model: Productive Decentralisation and Social Integration". Em *Cambridge Journal of Economics*, 6, 1982.

BURNETT, R. Concentration and Diversity in the International Phonogram Industry. Em *Communication Research*, 19, 1992.

CRANE, D. *Production of Culture: Media and the Urban Arts*. Newbury Park: Sage, 1992.

_____. "Fashion Design as an Occupation: a Cross-National Approach". Em *Ocupations and profession*, 8, 1993.

DIMAGGIO, P. "Market Structure, the Creative Process, and Popular Culture: Toward an Organizational Reinterpretation of Mass Culture". Em *Journal of Popular Culture*, 11, 1977.

FREEMAN, J. "Ecological Analysis of Semiconductor Firm Mortality". Em SINGH, J. V. (org.). *Organization Evolution: New Directions*. Newbury Park: Sage, 1990.

LOPES, P. D. "Innovation and Diversity in the Popular Music Industry, 1969-1990". Em *American Sociological Review*, 57, 1992.

PAVITT, K. M. "Robson and J. Townsend, 1987. The Size Distribution of Innovating Firms in the UK: 1945-1983". Em *The Journal of Industrial Economics*, 35, 1987.

PETERSON, R. "Culture Studies Through the Production Perspective: Progress and Prospects". Em CRANE, D. (org.). *The Sociology of Culture: Emerging Theoretical* Perspectives. Cambridge: Blackwell, 1994.

_____ & BERGER, D. "Cycles in Symbol Production: the Case of Popular Music". Em *American Sociological* Review, 40, 1975.

PHILLIPS, J. D. "Film Conglomerate Blockbusters: International Appeal and Product Homogenization". Em KINDEM, G. (org.). *The American Movie Industry*. Carbondale: Southern Illinois University Press, 1982.

Indústria de moda

BALMAIN, P. *40 anées de création*. Musée de la Mode e du Costume, Palais Galliéra, 1985.

BARDOLLE, O. *Mode in France*. Paris: Alain Moreau, 1979.

BENAÏM, L. *L'anée de la mode*. Paris: La Manufacture, 1987.

_____. "Haute Couture de l'instant". Em *Le Monde*, 2/3-2-1992.

_____. "Forêt de songes". Em *Le Monde*, 23-7-1994.

BERTIN, C. *Haute couture: Terre inconnu*. Paris: Hachette, 1956.

BÉZARD, C. "Le Sentier est saisi par le marketing". Em *Journal du Textile*, 1188, 29-1-1990.

BONTOUR, B. "Saint Laurent ouvre une boutique-symbole". Em *Journal du Textile*, 1195, 1990.

BRABEC, D. "Des lauriers pour Miss Pierlot". Em *L'Express*, 9/15-11-1984.

CHAPSAL, M. *La chair de la robe*. Paris: Fayard, 1989.

CONSEILS ET ANALYSES STRATÉGIQUES. *La haute couture et Le pré-à-porter de luxe*. Paris: Precepta, 1990.

COSTIL, O. & SÉPULCHRE, C. "Inès de la Fressange aura as chaine". Em *Journal Du Textile*, 1261, 14-10-1991.

DELBOURG-DELPHIS, M. *Le chic e le look: Histoire de la mode feminine et des moeurs de 1850 à nos jours*. Paris: Hachette, 1981.

_____. "Trombinoscope". Em *Humeur de Mode*. Encarte especial de *Autrement*, 62, setembro de 1984.

DÉSLANDRES, Y. & MÜLLER, F. *Histoire de la mode au XXe Siècle*. Paris: Éditions Somogy, 1986.

GAP. *La difference est dans les details*. GAP, 18-6-1984.

FÉDERATION FRANÇAISE DE LA COUTURE, du prêt-à-porter des couturiers, et des créateurs de mode. *La mode... promesses de bonheur*. Coleção. Paris: Féderations Française de la Couture, du Prêt-à-Porter et de Créateurs de Mode, 1988.

GARNIER, G. *Jalons pour une histoire du prêt-à-porter*. Paris: Musée de la Mode et du Costume, 1986.

GRUMBACH, D. *Histoires de la mode*. Paris: Seuil, 1993.

GUYOT, C. "Des liens commencent à se nouer entre industriels et jeunes créateurs". Em *Journal du Textile*, 1335, 21-6-1993.

JACOMET, D. *Le textile-habillement: une industrie de pointe*. Paris: Economica, 1987.

JOURNAL DU TEXTILE. "Per Spook change de mains". Em *Journal du Textile*, 775, 15/21-5-1980.

_____. "Christian Lacroix se met lui aussi au parfum". Em *Journal du Textile*, 17-10-1988.

_____. "Les Japonais reprennent Grès". Em *Journal du Textile*, 1124, 1988.

_____. "Le groupe Arnault regroupe son achat d'espace". Em *Journal du Textile*, 1270, 16/23-12-1991.

_____. "Les professionnels meilleurs juges de la mode". Em *Journal du Textile*, 1404, 27-2-1995.

LE PARTICULIER IMMOBILIER. "Le pouvoir d'achat du franc de 1901 à 1994". Em *Le Particulier Immobilier*, 108, março de 1996.

LECOMPTE-BOINET, G. "La difficile union des rêveurs et des comptables". Em *Journal du Textile*, 1261, 14-10-1991a.

_____. "Il y a beaucoup de stockes dans le sentier". Em *Journal du Textile*, 1269, 9-12-1991b.

_____. "Inès de la Fressange accélère". Em *Journal du Textile*, 1398, 9-1-1995a.

_____. "Christian Lacroix approche de la zone des profits". Em *Journal du Textile*, 1413, 2-5-1995b.

LEROY, J.-P. "Le boutiques Agnès B mettent le grand braquet". Em *Journal du Textile*, 1271, 7-1-1992.

MACKRELL, A. *Coco Chanel*. Londres: B. T. Batsford, 1992.

MAISEL, S. "Le jeunes créateurs font des miracles". Em *Journal du Textile*, 1320, 1º-3-1993.

MANGENOT, A. "Thierry Mugler entame sa montée en puissance". Em *Journal du Textile*, 1279, 9-3-1992a.

_____. "Celine a souffert de la crise du Golfe et Christian Lacroix est toujours em perte". Em *Journal du Textile*, 1295, 6-7-1992b.

MARLY, D. *The History of haute couture, 1850-1950*. Nova York: Holmes and Meier, 1980.

_____. *Christian Dior*. Londres: B. T. Batsford, 1990.

MATTEI, P. "Romeo Gigli s'offre un état-major de première force". Em *Journal du Textile*, 1264, 4-11-1991.

MCDOWELL, C. *McDowell's Directory of Twentieth Century Fashion, 236*. Londres: Frederick Müller, 1987.

MENKES, S. "Creating Another New Look for Dior". Em *International Herald Tribune*, 17-1-1989.

_____. "Dream to Reality for Mouclier's Paris 'Temple'". Em *International Herald Tribune*, 17-3-1990.

_____. "High Stakes for Galliano – and Couture". Em *International Herald Tribuen*, 20/21-1-1996.

MONTAGNÉ-VILLETTE, S. *Le sentier: Un space ambigu*. Paris: Masson, 1990.

MORAND, P. "Le lancement d'un créateur est un investissement de plusiers années". Em *Journal du Textile*, 1188, 29-1-1990.

MOURATILLE, A. "Le confectionneur: un fabricant d'images". Em *Journal du Textile*, 318, 2-4-1970.

PASQUET, P. "Le parcours des jeunes créateurs reste semé d'embûches". Em *Journal du Textile*, 1188, 29-1-1190.

PUJOL, P. "L'avenier dês jeunes griffes rest incertain". Em *Journal du Textile*, 1404, 27-2-1995.

SAMET, J. "Les mystères dévoilés des 6.000 robes les plus chères du mode". Em *Le Figaro*, 19-1-1989.

SÉPULCHRE, C. "Christian Lacroix sort sa griffe". Em *Journal du Textile*, 1354, 13/20-12-1993.

VINCENT-RICARD, F. *La mode*. Paris: Seghers, 1987.

PARTE 3

Moda:
difusão e inovação

Os modelos de difusão e
a moda: uma reavaliação

É difícil estudar sistematicamente processos de difusão em larga escala, como os que afetam a indumentária de moda. A difusão da moda é altamente complexa, por causa da dispersão geográfica do seu sistema, do número de atores envolvidos e da enorme variedade de produtos. Os estudos sobre a difusão tendem a se concentrar na disseminação como processo interpessoal. Mudanças recentes nas relações entre organizações de moda e seus públicos levantam um conjunto de questões: como os ambientes organizacionais onde as inovações de moda são criadas influenciam o que é difundido, como é difundido e para quem é difundido?

Em geral, dois modelos sociológicos de difusão têm sido aplicados à moda.[1] O modelo clássico de difusão da moda é exemplificado pela teoria de Simmel (1957), de 1904, segundo a qual os novos estilos, inicialmente adotados pelas elites da classe alta, aos poucos se difundem para a classe média e, por fim, para a classe trabalhadora. Quando deter-

---

[1] Para uma análise dos modelos aplicados à moda em outras disciplinas, inclusive psicologia, economia, antropologia, geografia, história e administração, ver Sproles (1985).

minada moda chega à classe trabalhadora, a classe alta já adotou novos estilos, pois os anteriores perderam parte de seu atrativo no processo de popularização. Os processos sociais subjacentes a esse modelo são a imitação, o contágio social e a diferenciação (McCracken, 1985, p. 39). Grupos com menor *status* buscam aumentá-lo, adotando a indumentária de grupos com maior *status*, e desencadeiam um processo de contágio social no qual os estilos são adotados sucessivamente por grupos de níveis de *status* cada vez menor. Em resposta a esses desenvolvimentos, os grupos com maior *status* buscam de novo diferenciar-se dos que lhes são inferiores e adotam novas modas. No micronível, o modelo focaliza as consequências das diferenças de nível de visibilidade social e prestígio dos participantes de redes sociais. Um exemplo do modelo no micronível seriam cenários sociais como as instituições urbanas de Ensino Médio, onde grupos mais ou menos fechados de indivíduos muito populares têm alta visibilidade e determinam estilos para os outros.

Simmel foi criticado por enfatizar o papel dos grupos subordinantes na deflagração do processo de contágio. McCracken (1985, p. 40), por sua vez, identifica "um padrão de 'gato e rato' ascendente criado por um grupo social subordinado que 'persegue' os indicadores de *status* da classe alta e um grupo social subordinante que 'foge' rapidamente para novos indicadores".

É possível que grupos em ascensão procurem adotar novos estilos como indicadores de *status*, para se diferenciar de grupos que lhes são subordinados. Entretanto, os grupos com maior *status*, cuja eminência já está garantida e se apoia em riqueza e hereditariedade, tendem a ficar relativamente indiferentes ao último grito da moda. A situação é ainda mais complicada pelo fato de que membros de subculturas adolescentes, em geral das classes sociais mais baixas, são às vezes os mais ávidos consumidores de artigos da moda de luxo, que os adotam assim que estes são lançados e os descartam antes que percam seu encanto *fashion* (De La Haye & Dingwall, 1996).

O oposto desse modelo de cima para baixo, ou de fluxo descendente, é um modelo de baixo para cima, no qual os novos estilos emergem em grupos de menor *status* e são depois adotados por grupos de maior *status* (Field, 1970). Nesse modelo, a idade substitui o *status* social como variável que confere prestígio ao inovador da moda. Os estilos que emergem dos grupos socioeconômicos mais baixos são em geral gerados por adolescentes e jovens adultos que pertencem a subculturas ou "tribos" de estilo. Essas subculturas têm modos peculiares de se vestir que atraem a atenção e acabam sendo imitados em outras faixas etárias e níveis socioeconômicos (Polhemus, 1994). Uma terceira possibilidade é que novos estilos surjam de subculturas de estratos da classe média, como grupos artísticos ou homossexuais. Os homossexuais têm sido uma influência particularmente importante nas artes, inclusive nas artes decorativas. Nos dois modelos, o processo de difusão descendente ou ascendente é acelerado pela exposição à mídia, que agora leva a uma rápida consciência quanto aos novos estilos em todos os níveis do sistema. Ambos os modelos pressupõem adoção em larga escala de determinada moda e um processo de "saturação social" no qual o estilo ou o modismo acabam por se desgastar (Sproles, 1985, p. 56).

O modelo de cima para baixo caracterizou as sociedades ocidentais até a década de 1960, quando fatores demográficos e econômicos aumentaram a influência da juventude em todos os níveis e classes sociais. A enormidade da geração do "baby boom" e sua opulência em comparação com gerações anteriores de jovens contribuíram para sua capacidade de influenciar a moda. Desde os anos 1960, o modelo de baixo para cima explica esse importante segmento do fenômeno da moda.

Os dois modelos explicam uma sucessão de mudanças que ocorre ao longo do tempo no uso de artigos em voga ou modismos. Meyersohn & Katz (1957, p. 594) identificam o seguinte processo: "descoberta do modismo potencial, promoção pelos descobridores e/ou consumidores originais, rotulação, disseminação, perda eventual de exclusividade e singularidade e morte por deslocamento". Uma versão diferente desse processo está associada ao trabalho de Rogers (1983), segundo o qual diferentes tipos de papéis são importantes em cada estágio da difusão de uma inovação: os inovadores dão origem a uma moda ou a um modismo; os formadores de opinião têm importante papel na iniciação do processo de disseminação; os pioneiros na adoção da novidade são atraídos pela exclusividade e pela singularidade, e os retardatários contribuem involuntariamente para sua queda, tornando o artigo popular demais para reter qualquer traço de distinção.

Nos anos 1960 e 1970, quando se realizou a maior parte dos trabalhos sobre modelos de difusão,[2] estes foram conceituados como processos interpessoais relativamente desorganizados. Durante aquele período, alguns cientistas sociais aplicaram modelos de comportamento coletivo ao processo de adoção da moda. Viram esse processo como análogo à formação de multidões desorganizadas e revoltas populares, e postularam efeitos de adesismo (Sproles, 1985, p. 57). Hoje, a difusão de moda é altamente organizada e gerida dentro de sistemas de produção cultural, com a intenção de maximizar a extensão da difusão.

Em cada um desses modelos, os atores, sejam indivíduos, sejam corporações, são diferentes. No modelo de cima para baixo, os inovadores são estilistas de moda que trabalham com equipes de assistentes e que em geral ficam com todos os créditos do que seus negócios produzem.

---

[2]   Solomon (1985) traz uma bibliografia sobre esse tema.

As inovações podem ser definidas como estilos (conjuntos de detalhes de costura e modelagem que contribuem para a aparência como um todo) e como modismos, que são mudanças muito específicas nos componentes do vestuário. Os inovadores pertencem a uma comunidade que pode ser entendida, nos termos do conceito de Becker (1982), como "mundo da arte", um grupo de indivíduos e organizações envolvido na produção, na avaliação e na disseminação de uma forma específica de cultura. O mundo da moda compreende estilistas, editores de revistas de moda, compradores de lojas de departamentos, donos de butiques em voga e público localizado que consiste em indivíduos com consciência de moda. Os formadores de opinião incluem os editores das principais revistas de moda e os consumidores de moda de alta visibilidade, como *socialites*, estrelas de cinema e celebridades da música popular. Os pioneiros podem ser definidos como uma percentagem relativamente pequena do público em geral que se esforça para seguir a moda. O restante do público são os retardatários, muitos dos quais nunca chegam a adotar um novo estilo.[3]

No modelo de baixo para cima, os inovadores normalmente emergem de comunidades em áreas urbanas que servem como "incubadoras" para outros tipos de inovação, como música popular e artes. Para se disseminarem em um público maior, suas inovações têm de ser descobertas e promovidas. Os inovadores secundários costumam ser pequenas empresas criadas por indivíduos que pertencem a comunidades onde as inovações se originaram. Se o estilo ou modismo dá sinais de que está se popularizando, as grandes empresas começam a produzir suas próprias versões dessas inovações e a comercializá-las agressivamente. Os formadores de opinião são, em geral, celebridades midiáticas da música

---

[3]   Estudos mostram que apenas de um quinto a um terço do público está interessado em adotar inovações da moda (Gutman & Mills, 1982; Krafft, 1991).

popular, da tevê ou do cinema. Os pioneiros são adolescentes e jovens adultos de vários níveis de *status* diferentes. Os retardatários são tipicamente de meia-idade.

As organizações da moda e a mídia dominam a disseminação das inovações da moda na sociedade contemporânea, fornecendo o contexto no qual os processos interpessoais são acionados. Neste artigo, comparo os dois principais modelos de difusão da moda e procuro mostrar por que motivo a importância do segundo modelo cresceu no final do século XX. Em primeiro lugar, argumento que as características das organizações da moda contemporâneas influenciam os tipos de inovação que estas disseminam. Por exemplo, a natureza cada vez mais errática da inovação de cima para baixo da moda tem implicações sobre a difusão. Em segundo lugar, a multiplicidade das fontes atuais de inovação da moda não está adequadamente representada nesses modelos; mais especificamente, não estão representados o vasto número e a variedade das inovações originadas em diferentes países e continentes que são difundidas em dado momento. Ficou mais difícil estudar a difusão da moda, pois a criação tornou-se menos centralizada. Em terceiro lugar, é pouco provável que ocorra saturação social de todo o público pelos modismos passageiros; em vez disso, vê-se que os estilos e modismos têm maior probabilidade de se expandir em meio a determinados estilos de vida ou grupos etários. Por fim, os modelos de difusão tendem a ver o usuário tardio ou o usuário típico como um "idiota cultural" ou "vítima da moda", que imita os inovadores, mas carece de imaginação ou racionalidade, enquanto a própria indústria da moda tem se dedicado cada vez mais à compreensão das complexidades do comportamento e das preferências do consumidor. Em vez de tentar impor estilos ao público, a indústria se orienta cada vez mais pelo consumidor.

EVOLUÇÃO DOS SISTEMAS
DE DIFUSÃO DA MODA

Até a década de 1960, a difusão da moda seguia o modelo de cima para baixo e era altamente centralizada. Desde a metade do século XIX, Paris foi o centro da moda feminina, enquanto Londres era o principal polo da masculina. Uns poucos estilistas, em Paris, ditavam a moda que seria seguida pelas mulheres em muitos países ocidentais. Esses estilistas criavam roupas para os gostos e as atividades das mulheres da elite francesa e, em consequência, reagiam muito devagar à mudança dos papéis femininos que acontecia mais rapidamente em outros países (Crane, 1999).

A moda parisiense foi um fenômeno urbano que floresceu em um ambiente onde mulheres de elite, com muita visibilidade em relação ao público, eram formadoras de opinião, juntamente com outras que tinham presença pública, como atrizes e cortesãs. Elas flanavam por certas áreas da cidade, como parques, avenidas e pistas de corridas, e se engajavam em diversas atividades sociais, o que exigia grande variedade de trajes. A publicidade que os estilistas faziam consistia simplesmente em contratar mulheres para percorrer essas áreas trajando suas últimas criações. A vida social daquela época já foi descrita como uma "perpétua passarela" (Delbourg-Delphis, 1981).

Em meados do século XX, a difusão da moda parisiense para outros países já era muito organizada. Por exemplo, do final dos anos 1940 até o início dos anos 1960, as confecções norte-americanas começaram a copiar ponto por ponto os modelos franceses. As novas criações francesas foram fielmente copiadas, de início em pequenas quantidades vendidas a altos preços, mas, após algumas semanas ou meses, eram comercializadas por valores mais baixos.

Nesse período, certos estilos foram difundidos em larga escala junto ao público, muito mais do que acontece hoje em dia. O sistema era viabilizado por determinados tipos de valores e atitudes em relação às classes sociais e à identidade pessoal, amplamente aceitos pelas sociedades industriais daquela época (Barber & Lobel, 1952). A identificação com a classe social era um dos principais fatores que influenciavam a forma como os indivíduos percebiam suas próprias identidades e suas relações com os ambientes sociais. A conformidade com as normas relacionadas ao vestuário da moda significava que o indivíduo pertencia ou aspirava pertencer à classe média. A moda era exemplificada por conjuntos de regras, segundo as quais artigos como chapéus, luvas e sapatos deviam ser usados em dadas situações. As cores apropriadas e o comprimento das saias eram indicados com precisão. A aceitação dessas regras implicava que o indivíduo tinha consciência e detinha os meios para aderir à forma correta de se comportar. Baseava-se no medo da exclusão social que resultaria da ausência de conformidade. Esse tipo de sistema de moda dependia de alto nível de consenso, por parte dos estilistas e do público, sobre os estilos em voga.

No final da década de 1960, esse sistema começou a se alterar. No início dos anos 1970, ocorreu um "desastre" com a moda: a mudança para saias mais compridas, ditada pelos estilistas, foi completamente rejeitada pelo público (Davis, 1992, p. 126). No novo sistema, a conformidade com a moda já não era fortemente influenciada pelas aspirações de ascensão social e se tornou um meio de expressão das nuances de individualidade baseado na percepção de gênero, orientação sexual, idade, raça e etnia. As roupas eram selecionadas mais por gosto pessoal do que por conformidade com as regras ditadas por autoridades da moda.

A ênfase na interpretação individual das criações mudou a forma como os novos estilos eram desenvolvidos e apresentados ao público e levou à proliferação dos mundos da moda de elite. Agora, existiam importantes ambientes de moda em Paris, Nova York, Londres, Milão e Tóquio, com complexos de moda menores em outros países industriais. A concorrência crescente dificultou ainda mais a implementação do modelo de cima para baixo. Por isso, mudou o papel dos estilistas nos ambientes da moda de elite. Seu objetivo não é ditar tendências, mas, sim, produzir ou localizar ideias para tendências. Eles frequentemente reproduzem ideias que apareceram em outro local e em períodos anteriores da história da moda, ou em subculturas urbanas cujas ideias lhes são transmitidas por meio da música popular. Nos seus desfiles bianuais, apresentam muitas ideias, dentre as quais os editores de moda e compradores de lojas de departamentos selecionam aquilo que será promovido como tendência. Para ter êxito, a roupa da moda tem de estar em sintonia com a cultura de mídia, como esta se expressa na tevê, no cinema e na música popular. A cultura da mídia representa a cultura dominante em um dado momento. Os editores e os compradores de moda escolhem peças das coleções dos estilistas que refletem as tendências atuais da cultura da mídia, para que sejam apresentados como elementos da cultura dominante.

O segundo desenvolvimento importante no final dos anos 1960 foi a crescente importância do modelo de baixo para cima: a difusão das inovações da moda das subculturas dos adolescentes das classes trabalhadoras para a corrente cultural majoritária (*mainstream*). Hoje, os fabricantes de roupas operam no que poderia ser chamado de mundo eletrônico da moda. No passado, as redes sociais urbanas que conectavam criadores, disseminadores e consumidores foram muito eficientes para a circulação de informações sobre moda. Atualmente, quem compete com o mundo da moda urbana e com os formadores de opinião dominantes é o mundo eletrônico da moda, que gira em torno da música popular. Esse mundo eletrônico possui estruturas peculiares e especialmente apropriadas para assimilar as inovações das subculturas urbanas e para disponibilizá-las no espaço eletrônico. As empresas de música popular monitoram permanentemente as subculturas urbanas em busca de novos talentos. Milhares de pequenas bandas que tocam em bares e clubes da cidade contribuem para o desenvolvimento de novos estilos de música e de roupas. A música popular consiste de muitos gêneros inter-relacionados, cujos códigos, raramente inteligíveis para os estranhos, são significativos para os iniciados, para os quais proporcionam componentes da construção de identidades sociais. As tendências da moda de rua vêm e vão rapidamente, transmitidas em parte pela tevê a cabo e disseminadas dos Estados Unidos para outros países. Essas culturas de rua exercem grande influência no vestuário de adolescentes e jovens adultos, grupos etários que tradicionalmente são os mais interessados em moda.

OS AMBIENTES ORGANIZACIONAIS E A DIFUSÃO DA MODA DE LUXO

Os dois modelos de difusão da moda são utilizados em diferentes tipos de ambientes organizacionais. Em geral, o modelo de cima para baixo é usado por empresas de moda de luxo, enquanto o modelo de baixo para cima é usado pelos fabricantes industriais de roupas. A ênfase dos estudos de difusão tende a incidir mais no processo de difusão que no de inovação. Entretanto, as características do ambiente onde as inovações de moda são produzidas influenciam a natureza destas, o que, por sua vez, afeta o processo de difusão.

No sistema de moda de luxo, diferentes mundos da moda oferecem distintos tipos de ambientes organizacionais para a produção de inovações. Em Paris, o cenário tradicional para o aparecimento de roupas da moda eram as pequenas empresas, cuja principal atividade era confeccionar roupas sob medida para seus clientes. Essas empresas tinham uma clientela relativamente estável. Os estilistas conheciam pessoalmente a maior parte de seus clientes e entendiam do meio em que circulavam. As roupas deviam ser confeccionadas com perfeição, já que os clientes e as clientes sabiam que, nas reuniões sociais, seriam objeto de cuidadoso escrutínio por parte de amigos, amigas, conhecidos e conhecidas. Ao criar essas roupas, os inovadores visavam exibir perfeição técnica e bom gosto. Uma silhueta dominante fornecia um tema unificador, enquanto os detalhes técnicos proporcionavam diversidade. A moda mudava ou por meio de ciclos alternados de silhuetas adequadas ou como evolução de determinada silhueta, com pequenas modificações ao longo dos anos. Os inovadores da moda desenvolviam e aperfeiçoavam técnicas de drapeado e corte. Cada coleção era a evolução da anterior.

Nas décadas que se seguiram à Segunda Guerra Mundial, esse tipo de empresa de moda sofreu enormes mudanças. Roupas da moda tornaram-se um aspecto menor das empresas de estilistas em termos de vendas anuais, enquanto o licenciamento de produtos transformou-se em importante fonte de renda (Crane, 1997). Como o custo das roupas sob medida disparou, o número de clientes caiu drasticamente. Na década de 1970, o licenciamento de produtos e os perfumes constituíram as principais fontes de receita para a maioria das empresas francesas de moda de luxo. As roupas da moda foram usadas para criar uma imagem de prestígio e promover as vendas de outros produtos. Ao mesmo tempo, esses negócios expandiram-se globalmente, vendendo seus produtos em muitos outros países. Consequentemente, os estilistas já não conheciam seus clientes e não tinham familiaridade com seu estilo de vida.

Tanto em Paris como em Nova York, os novos designers de luxo produziam peças prêt-à-porter, mas muitos de seus negócios ainda eram pequenas empresas. Apenas alguns poucos eram lucrativos. No final dos anos 1980, foi ficando cada vez mais difícil para os jovens estilistas abrir novos negócios por causa do alto nível de investimentos necessários para a empresa entrar em funcionamento (*start-up*). As empresas mais bem-sucedidas, tanto de alta-costura como de prêt-à-porter, eram controladas por conglomerados com fortes recursos financeiros para investir. As coleções bianuais tornaram-se uma forma de atrair publicidade para essas empresas. Por causa dessas mudanças, os designers produziam dois tipos de criações de moda: roupas muito conservadoras para clientes ricos; e roupas irreverentes, vanguardistas e pós-modernistas para atrair atenção para a marca e seus produtos licenciados. Quando as roupas deixaram de ser a principal fonte de renda dessas empresas, a natureza da inovação de moda tornou-se cada vez mais instável e imprevisível. Os estilistas passaram a desenvolver suas ideias na direção que escolhessem. Hoje, muitos estilistas combinam estilos de diferentes períodos, pouco preocupados se o resultado é prático ou usável. Alguns estilistas tiram sua inspiração das subculturas urbanas, o que resulta em uma combinação curiosa dos modelos de baixo para cima e de cima para baixo. Reciclam temas de estilos associados aos gêneros da música popular, como *punk*, *rap* e *grunge*, e os usam na criação de estilos para clientes de elite. Modismo adotado por diversos estilistas franceses, as calças *baggy*, originalmente um símbolo de identificação das gangues de rua em Los Angeles, foram de início comercializadas por pequenos negócios de jovens estilistas, na faixa dos 20 anos de idade.

Estilistas em outros mundos da moda também enfatizam a inovação em detrimento da praticidade. Os jovens estilistas ingleses, em especial, são adeptos das subculturas urbanas como fonte de inovação de moda. É voz corrente que a moda de rua inglesa é mais inovadora e versátil que a de qualquer outro país. Uma consequência da estrutura de classes extremamente hierárquica vigente na Inglaterra é que os jovens da classe trabalhadora, para expressar suas frustrações, inventam estilos pouco convencionais de roupas que funcionam como afirmações subversivas. Os jovens estilistas de moda provenientes das classes trabalhadoras frequentam escolas de arte, onde desenvolvem fortes laços com criadores de outros campos, como música, vídeo, teatro e cinema. Esses ambientes produzem peças de vestuário altamente inovadoras, que exercem influência, mas são difíceis de comercializar em suas formas originais. Um exemplo importante da moda de rua inglesa é o estilo *punk*, que mais de vinte anos depois de surgir nas ruas londrinas, continua a influenciar designers estabelecidos na Inglaterra e nos principais polos de moda do mundo.

Em vários centros de moda, as roupas são cada vez mais codificadas; seu significado talvez seja entendido por alguns grupos da população, mas não por outros. Consequentemente, a moda de luxo não representa mais um conjunto de estilos adotado pelas classes mais altas e disseminado para as classes inferiores. Em vez disso, alguns estilistas são cultuados junto a segmentos muito específicos das classes alta e média alta, como pessoas que trabalham com mídia e publicações e, às vezes, junto a certas subculturas de adolescentes das classes trabalhadoras (De La Haye & Dingwall, 1996, p. 5). Já não se espera que os novos estilos cheguem a ser amplamente aceitos pelo público. Na indústria de moda de luxo francesa, fala-se de *tendances* (tendências) em lugar de moda, o que sugere sutis mudanças que exercerão influência discreta sobre o público, em vez de produzir poderosos efeitos catalizadores. As roupas apresentadas pelos designers em suas coleções sazonais costumam ser tão variadas que a detecção de tendências vai exigir consideráveis habilidades e experiência. Recentemente, um repórter de moda comentou: "O que engrandece esses estilistas não são as tendências que criam, mas a ausência de utilidade destas. [...] O mais importante é mostrar um trabalho tão diferenciado que aquilo que é apropriado tem o valor de um pedaço de chumbo" (Spindler, 1995).

A MODA INDUSTRIAL E
A DIFUSÃO DA MODA

A moda industrial é criada por estilistas anônimos, os quais trabalham para fabricantes internacionais de roupas que vendem produtos similares a grupos sociais semelhantes em diferentes países, bem como por pequenas firmas limitadas a um país ou a um determinado continente. Essas empresas fazem muita publicidade na mídia, em elaborados catálogos e até mesmo por meio das próprias roupas. Aqui, o que vende não é o estilo em si, mas, sim, uma imagem capaz de competir no mundo das imagens disseminadas em massa que constituem a cultura da mídia. A moda industrial é uma forma de cultura de mídia, no sentido de que seus valores e atrativos para o consumidor são amplamente criados pela publicidade.

Duas estratégias básicas prevalecem, as quais são orientadas para o consumidor. A primeira é produzir uma aparência, ou *look*, bem definida, associada a um estilo de vida que sabidamente atrairá certo segmento do público. Essa abordagem, da qual as pioneiras foram as empresas norte-americanas Ralph Lauren e Esprit, foi extensivamente copiada. A segunda estratégia é tentar oferecer o que os consumidores de determinada faixa etária desejam. Um exemplo de empresa que usa esse tipo de estratégia é a Benetton, a qual produz aproximadamente 500 modelos por ano (Piganeau, 1989). De acordo com o diretor de estilo da empresa, "não se trata de impor o estilo para o público. Muito pelo contrário, é necessário perceber e prever a demanda oculta", e guiar-se completamente pela demanda. Para isso, os estilistas da Benetton viajam constantemente, visitando os locais frequentados por seus clientes, como escolas e universidades. O diretor de estilo da Benetton declara que há sempre um *look* de moda internacional que expressa as principais tendências para determinada estação, assim como uma série de modismos. Ambos, o *look* internacional e os modismos, são vendidos em escala global, mas têm de ser adaptados às características dos clientes em diferentes países.

A crescente descentralização e a complexidade do sistema da moda exigiram o desenvolvimento de um sistema de previsão de tendências que começou em 1969. Os consultores de projeção de moda trabalham com os estilistas para prever cores e tecidos dois anos antes que um dado estilo chegue ao mercado. Tentam também identificar as mudanças nas atitudes e no comportamento do consumidor que afetarão sua receptividade aos novos estilos. Nos meses que precedem a criação de estilos para determinada estação, esses consultores reúnem informações no mundo todo, de países avançados a países em desenvolvimento, e de diferentes estratos sociais. Examinam não só o trabalho de estilistas de moda, mas também a forma como as roupas estão sendo interpretadas pelo público. Birôs de moda enviam equipes para pontos de concentração de turistas (*resorts*) em voga e para cidades nas quais existam setores urbanos "descolados", onde fotografam os transeuntes para ter uma ideia do tipo de *look* que tem chances de ser aceito pelo público nos meses seguintes. Outras empresas usam "caçadores de gente bacana", que observam e entrevistam adolescentes em subúrbios e áreas urbanas mais pobres (Gladwell, 1997).

As tendências de moda, embora amplamente propagandeadas, podem vender bem ou não. A indústria da moda não consegue prever, com um mínimo grau de precisão, o que as pessoas vão de fato comprar.

Em vez de ditar moda, tanto os estilistas quanto as empresas de moda oferecem uma ampla gama de opções, com as quais se espera que o consumidor monte um *look* compatível com sua identidade. Não há regras exatas sobre o que é para ser usado ou não, exceto em certos tipos de organizações corporativas, onde o estilo do vestuário pessoal ainda remete à posição individual na hierarquia de *status*, análoga à de classes sociais. A motivação para seguir uma tendência baseia-se mais na identificação com grupos sociais, mediante bens de consumo, do que no receio de ser penalizado por inconformidade.

A maior parte da indumentária produzida por empresas industriais é prontamente compreendida pela clientela, mas as roupas para adolescentes e pós-adolescentes tendem a ser mais intensamente codificadas do que as direcionadas aos clientes mais velhos. A esse respeito, o segmento mais jovem do mercado apresenta mais analogias com o mercado da moda de luxo. Diferentemente do que acontecia na década de 1950, a moda industrial de hoje volta-se principalmente para o gosto dos jovens que, independentemente do gênero, têm mais consciência de moda e são consumidores mais ativos do que os de meia-idade. As roupas direcionadas às faixas etárias mais jovens tornam-se cada vez mais diferenciadas daquelas dos adultos de meia-idade. Essa tendência persistirá no futuro, conforme as faixas etárias da população continuem a se expandir. Em lugar de uma classe alta que procura se distinguir das outras classes sociais, os jovens tentam se diferenciar dos grupos de meia-idade e dos mais velhos. Conforme as tendências se difundem para os grupos de mais idade, os jovens adotam novos estilos. No fim do século XIX, ao contrário, a consumidora ideal, para quem as novas modelagens eram criadas, era a matrona, uma mulher de meia-idade e corpulenta.

CONCLUSÃO

A difusão da moda mudou radicalmente nos últimos trinta anos. O sistema, de início altamente centralizado, no qual a moda se difundia de um único ponto para o grande público disperso por vários locais, descentralizou-se: a moda nasce de várias fontes e se propaga para segmentos específicos de um público muito fragmentado. Tanto o modelo de difusão da moda de cima para baixo como o de baixo para cima precisam ser revistos.

Antes, os estilistas de luxo trabalhavam em um sistema no qual suas criações eram amplamente difundidas para diferentes classes sociais e outros países. Agora, produzem roupas para uma clientela global formada por públicos de elite relativamente pequenos. Antes, as inovações de moda evoluíam de forma lógica e gradual a partir de estilos anteriores. Hoje, como as empresas de moda de luxo obtêm seu lucro de outros produtos e usam as roupas da moda como meio de construir e manter uma imagem na mídia, a ênfase está no valor da descontinuidade e na capacidade de provocar reações. O resultado é que as novas criações se disseminam entre certos estilos de vida, mas não entre outros. Subculturas de adolescentes da classe trabalhadora podem adotar modelos que serão completamente ignorados por pessoas com estilo de vida de classe média.

Os grandes fabricantes de roupas têm importante papel no modelo de baixo para cima, cooptando as inovações da classe trabalhadora e outras subculturas, frequentemente atreladas à indústria da música popular, e estudando os gostos do consumidor para poder comercializar criações que reflitam suas preferências. O principal grupo-alvo desses fabricantes são adolescentes e jovens adultos, cujos gostos são considerados mais avançados do que os das faixas mais velhas da população.

Os estilos se difundem dos grupos mais jovens para os grupos mais velhos da população.

Em resumo, fica claro que certos aspectos das versões originais dos modelos de cima para baixo e de baixo para cima não são mais relevantes. Em primeiro lugar, a hipótese de que uma moda em particular vá saturar o público já não tem utilidade. O processo de difusão parece consistir de várias trajetórias relativamente curtas, nas quais um dado estilo se difunde de forma ascendente ou descendente para certos segmentos da população, mas não para outros.

Em segundo lugar, o *status* do seguidor da moda é visto com outros olhos. A reação do público à moda já não é considerada semelhante ao comportamento das aglomerações ou das multidões desorganizadas. Os consumidores estão menos propensos a imitar e tendem a selecionar estilos com base nas percepções de suas próprias identidades e estilos de vida.

Em terceiro lugar, como processo, a difusão é menos interpessoal e mais orquestrada por grandes organizações que vendem nos mercados globais. As metas e estratégias de marketing dessas organizações afetam a natureza da inovação da moda e o processo de difusão. Em quarto lugar, o impacto da mídia e das indústrias culturais populares pode ser visto no conteúdo da inovação da moda e no processo de difusão, em que os formadores de opinião operam quase que inteiramente nesses contextos. Os estilistas nos dois sistemas são compelidos a se manter em contato com as tendências de música popular e de outras formas de cultura popular.

Como resultado, os modelos de difusão de inovações que enfatizam a moda como processo interpessoal, mesmo que ainda relevantes, tornaram-se mais difíceis de serem estudados de forma empírica. O uso dos sujeitos tradicionais e cativos dos pesquisadores de difusão da

moda, os estudantes universitários, tem sérias limitações. São necessários estudos em outros tipos de locações, de segmentos muito específicos da população que tendem a se engajar na adoção da moda. Parece
que agora praticamente inexistem pesquisas sobre como os modelos de
difusão se aplicam ao sistema da moda.

BIBLIOGRAFIA

BARBER, B. & LOBEL, L. S. "Fashion in Women's Clothes and the American
Social System". Em *Social Forces*, 31, 1952.

BECKER, Howard. *Art Worlds*. Berkeley: University of California Press, 1982.

CRANE, Diana. "Globalization, Organizational Size, and Innovation in the
French Luxury Fashion Industry: Production of Culture Theory Revisited". Em
Poetics, 24, julho de 1997.

_____. "Clothing Behavior as Non-Verbal Resistance: Marginal Women and
Alternative Dress in the Nineteenth Century". Em *Fashion Theory*, 3, 1999.

DAVIS, Fred. *Fashion, Culture, and Identity*. Chicago: University of Chicago
Press, 1992.

DE LA HAYE, Amy & DINGWALL, Cathie. *Surfers Soulies Skinheads and Ska-
ters: Subcultural Style from the Forties to the Nineties*. Woodstock: Overlook
Press, 1996.

DELBOURG-DELPHIS, Marylène. *Le chic et le look: Histoire de la mode feminine
et des moeurs de 1850 à nos jours*. Paris: Hachette, 1981.

FIELD, George A. "The *Status* Float Phenomenon: the Upward Diffusion of Innovation". Em *Business Horizons*, 13, agosto de 1970.

GLADWELL, Malcolm. "Annals of Style: the Coolhunt". Em *New Yorker*, 17 de
março de 1997.

GUTMAN, Jonathan & MILLS, Michael K. "Fashion Life Style, Self-Concept,
Shopping Orientation, and Store Patronage: an Integrative Analysis". Em *Journal of Retailing*, 58, verão de 1982.

KRAFFT, Susan. "Discounts Drive Clothes". Em *American Demographics*, 13,
julho de 1991.

MCCRACKEN, Grant D. "The Trickle-Down Theory Rehabilitated". Em SOLO-
MON, Michael R. *The Psychology of Fashion*. Lexington: D. C. Heath/Lexington
Books, 1985.

MEYERSOHN, Rolf & KATZ, Elihu. "Notes on a Natural History of Fads". Em *American Journal of Sociology*, 62, maio de 1957.

PIGANEAU, Joëlle. "Le créateur des collections Benetton s'explique". Em *Journal du Textile*, 13-2-1989.

POLHEMUS, Ted. *Street Style: From Sidewalk to Catwalk*. Londres: Thames & Hudson, 1994.

ROGERS, Everett. *Diffusion of Innovations*. 3ª ed. Nova York: Free Press, 1983.

SIMMEL, Georg. "Fashion". Em *American Journal of Sociology*, 62, maio de 1957 [1904].

SOLOMON, Michael R. (org.). *The Psychology of Fashion*. Lexington: D. C. Heath/Lexington Books, 1985.

SPINDLER, Amy. "Four Who Have No Use for Trends". Em *New York Times*, 20-3-1995.

SPROLES, George B. "Behavioral Science Theories of Fashion". Em SOLOMON, Michael R. *The Psychology of Fashion*. Lexington: D. C. Heath/Lexington Books, 1985.

Moda e artificação:[1] vanguarda ou patrimônio?

Para estudar a artificação da moda, é preciso começar por distinguir seus diversos aspectos. A moda indumentária elabora-se em vários setores: na alta-costura, no prêt-à-porter de luxo, nas empresas de venda de roupas comercializadas sob uma marca e, por fim, nas empresas de fabricação para o mercado de massas. Observa-se o processo de artificação, essencialmente, nos dois primeiros casos. Cabe ainda distinguir a moda contemporânea das roupas criadas no passado, "fora de moda", mas que adquiriram valor de objeto de coleção. Os sistemas de concepção, de produção e de venda também diferem de acordo com os países. Os grandes centros de criação encontram-se em Paris, Londres, Nova York, Milão e Tóquio. Minha pesquisa limita-se a Paris, que foi a capital da moda ocidental durante dois séculos – e no setor do luxo: a alta-costura, o prêt-à-porter de luxo e os objetos de moda de coleção.

---

[1] Neologismo derivado do inglês *artification*, também usado em francês, para designar a transformação da não arte em arte (N. T.).

A ALTA-COSTURA, UM MUNDO EM DECLÍNIO

Em meados do século XIX, o inglês Charles Frederick Worth provocou uma reviravolta na tradicional relação entre clientes e artesãos: em vez de executar as ordens da clientela, foi o primeiro a lhe impor o que vestir. A seguir, ele desempenhou um importante papel, ao criar o primeiro sindicato de costureiros; com isso, aumentou, e muito, seu poder e seus privilégios (Lipovetsky, 1987).

Os costureiros não eram mais artesãos, mas se tornavam criadores de ideias de roupas que logo eram executadas por outros. Desde o final do século XIX e depois no século XX, eles reivindicavam o status de artista. Suas obras levavam seus nomes e eram protegidas por direitos autorais. De acordo com Lipovetsky (1987, p. 96), "apresentavam-se como artistas de luxo que colecionavam obras de arte, viviam em ambientes suntuosos e refinados, cercavam-se de poetas e de pintores e criavam figurinos para o teatro".

Assim, nos anos 1930, Elsa Schiaparelli colabora com artistas surrealistas como Salvador Dalí e Jean Cocteau e concebe trajes de acordo com os princípios estéticos do movimento. E no século XX o *status* social do costureiro continua a se elevar (Crane, 2000).

A maioria das casas de costura desaparece depois da Segunda Guerra Mundial, e outras são criadas. Mas, depois de 1980, nenhuma casa surge (Crane, 1997). A clientela para as roupas extremamente caras, feitas com materiais luxuosos e que exigem centenas de horas de trabalho especializado, diminui sem cessar, e quase todas as casas passam a desenvolver linhas de prêt-à-porter. A globalização do mercado da moda eleva seus custos de gestão, e, cada vez mais, as casas são compradas por conglomerados de produtos de luxo que transformam o nome dos costureiros em marcas para venda de acessórios, perfumes e outros produtos. Em tal ambiente, os estilistas veem sua autonomia desaparecer e são reduzidos à ordem de empregados que os diretores dos conglomerados avaliam segundo o sucesso de suas marcas. Um deles declara: "O verdadeiro patrão é a marca" (Hume, 2007). Mesmo que organismos como a Câmara Sindical da Costura Parisiense ainda controlem o acesso aos altos postos, a posição dos costureiros não deixa de ser muito incerta. Além disso, os direitos autorais de um estilista sobre suas criações são prejudicados pelo ambiente por demais midiatizado da apresentação das coleções: a internet difunde suas fotos assim que acontecem, e são imediatamente copiadas pelos distribuidores na Europa e por seus produtores de massa implantados na Ásia; a falsificação dos produtos de luxo fica sem controle.[2] Em 1992, desapareceria o prêmio anual que contemplava a mais bela coleção da estação e era concedido, desde 1976, pela Câmara Sindical da Costura Parisiense (Kawamura, 2004, p. 44).

O PRÊT-À-PORTER DE LUXO, UMA VANGUARDA ARTÍSTICA?

Ao se tornar incerta a posição de estilista, os mais jovens, que se autodenominam *créateurs*, fundam empresas de prêt-à-porter de luxo nas quais concebem roupas para confecção industrial. O ambiente extremamente competitivo no qual trabalham conduz muitos deles a violar normas de beleza e de utilidade vigentes até então e a desafiar o espírito e as convenções tradicionais. Suas estratégias, frequentemente análogas àquelas da vanguarda das artes plásticas, compreendem: 1) a utilização de materiais como plástico e metal, assim como roupas baratas; 2) a transgressão das convenções ocidentais de costura e vestuário, como a

---

[2] Um raro exemplo de proteção de direitos ocorreu em 1994, quando Yves Saint-Laurent moveu um processo contra Ralph Lauren porque este teria copiado um de seus modelos. Lauren foi condenado a pagar uma pesada multa (Kawamura, 2004, p. 50).

simetria e a execução esmerada; 3) a subversão irônica das normas em vigor, como o uso do espartilho à mostra, não como roupa de baixo, ou a dessacralização dos grandes clássicos da costura, como o terninho Chanel; 4) a referência ao surrealismo, por meio de associações inusitadas e não convencionais entre diferentes tipos de vestuário ou entre uma roupa e outro objeto, quadro estético que permite legitimar as tentativas de modificar as relações clássicas entre roupas e partes do corpo, propondo uma nova percepção de objetos familiares; 5) o pastiche, a mistura de estilos de períodos radicalmente diferentes.

Mas será que o recurso dos criadores a procedimentos estilísticos associados à vanguarda significa que suas obras constituem o equivalente de uma vanguarda artística? Para responder a essa pergunta, é preciso considerar, ao mesmo tempo, o contexto de exposição dos objetos e a intenção de seus autores. Segundo Kawamura (2004, p. 130), três costureiros japoneses que, desde os anos 1980, exibem suas coleções em Paris (Rei Kawakubo, Issey Miyake e Yohji Yamamoto) constituem, de fato, uma vanguarda: suas obras redefinem convenções estéticas, mobilizam novas ferramentas estéticas e convenções e, enfim, redelimitam a própria natureza do objeto estético, assim como a gama dos objetos susceptíveis de ser indicados como tal. Outros poderiam igualmente se afirmar como membros da vanguarda, principalmente Alexander McQueen e John Galliano, ingleses que trabalharam em Paris nos anos 1990 (para uma descrição de suas carreiras, ver Evans, 2003).

Seria mais acertado dizer que as coleções dos costureiros japoneses inauguram efetivamente uma revolução estética, mas no âmbito da moda, não no da arte. O maior problema, quando se trata de aplicar o conceito de vanguarda aos estilistas, é o contexto comercial no qual se dá sua atividade. Muitos *créateurs* minimizam o contexto comercial ao apresentar seus trabalhos: dando a suas butiques de paredes e pisos brancos o aspecto de galerias de arte, expondo um número limitado de modelos e esforçando-se para as pessoas esquecerem que as roupas são fabricadas em série, eles instauram a construção social de uma "aura" de objetos de arte (Benjamin, 2000). Quanto às apresentações sazonais das coleções, que outrora foram eventos tranquilos, realizados nas próprias casas de costura, passaram a ser, a partir de então, espetáculos organizados para além das paredes, cada vez mais elaborados e dispendiosos, comparáveis a *performances* artísticas. Com as coleções dos designers britânicos, assiste-se a uma mudança ainda maior, ao mesmo tempo na maneira de apresentar as roupas aos compradores e à imprensa e nos lugares de exibição – que podem ser estações de trem ou depósitos abandonados. Os estilistas trabalham para sociedades controladas por conglomerados de luxo que dispõem de enormes orçamentos para a organização de eventos espetaculares. Entretanto, Caroline Evans não concorda em qualificar essas apresentações de *performances*: "Na realidade, a submissão do desfile de moda contemporâneo à arte serve simplesmente para elevar seu *status* e seu valor comercial no seio de um mercado cada vez mais sofisticado" (Evans, 2003, p. 70).

Com efeito, em geral, os designers que recorreram a estratégias de vanguarda não se definem como artistas. Rei Kawakubo frequentemente transgride as normas da roupa ocidental, mas recusa-se a ser qualificada de artista (Kawamura, 2004, p. 141). Eis o que diz sua biografia a respeito:

> As roupas que ela cria não fazem parte do mundo rarefeito da arte pela arte. É uma astuciosa inteligência de negócios que guia sua produção [...] o sucesso econômico é um elemento essencial para manter a independência criadora [de Kawakubo] (Sudjic, 1990, p. 11).

Durante a longa carreira de Issey Miyake, seu trabalho foi exposto em numerosos museus. Miyake não apenas propõe inovações revolucionárias em matéria de tecidos, dentre as quais uma que foi capa da revista *Artforum*, mas também exprime uma preocupação crescente com os aspectos práticos das "roupas da vida verdadeira" (Holborn, 1995, p. 50). John Galliano, que produz desfiles de moda particularmente criativos, declara: "Estou aqui para fazer as pessoas sonharem, para seduzi-las e para que *desejem comprar belas roupas* [...] Esse é o meu dever" (Huckbody, 2006, p. 68; itálicos nossos).

É paradoxal constatar que, na França do começo do século XX, os costureiros que definiríamos como artistas-artesãos consideravam-se claramente como artistas. Hoje, o objetivo dos designers que colocam em prática estratégias de vanguarda não é se alçar ao *status* de artista, mas, sim, adquirir uma forma de capital simbólico que melhore seu *status* de criador de moda. É nessa condição que suas criações chamam tanto a atenção dos meios de comunicação de massa e influenciam o desenvolvimento ulterior das tendências da moda.

Ainda que tenham fundado sua própria organização sindical (a Câmara Sindical do Prêt-à-Porter dos Costureiros e dos Criadores de Moda), esses *créateurs* sofrem quase os mesmos impasses que os grandes costureiros. A globalização da clientela favoreceu os conglomerados de luxo que podem investir em lojas e em redes de distribuição nos grandes mercados mundiais e financiar apresentações e uma publicidade sofisticada. A partir daí, ficou muito difícil para os jovens *créateurs* obter êxito na França sem se associar a um desses conglomerados. Assim como para seus correspondentes nas casas de costura, sua autonomia é limitada.

AS ROUPAS DE COLEÇÃO: OS LIMITES DA ARTIFICAÇÃO E DA PATRIMONIALIZAÇÃO

Paradoxalmente, é quando vira "passado" que a moda tem mais chances de ser considerada uma forma de arte, talvez porque as roupas *démodées* respondem ao critério de não utilidade, tão importante na definição da arte. Organizações culturais reconhecem as criações de moda como objetos de coleção, o que tende a mostrar que adquiriram valor artístico como patrimônio. Assim, os museus de arte começaram a expor obras de costureiros, enquanto nasciam museus inteiramente consagrados a esse setor. Há pouco, as casas de leilões descobriram o valor das roupas de coleção; na França, a moda entrou nesses espaços em 1987 (Bénaïm, 1992). Os principais compradores são os museus da moda, as casas de costura (que compram de volta suas próprias criações) e, por vezes, o governo francês, em favor de um museu da moda. Numerosos livros celebram a história da costura e glorificam os estilistas, sobretudo aqueles que desapareceram. Ensina-se também a criação de moda em escolas especializadas ou em escolas de arte.

Muitos aspectos distinguem os museus da moda dos museus da arte. Um elemento essencial é a pressão sofrida pelos primeiros por parte das grandes organizações da moda, que veem, nas exposições museológicas, uma ferramenta de *marketing*, sobretudo se celebram a obra de designers vivos que se beneficiarão dessa publicidade (Steele, 2008, p. 7-30). Tanto que curadores foram criticados por "terem se vendido", como no caso da exposição de Armani no Museu Guggenheim, em Nova York, ou de Yves Saint-Laurent no Metropolitan Museum (Anderson, 2000). Sua credibilidade é posta em questão, o que sugere que o *status* de patrimônio cultural foi apenas parcialmente conquistado pelas roupas de coleção. Aliás, estas raramente aparecem em galerias de arte. Algumas, às vezes consideradas "roupas de arte", são expostas, mas sem ser destinadas ao uso. Por vezes, são até mesmo pensadas para que isso seja impossível: a norma artística de não utilidade é respeitada.

O preço desses objetos em leilões indica que os colecionadores, *marchands* de arte e casas de venda os consideram de fraco valor econômico em comparação com as obras de arte. Não é raro ver obras de grandes artistas do pós-guerra alcançarem mais de um milhão de dólares, cerca de 752 mil euros (Sabbah, 2008), ao passo que artigos de moda dificilmente ultrapassam 10 mil euros (Enchères haute couture, 2004). O preço destes depende sobretudo de sua validação por uma celebridade. Vestidos usados por antigas estrelas de cinema podem sair a preços tão altos quanto obras de arte (Marilyn et "Mister President", 2007; Reier, 2007). Apenas objetos de alguns costureiros franceses de antes da guerra chegam a preços elevados sem ser validados por uma celebridade: 130 mil euros por um casaco e quase 41 mil euros por um par de escarpins de Paul Poiret em uma recente venda (Rich, 2005).

Em conclusão, todos os três setores aqui considerados conheceram um processo de artificação parcial. A artificação desenvolveu-se na alta-costura, um domínio em que os *créateurs* adquiriram um prestígio e uma autonomia importantes, mas se desacelerou no período pós-guerra com o declínio do setor, devido ao desaparecimento da clientela abastada e à globalização da indústria da moda de luxo. A maioria dos criadores de prêt-à-porter de luxo foi igualmente afetada pelas mudanças econômicas. Quanto ao setor das roupas de coleção, este se desenvolveu com a emergência de museus, de leilões da moda e com a publicação de uma quantidade considerável de obras sobre a história da moda. No entanto, o *status* desses objetos, como constituintes do patrimônio cultural, ainda permanece inferior ao das belas-artes.

BIBLIOGRAFIA

ANDERSON, Fiona. "Museums as Fashion Media". Em S. Bruzzi & CHURCH GIBSON, P. (orgs.). *Fashion Cultures*. Londres: Routledge, 2000.

BÉNAÏM, L. "Des griffes sous le marteau". Em *Le Monde*, 7-4-1992.

BENJAMIN, Walter. "L'œuvre d'art à l'époque de sa reproductibilité technique, dernière version 1939". Em BENJAMIN, Walter. *Œuvres III*. Paris: Gallimard, 2000.

CRANE, Diana. "Globalization, Organizational Size and Innovation in the French Luxury Fashion Industry: Production of Culture Revisited". Em *Poetics*, 24, 1997.

_____. *Fashion and Its Social Agendas: Class, Gender, and Identity in Clothing*. Chicago: University of Chicago Press, 2000.

_____ & HUME, M. "Brider Galliano, découvrir Elbaz…". Em *Courrier Mo(n) de, Géographie de la mode*, Suplemente 852 de Courrier International, 1/7-3-2007.

EVANS, Caroline. *Fashion at the Edge*, New Haven, Yale University Press, 2003.

HOLBORN, M. *Issy Miyake*. Köln: Taschen, 1995.

HUCKBODY, Jamie. "John Galliano". Em JONES, Terry & RUSHTON, Susie (orgs.). *La Mode aujourd'hui*. Paris: Taschen, 2006.

KAWAMURA, Yuniya. *The Japanese Revolution in Paris Fashion*. Oxford: Berg, 2004.

LA GAZETTE DE L'HÔTEL DROUOT. "Enchères haute couture". Em *La Gazette de l'Hôtel Drouot*, nº 28, 16-7- 2004.

LE MONDE. "Marilyn et 'Mister President'". Em *Le Monde*, 2-5-2007.

LIPOVETSKY, Gilles. *L'empire de l'éphémère*. Paris: Gallimard, 1987.

REIER, S. "Collecting Fueled by Personal Passions". Em *International Herald Tribune*, 19/20-5-2007.

RICH, H. "The Quirky Couture Market: a Discussion of Mechanisms". Londres: Sotheby's Institute of Art. Disponível em http/wwwjuliensauctions.com/collectors-guide/couture.html. Acesso em 17-5-2007.

SABBAH, C. "Une pause salutaire?" Em *Le Monde*, Argent, 20/21-1-2008.

STEELE, Valerie Steele. "Museum Quality: the Rise of The Fashion Exhibition". Em *Fashion Theory*, 12, 2008.

SUDJIC, Deyan. *Rei Kawakubo and Comme des Garçons*. Nova York: Rizzoli, 1990.

Design de moda e mudança social

AS MULHERES DESIGNERS E A INOVAÇÃO ESTILÍSTICA

A moda feminina sempre é um estatuto sobre os papéis das mulheres e como estes são ou deveriam ser desempenhados. Portanto, cabe perguntar se, na qualidade de estilistas de moda, homens e mulheres têm interpretações diversas de tais papéis. Em que medida a moda expressa experiências da maioria das mulheres? No século XIX, as roupas da moda, feitas para serem usadas em atividades sociais das mulheres pertencentes às classes alta e média-alta, eram em geral impróprias para a vida cotidiana de outras mulheres. Gradualmente, no século XX, aparecem tipos mais simples de roupas, apropriados para mulheres de todas as classes sociais – mas, com frequência, surgiam fora dos "mundos da moda" onde eram criadas as indumentárias da moda. Se as mulheres sempre foram costureiras, só no fim do século XIX algumas se tornaram designers de moda e, nessa condição, ganharam a possibilidade de exprimir suas experiências femininas em roupas femininas.

Seria de esperar que as mulheres dominassem o design de moda feminina, mas, de fato, elas foram e continuam sendo numericamente superadas pelos homens nesse campo.[1] Na área do design de moda masculina, as mulheres sempre foram definitivamente minoritárias.

Como um tipo de hegemonia cultural em que certos aspectos dos papéis dos gêneros são favorecidos em detrimento de outros, o design de moda pode ser entendido, em parte, como resultante de estruturas organizacionais e de limitações sobre o comportamento que estas exigem. As mudanças sociais que cortam essas relações por vezes proporcionam às estilistas a oportunidade de desafiar as interpretações correntes dos papéis femininos, na forma como são incorporadas às roupas de moda. Neste capítulo, exploro as diferenças entre homens e mulheres estilistas, nos contextos das indústrias da moda na Inglaterra, na França e nos Estados Unidos.[2] Usando uma tipologia dos papéis desempenhados por estilistas, comparo as atividades de homens e mulheres nesses papéis.

Com base na análise de Becker (1982) das relações entre as artes e os ofícios, os papéis desempenhados por estilistas podem ser caracterizados como de artesão, de artista-artesão e de artista. O artesão e o artista-artesão produzem seu trabalho por encomenda – de clientes ou empregadores. Para os artesãos, a utilidade é o principal fator na avaliação de suas criações, ao passo que os artistas-artesãos enfatizam a beleza

---

[1] No período do pós-guerra, as proporções de mulheres estilistas de luxo na França, na Inglaterra e nos Estados Unidos eram muito próximas. Entre 1960 e 1995, 42% dos estilistas de prêt--à-porter de luxo na França eram mulheres (o prêt-à-porter de luxo francês surgiu no início dos anos 1960). Na Inglaterra, onde a casa de costura típica ainda era pequena no período do pós-guerra, o número de mulheres estilistas aumentou consideravelmente: de 17% nas casas inauguradas antes de 1945 para 40% nas que foram fundadas após esse ano. A percentagem de mulheres designers de moda de luxo nos Estados Unidos no período pós-guerra era de 45%. Essas estatísticas baseiam-se nas listas de estilistas extraídas dos trabalhos de De La Haye (1997), McDowell (1987), Stegemeyer (1988) e Walz & Morris (1978) e nas listas de empresas de moda publicadas no *Journal du Textile*, jornal francês da área de moda.

[2] Este texto integra um estudo maior sobre as indústrias da moda nesses três países e se baseia em histórias da moda, publicações comerciais, análises das carreiras de uma amostragem de estilistas de moda (ver nota de rodapé anterior) e entrevistas com estilistas, editores de moda, profissionais de relações públicas e consultores de moda nos Estados Unidos e na França.

e as qualidades estéticas (Becker, 1982, p. 274-276). De acordo com esse autor, os artistas tentam produzir obras únicas – totalmente diferentes dos outros objetos. Quando os artistas usam as habilidades dos artesãos, os objetos que produzem não são úteis nem bonitos. Pelo contrário: são deliberadamente criados para subverter tais valores. Aqui Becker identifica o papel do artista com a vanguarda. Na indústria da moda, o designer do mercado de massa tende a ser um artesão, enquanto o estilista de moda de luxo é geralmente um artista-artesão e, às vezes, um artista de vanguarda. O equivalente contemporâneo da *avant-garde* ("vanguarda") é o pós-modernismo, que viola os padrões de bom gosto mediante disparatadas combinações de temas e motivos de estilos do passado e do presente. Um papel adicional, não incluído na tipologia de Becker, é o de inovador, mais especificamente o designer que, seja no mercado de massa, seja no de luxo, cria estilos que introduzem grandes mudanças nas roupas femininas.

As indústrias da moda variam de país para país, na medida em que proporcionam ambientes favoráveis para determinados papéis. Tanto no caso de homens como no de mulheres estilistas, o comportamento é afetado pela natureza e pelo escalão das indústrias de moda que os empregam. A situação do estilista francês é influenciada pela longa e prestigiosa tradição da alta-costura, de roupas feitas sob medida para clientes de alta classe. O estilista da moda de luxo francesa é reverenciado como artista-artesão. Bem integrados ao ambiente de classe alta cujos membros vestem, esses estilistas raramente fazem parte da vanguarda. Na Inglaterra, os estilistas que são artistas-artesãos vestem mulheres muito conservadoras de alta classe, enquanto os mais jovens, que têm menos acesso a tais clientes, inspiram-se na contracultura das ruas e das artes e tendem a ser vanguardistas. Nos Estados Unidos, onde o prêt-à-porter foi aceito pela imensa classe média antes do que nos outros dois países, o mercado dá vazão à moda esportiva (*sportswear*), uma das principais alternativas à tradição francesa da alta-costura. O papel predominante do estilista norte-americano, homem ou mulher, que trabalha para a indústria do vestuário é de artesão, orientando suas atividades para a criação de roupas apropriadas para diferentes estilos de vida em um mercado de massa cada vez mais fragmentado. Uns poucos estilistas trabalham como artistas-artesãos a serviço de uma elite de classe alta. Nos três países, os estilistas de moda enfrentam enormes dificuldades para criar organizações viáveis, devido à intensa competição do mercado (Crane, 1997, p. 411).

Será que homens e mulheres estilistas diferem na forma como desempenham os papéis de artesão, artista-artesão, vanguardista e inovador ou na natureza de suas criações? Será que elas são mais capazes do que eles para detectar as cambiantes realidades das vidas das mulheres e traduzi-las em roupas?

ARTESÃOS E ARTISTAS-ARTESÃOS

A maior parte dos estilistas de moda são artesãos ou artistas-artesãos. Costumam ser "gente da casa", pessoas treinadas pela indústria, muitas vezes desde tenra idade. Os artesões costumam trabalhar em grandes empresas industriais, onde têm relativamente pouca autonomia, enquanto os artistas-artesãos são propensos a manter pequenos negócios que servem a uma clientela de elite. Nos três países, os estilistas, como artistas-artesãos, criam roupas tecnicamente perfeitas e confeccionadas por meio de procedimentos com uso intensivo de força de trabalho. Em alguns casos, essas roupas tornam-se peças de colecionador e são expostas em museus de artes decorativas. Ocasionalmente, alguns desses designers são objeto de mostras retrospectivas. Para serem bem-sucedidos, têm de ser especialmente afeitos ao estabelecimento e à manutenção de relacionamentos com seus clientes de classe alta, entendendo seu estilo de vida e seu ambiente social. Nos Estados Unidos, sua clientela consiste de *socialites* residentes no país todo, estrelas do cinema, esposas de figurões da política e executivas de sucesso. O diretor de relações públicas de um desses estilistas declarou em uma entrevista: "Ele conhece seus clientes em todos os lugares dos Estados Unidos. Já esteve em suas casas e se divertiu no clube que frequentam [...] Suas clientes são de um tipo muito parecido em todos os cantos do país. Ele entende seus estilos de vida".

Já foi dito que Pauline Trigère, outra designer de moda de luxo norte-americana, andava "na companhia das pessoas mais bem-sucedidas de sua época" (Walz & Morris, 1978, p. 209). Filha de um alfaiate e de uma costureira cujos ateliês ficavam no apartamento da família, ela começou como aprendiz em uma alfaiataria aos 15 anos de idade. Seu método de trabalho foi descrito como "um circuito fechado entre os tecidos e as modelagens, tentando fazer as coisas que sentia". Suas metas seriam "qualidade, excelência e bom gosto" (Epstein, 1975, p. 419). Suas roupas foram caracterizadas como dotadas de "extraordinária atemporalidade" (Epstein, 1975, p. 459).

Os artistas-artesãos diferem na sua expressão de compromisso com o papel do artista em relação ao do artesão, embora suas criações de fato possam ser indistinguíveis. Zandra Rhodes, uma estilista britânica, coloca uma etiqueta em suas roupas: "Este é um dos meus vestidos especiais. Penso nele como uma obra de arte que você guardará para sempre como um tesouro" (McDowell, 1987, p. 229). Por sua vez, o estilista norte-americano Bill Blass teria dito: "A moda é um ofício e a expressão de uma época, mas não é uma arte" (Milbank, 1985, p. 306). Em geral, estilistas – tanto homens quanto mulheres – dessa categoria produzem roupas que expressam suas interpretações pessoais dos estilos correntes, mas raramente exibem "o choque do novo".

No passado, os artesãos que trabalhavam para empresas industriais e os artistas-artesãos que tocavam seus próprios negócios ditavam os estilos da moda para as mulheres. Desde a década de 1960, mudou a percepção que a indústria da moda tem de seus clientes. As empresas industriais não tentam mais impor estilos, mas, sim, perceber e antecipar o gosto do público, analisado em termos de estilo de vida e faixa etária.

Os artistas-artesãos, mais do que suas colegas, provavelmente tentarão moldar a aparência da mulher para se encaixar nas diretrizes de sua interpretação particular do estilo corrente. Uma versão dessa atitude é expressa em um comentário do estilista norte-americano Geoffrey Beene, que admite se identificar com o mito de Pigmaleão: "Você molda a mulher de acordo com a sua percepção do que ela é. O que faço é produto da minha admiração. Imagino as mulheres em um estado idílico. Crio uma visão para esta mulher, quer ela exista, quer não" (Cullerton, 1995, p. 103).

Entretanto, muitos artistas-artesãos de hoje afirmam esperar que as mulheres criem seu próprio estilo de vestir a partir da variedade de opções de que elas dispõem. Não mais desejam que as clientes comprem e consumam determinado "look". Outro postulado dessa filosofia é que a mesma peça de roupa cria diferentes efeitos, dependendo das características físicas e da personalidade da mulher que a veste. Em outras palavras, o mesmo vestido terá diferentes aparências quando usado por diferentes mulheres. Da mesma forma, a mesma peça de roupa vestida pela mesma mulher pode projetar diferentes "significados", quando exposta no contexto de diferentes acessórios e de outras peças de roupas. Essa abordagem parece oferecer às mulheres mais autonomia do que antes na modelagem de sua aparência, e, de fato, o mercado hoje oferece maior gama de opções do que há quarenta anos. Surpreendentemente, a maioria das mulheres de hoje expressa pouco ou nenhum interesse pela moda (Gutman & Mills, 1982, p. 76; Kraft, 1991, p. 11); isso sugere que as criações atuais não expressam interpretação de seu estilo de vida.

Nos anos 1990, a maior parte das grandes empresas costumava ser chefiada por estilistas homens. As empresas de alguns dos estilistas de luxo transformaram-se de negócios relativamente pequenos e estáveis, que operavam principalmente nos mercados urbanos locais, em conglomerados voltados aos mercados globais. As novas empresas representam grandes investimentos financeiros e obtêm seus lucros do licenciamento de roupas e da venda de vários outros produtos. Na França, entre as duas guerras mundiais, várias estilistas foram muito bem-sucedidas nos níveis mais altos da indústria da moda – em outras palavras, como costureiras – produzindo roupas sob medida para suas clientes. Durante esse período, a maior parte (55%) dos profissionais da costura eram mulheres. Entretanto, após a Segunda Guerra, conforme a maior parte das empresas de costura diversificou suas operações (Crane, 1997, p. 398-401), o número de costureiras decresceu. Em 1990, apenas 14% dos profissionais da costura eram mulheres. Na França, a proporção de mulheres que se tornaram estilistas de luxo, produzindo prêt-à-porter, foi maior (42%), talvez porque a empresa típica de propriedade desse tipo de estilista era relativamente pequena. Recentemente, contudo, umas poucas grandes empresas norte-americanas chefiadas por mulheres eram mais lucrativas do que as empresas similares dirigidas por homens, o que levou uma publicação da área de negócios a proclamar a "feminilização da Sétima Avenida" (Morgenson, 1992).[3]

---

[3]   Em Nova York. Conhecida como a *Fashion Avenue*, é um importante centro da indústria de vestuário e moda, além de endereço de famosos estilistas (N. E.).

OS ESTILISTAS COMO INOVADORES

Os estilistas inovadores costumam ser "de dentro" (*insiders*); as estilistas inovadoras costumam ser "de fora" (*outsiders*). O designer "de dentro" é aquele que foi treinado, não raro desde muito jovem, no interior da indústria e segue uma carreira convencional, inovando com base em tendências e práticas anteriores. Os "de fora" são definidos em termos do treinamento pouco ortodoxo, da carreira pouco ortodoxa, ou de ambos. Essa definição inclui estilistas que não foram treinados na indústria da moda, através de um estágio ou em uma escola reconhecida, assim como designers com carreiras fora da indústria da moda.

Os estilistas inovadores tendem a inovar com base nos estilos anteriores ou usando motivos extraídos das artes. O New Look de Christian Dior, provavelmente o estilo mais famoso do século XX, foi uma adaptação da silhueta em voga no final do século XIX. Alguns estilistas, logo no início de suas carreiras, foram estimulados por mudanças no estilo de vida das mulheres, mas depois passaram a se inspirar nas artes ou na história do desenho de moda. O francês Paul Poiret talvez seja um dos mais conhecidos inovadores de moda, porque remodelou radicalmente o estilo das roupas femininas, no início do século XX, eliminando a ornamentação excessiva e os espartilhos apertadíssimos (McDowell, 1987, p. 221-223). Ao fazê-lo, teria sido influenciado pelo *reform dress*, a vestimenta proposta e defendida pelas feministas alemãs e escandinavas (Wilson, 1987, p. 216). Mais tarde, as fontes de sua inspiração passaram a ser as artes e culturas estrangeiras exóticas, muito distantes das experiências das mulheres do período. Sua influência declinou e ele acabou falido. No início dos anos 1970, Yves Saint Laurent popularizou o estilo contemporâneo de vestido para o dia, baseado nas roupas masculinas, apropriado para os novos papéis ocupacionais que as mulheres exerciam; mas suas criações posteriores foram influenciadas pelos estilos artísticos do século XX (McDowell, 1987, p. 234-235). Outros inovadores, como André Courrèges e Pierre Cardin, rejeitaram o passado como fonte de inspiração, favorecendo os estilos masculinos para as mulheres, mas, ao fazê-lo, produziram roupas futurísticas que sugeriram pouca empatia com a vida das mulheres.

As principais inovadoras tendem a criar novos estilos em correspondência com as mudanças nos papéis femininos. Como "de fora" e inovadora, Coco Chanel não teve anos de aprendizado como subalterna em nenhuma casa de costura e mais tarde foi criticada por sua falta de conhecimento técnico. Órfã de uma família pobre, passou o início de sua adolescência em um convento, antes de se tornar amante de uma série de homens ricos, um dos quais financiou sua carreira profissional. Tentou manter-se distante desse papel pouco convencional, trajando vestes relativamente simples, bem diferentes das roupas extravagantes das típicas cortesãs, e em certas ocasiões, quando cavalgava ou ia às corridas, roupas masculinas (Charles-Roux, 1975). A vantagem da sua situação estava no contato que tinha com os tipos de mulheres que mais tarde se tornariam suas clientes. Quando montou seu negócio de roupas femininas em 1908, logo fez sucesso e obteve independência financeira, representando o novo tipo de papel que começava a se tornar acessível às mulheres (De La Haye, 1994, p. 19).

No início da carreira de Chanel, a moda de luxo francesa, ou *haute couture*, era orientada para as necessidades das mulheres de classe alta que trocavam de roupa várias vezes por dia e participavam de muitos eventos sociais. A abordagem inovadora de Chanel ao desenho de moda incluiu o uso de materiais baratos, como o jérsei, antes utilizado apenas nos uniformes de trabalhadores; suas criações não apresentavam decoração ou detalhes supérfluos (Mackrell, 1992, p. 23). Suas novidades eram o vestido preto simples, que ela propunha como item básico no guarda-roupa de toda mulher, o conjunto de cardigã e o suéter, que rapidamente substituiu as blusas para várias finalidades. Suas roupas eram comparadas a uniformes e a produtos de linha de montagem, como carros. Quando surgiram, a revista *Vogue* referiu-se ao pretinho básico como "Ford com assinatura Chanel" (Charles-Roux, 1975). Suas criações eram apropriadas para mulheres de todas as classes sociais, embora só as ricas pudessem pagar as roupas que ela de fato vendia. Fáceis de copiar, seus modelos eram logo disponibilizados para uma bem diversificada clientela. Ela criou trajes para um novo estilo de vida que estava sendo adotado por jovens mulheres durante e após a Primeira Guerra Mundial, e que envolvia mais atividade física e menos limitações sociais do que nos primeiros anos do século. Ela mesma reconheceu que seu sucesso se devia à sua capacidade de entender as experiências das mulheres de sua geração: "Lanço moda precisamente porque saí do esquema estabelecido, porque fui a primeira mulher a viver plenamente a vida da minha época" (Mackrell, 1992, p. 1).

Claire McCardell, estilista norte-americana, era "de fora" em um sentido diferente da palavra. Foi treinada em uma escola de design dos Estados Unidos, onde aprendeu técnicas associadas à alta-costura, mas passou a maior parte de sua carreira como estilista para confecções de roupas femininas que atendiam o mercado de massa, durante um período em que a concepção da indústria da moda era amplamente moldada pela moda francesa e pela necessidade que o mercado norte-americano tinha de reproduzir as criações francesas. Apesar de influenciada por certas técnicas da alta-costura, McCardell ficou alheia em relação a essa tradição, por causa de sua localização geográfica e porque criava modelos para o mercado de massa, com materiais baratos e desprovidos de luxo.

Possivelmente por conta da interrupção da influência francesa sobre a indústria de vestuário norte-americana durante os anos de guerra, ela e outras estilistas que trabalhavam para confecções de escala industrial na década de 1940 (Martin, 1998, p. 9) conseguiram desafiar muitas das práticas aceitas pela indústria de vestuário da época e criar um estilo mais informal de roupas para a mulher média – o *sportswear* –, usando o *jeans* e outros materiais tradicionalmente associados às roupas masculinas. Suas criações não impunham formas ao corpo feminino, mas permitiam a interferência por parte da usuária, que podia modificar certos aspectos de um traje ou escolher como este seria usado, pois os itens eram intercambiáveis e podiam ser usados com diferentes roupas. As roupas eram amarradas ou envolviam o corpo, dando à mulher o controle sobre o modo como aderiam ao corpo. As cinturas eram ajustáveis. Os bolsos, antes inaceitáveis em roupas femininas, tornaram-se frequentes. As golas e laços podiam ser atados ou colocados de várias formas diferentes, mais uma vez proporcionando opções às clientes.

Anos depois, a filosofia por trás desse tipo de roupa foi expressa por outro estilista norte-americano, Halston, o qual declarou que as mulheres, não os estilistas, faziam as roupas, querendo dizer que a expressão individual é mais importante do que o estilo (Martin, 1998, p. 23, 87). Os modelos criados pelas estilistas eram exatamente o oposto do estilo dominante na indústria francesa de moda do período, em que as roupas apertadas, forradas e altamente estruturadas forçavam o corpo feminino a se amoldar de forma específica para se adaptar ao ideal da moda (Kirkland, 1975, p. 243). Como Chanel, McCardell afirmava que a principal influência sobre seu trabalho não fora a evolução de um dado estilo, mas seu próprio estilo de vida: "Suas melhores ideias vieram das necessidades que tinha na sua própria vida" (Kirkland, 1975, p. 250).

Mary Quant, uma terceira *outsider*, redirecionou a moda nos anos 1960, observando de perto o que as jovens usavam nas ruas de Londres. Se hoje já virou lugar-comum para os estilistas declarar que são influenciados pela "rua", na época a percepção era de que a moda emanava do estilista, não do cliente. Nesse caso, as clientes pertenciam a um enorme grupo de jovens no pós-guerra. Ela captou o que havia de único sobre a atitude das jovens mulheres nos anos 1960:

> Houve uma época em que apenas os ricos ditavam a moda, eram o *Establishment*. Agora é o vestidinho barato que vemos nas meninas na High Street [...] O que faz com que sejam importantes e diferentes é sua atitude questionadora. Seguem seu próprio conjunto de valores e ignoram os valores e padrões estabelecidos pela geração anterior [...] Não estão interessadas em símbolos de *status*. Não estão preocupadas com sotaque ou classe social; não são necessariamente nobres ou da classe trabalhadora. Tratam com ironia qualquer tipo de pretensão. Houve uma época em que as roupas eram um sinal inegável da posição social e do nível de renda de uma mulher. Mas não agora. O esnobismo está fora de moda e nas lojas vemos hoje duquesas disputando os mesmos vestidos com datilógrafas. (Quant, 1965, p. 75.)

Como Chanel, Quant não tinha treinamento (Steele, 1991, p. 134), mas, diferentemente da estilista francesa, enfrentou o problema de vender roupas baratas para o mercado de massa. Seu sucesso deveu-se à habilidade de entender sua cliente, o que compensou as inúmeras falhas no tratamento com os fabricantes (Quant, 1965). Na França, no início dos anos 1960, houve também várias estilistas que não haviam sido treinadas nas casas de alta-costura ou na indústria da moda e que inauguraram uma nova abordagem da moda feminina. Usando materiais relativamente baratos, elas criaram peças prêt-à-porter com alto teor de informalidade e originalidade, para satisfazer as necessidades das suas próprias vidas. Representaram a linha de frente de um grupo que mais tarde seria conhecido como *créateurs* ("criadores"), os estilistas do prêt--à-porter de luxo.

No início da década de 1970, a designer britânica Vivienne Westwood, também sem nenhum treinamento formal em moda, foi a primeira a reconhecer e codificar o mais influente de todos os estilos de rua, o *punk*, que, mais de duas décadas depois, continua a influenciar grandes estilistas. Westwood começou sua carreira como proprietária e gerente de uma loja que vendia modelos alternativos e anticonvencionais. Começou a vender o estilo *punk* em colaboração com o primeiro empresário da música *punk*, Malcolm McLaren (Evans & Thornton, 1989, p. 145). Lançou moda, mudando os significados das peças que adaptava ou reciclava. As agressões ao corpo ou à roupa expressavam uma atitude irônica ou niilista em relação aos valores estabelecidos. Sua versão do *punk* incluía camisetas cortadas com navalha e costuradas, simulando cicatrizes, correntes no estilo *bondage*[4] e cores chamativas no cabelo. Na esteira do *punk*, que celebrava o estilo "faça-você-mesmo", houve uma explosão de estilos e modismos semelhantes no início dos anos 1980, a maior parte dos quais intimamente ligados a bandas e estrelas da música *pop*, além de times de futebol.

Mais recentemente, cantoras como Madonna e Cyndi Lauper tornaram-se *outsiders* pouco ortodoxas, com clipes que influenciaram a forma de vestir de milhares de jovens mulheres. Em linhas de roupas baseadas nos figurinos que usavam durante suas *performances*, estas estrelas enfatizaram qualidades que são a antítese dos padrões tradi-

---

[4]   Imitação de grilhões com que se prendiam escravos ou de arreios de animais de montaria e tração (N. E.).

cionais de elegância: vulgaridade, exagero, nudez e uma aberta sexualidade.[5] Durante o final da década de 1980 e no início dos anos 1990, vários aspectos do estilo de Madonna inspiraram grandes designers em Paris e Londres. Madonna afetou a moda por causa de sua capacidade de se identificar com os diferentes estados de espírito das jovens – e interpretá-los.

Finalmente, precisamos reconhecer que algumas das mais importantes mudanças na forma como as mulheres se vestiram no século passado não foram propostas por estilistas de moda. O *jeans*, provavelmente o item de moda mais usado por ambos os sexos no final do século XX, foi inventado por um norte-americano empreendedor no meio do século XIX. A tendência para a androginia que dominou a moda feminina no século XX teve início no século XIX, nos uniformes usados por mulheres de classe média em escolas e universidades da Inglaterra e dos Estados Unidos, nos trajes usados para alguns tipos de esportes, tais como o ciclismo, e nas roupas usadas para as tarefas domésticas por mulheres da classe trabalhadora (Crane, 1999).

CONCLUSÃO: O DESENHO DE MODA E A MUDANÇA SOCIAL

A influência das mulheres como estilistas de moda passou por fases variadas, em parte devido às organizações da indústria da moda em diferentes países, em parte por causa da velocidade com que os papéis das mulheres se transformaram. Era de se esperar que as estilistas traduzissem suas experiências como mulheres em roupas adaptadas às experi-

---

[5] Madonna vendeu suas criações através de sua própria empresa, a Boy Toy (Kellner, 1994, p. 165). As criações de Lauper foram comercializadas por pequenas empresas de prêt-à-porter (Lewis, 1990, p. 101).

ências da maior parte delas; mas, de fato, estilistas homens ou mulheres em geral preferiram agir como artistas-artesões, criando roupas conservadoras mais apropriadas para as experiências das clientes de elite. Uma minoria cria roupas que expressam concepções de moda como forma de arte-moda – uma espécie de *avant-garde* ou subversão pós-modernista mais recente. As organizações em que a moda é criada produzem o efeito de isolar estilistas homens e mulheres da fonte de influência que alegam ser tão importante para eles e elas – a rua – e os impele a criar peças que sejam ou sensacionalistas ou "seguras".

As estilistas mulheres frequentemente são *outsiders* na indústria da moda, ou porque não tiveram treinamento formal, ou porque não conseguiram obter apoio financeiro para desenvolver suas ideias. A globalização dos mercados de moda, que beneficia as grandes organizações do setor, exclui ainda mais as mulheres estilistas. A predominância dos homens no desenho de moda resulta de restrições organizacionais e condições de mercado altamente competitivas. A concepção hegemônica dos papéis das mulheres expressa nas roupas pode ser explicada, em parte, como o resultado final das formas como as oportunidades ocupacionais e condições organizacionais tendem a reforçar uma interpretação conservadora dos papéis das mulheres por homens e mulheres estilistas.

Ao mesmo tempo em que estar na periferia da indústria da moda é normalmente uma desvantagem, pode ser um fator positivo durante períodos de rápida mudança social, quando aumenta a capacidade do estilista de desenvolver novas perspectivas. No passado, períodos de rápidas mudanças sociais produziram importantes evoluções nos papéis das mulheres e, ao mesmo tempo, abriram oportunidades para que estilistas mulheres e "de fora" trouxessem novas perspectivas ao design de moda feminina. A história da moda oferece exemplos de mulheres estilistas, situadas à margem da indústria da moda, que criaram novos tipos de roupas, ao responder às mudanças que estavam acontecendo na vida das mulheres.

BIBLIOGRAFIA

BECKER, Howard. *Art Worlds*. Berkeley: University of California Press, 1982.

CHARLES-ROUX, Edmonde. *Chanel: Her World, and the Woman behind the Legend She Herself Created*. Trad. Nancy Amphoux. Nova York: Knopf, 1975.

CRANE, Diana. "Clothing Behavior as Non-Verbal Resistance: Marginal Women and Alternative Dress in the Nineteenth Century". Em *Fashion Theory*, 3, junho de 1999.

_____. *Fashion and Its Social Agendas: Class, Gender, and Identity in Clothing*. Chicago: University of Chicago Press, 2000.

_____. "Globalization, Organizational Size, and Innovation in the French Luxury Fashion Industry: Production of Culture Theory Revisited". Em *Poetics*, 24.6, 1997.

CULLERTON, Brenda. *Geoffrey Beene*. Nova York: Harry N. Abrams, Inc. 1995.

DE LA HAYE, Amy. *Chanel: The Couturière at Work*. Woodstock: The Overlook Press, 1994.

_____. *The Cutting Edge: 50 Years of British Fashion, 1947-1997*. Woodstock: The Overlook Press, 1997.

DIAMONSTEIN, Barbara. *Fashion: The Inside Story*. Nova York: Rizzoli, 1985.

EPSTEIN, Eleni Saks. "Trigère". Em LEE, Sarah Tomerlin (org.). *American Fashion: The Life and Times of Adrian, Mainbocher, McCardell, Norell, Trigère*. Nova York: Quadrangle/The New York Times Book Company, 1975.

EVANS, Caroline & THORNTON, Minna. *Women and Fashion: A New Look*. Londres: Quarter Books, 1989.

GUTMAN, Jonathan & MILLS, Michael K. "Fashion Life Style, Self-Concept, Shopping Orientation, and Store Patronage: an Integrative Analysis". Em *Journal of Retailing*, 58, verão de 1982.

KELLNER, Douglas. "Madonna, Fashion and Identity". Em BENSTOCK, Shari & FERRIS, Suzanne. *On Fashion*. New Brunskwick: Rutgers UP, 1994.

KIRKLAND, Sally. "McCardell". Em LEE, Sarah Tomerlin. *American Fashion: The Life and Times of Adrian, Mainbocher, McCardell, Norell, Trigère*. Nova York: Quadrangle/The New York Times Book Company, 1975.

KRAFT, Susan. "Discounts Drive Clothes". Em *American Demographics*, 13, julho de 1991.

LEWIS, Lisa A. "Consumer Girl Culture: How Music Vídeo Appeals to Girls". Em BROWN, Mary Ellen. *Television and Women's Culture: The Politics of the Popular*. Londres: Sage, 1990.

MACKRELL, Alice. *Coco Chanel*. Londres: B. T. Batsford, 1992.

MARTIN, Richard. "Aesthetic Dress: The Art of Rei Kawakubo". Em *Arts 61*, março de 1987.

_____. *American Ingenuity: Sportswear, 1930s-1970s*. Nova York: The Metropolitan Museum of Art, 1998.

MARTIN, Richard. *Fashion and Surrealism*. Nova York: Rizzoli, 1987.

MCDOWELL, Colin. *McDowell's Directory of Twentieth Century Fashion*. Londres: Frederick Müller, 1987.

MILBANK, Caroline. *Couture: The Great Designers*. Nova York: Stewart, Tabori, and Chang, 1985.

MORGENSON, Gretchen. "The Feminization of Seventh Avenue". Em *Forbes*, 11-5-1992.

QUANT, Mary. *Quant by Quant*. Nova York: G. P. Putnam's Sons, 1965.

STEELE, Valerie. *Women of Fashion: Twentieth-Century Designers*. Nova York: Rizzoli, 1991.

STEGEMEYER, Anne. *Who's Who in Fashion*. 2ª ed. Nova York: Fairchild Publications, 1988.

WALZ, Barbara & MORRIS, Bernadine. *The Fashion Makers*. Nova York: Random House, 1978.

WILSON, Elizabeth. *Adorned in Dreams: Fashion and Modernity*. Berkeley: University of California Press, 1987.

PARTE 4

O futuro da moda e do consumo

Mudança ambiental do consumo

CONSEQUÊNCIAS PARA A IDENTIDADE DO CONSUMIDOR

Nos últimos cinquenta anos, diversas sociedades avançadas tornaram-se aos poucos "sociedades de consumo", nas quais o consumo desempenha importante papel no estímulo do desenvolvimento econômico. Cientistas, cientistas sociais, jornalistas e políticos preocupados com o futuro do meio ambiente afirmam que é insustentável a continuidade do nível e dos tipos de consumo hoje prevalecentes. De acordo com essa perspectiva, as economias devem crescer de maneira estável, em vez de se orientar pela maximização do crescimento. O consumo deve deixar de ser o motor principal do desenvolvimento econômico. A produção indiscriminada dos bens de consumo contribui para a mudança climática, para a escassez das *commodities* básicas e para o desperdício e a exaustão de diversos tipos de recursos (entre diversas expressões desse ponto de vista, ver Gabriel & Lang, 2008, e Marchand *et al.*, 2005). Os ambientalistas sustentam que é necessária uma mudança importante na natureza do consumo, no sentido de que os produtos sejam produzidos de modo a proteger o ambiente e conservar os recursos, não de modo que a obsolescência dos bens de consumo seja o objetivo principal da produção e consumo dos produtos. O significado do consumo para o consumidor deve mudar radicalmente. As bases sobre as quais os consumidores constroem suas identidades sociais através do consumo devem ser reavaliadas.

Em resposta a esses argumentos, os cientistas sociais começaram a analisar a natureza do consumo responsável ou "verde" e a estudar o grau em que as atitudes e os comportamentos dos consumidores estão mudando nessa direção. Há alguma evidência de que a relação entre consumo e identidade esteja mudando de modo a aumentar o nível de consumo responsável? Quais os fatores que inibem essas mudanças nas atitudes e nos comportamentos dos consumidores?

Examinarei três tipos de bens de consumo e as atividades que os consumidores utilizam para expressar suas identidades, a fim de demonstrar como os consumidores reagem às oportunidades relativas ao consumo responsável: 1) vestuário e o movimento na direção de uma moda ética; 2) alimentos, bem-estar dos animais e descarte do lixo domiciliar; e 3) transporte e desenvolvimento de formas alternativas de transporte. Todos são suscetíveis a uma crise de sustentabilidade que está sendo provocada pela mudança ambiental e pelo aquecimento global.

Começarei com um breve histórico da literatura sobre o consumo no campo da ciência social.

EVOLUÇÃO DA PESQUISA SOBRE O CONSUMO NO CAMPO DA CIÊNCIA SOCIAL

Por causa de sua importância para compreender a natureza das sociedades contemporâneas, o consumo como campo de estudo expandiu-se constantemente nas últimas décadas. No pós-guerra, o estudo do consumo foi dominado pelas teorias de cultura de massa as-

sociadas à Escola de Frankfurt, que considerava o consumo uma influência negativa sobre a população. Os consumidores eram conceituados
como atores passivos, cujas escolhas eram manipuladas pela cultura de
massa.

No início da década de 1980, uma "nova" sociologia de consumo
assumiu uma visão mais positiva do assunto (Rief, 2008). O consumo
foi reinterpretado como importante prática cultura e social. Os consumidores foram percebidos como atores autônomos e não passivos,
cujo comportamento e cuja ação eram moldados pela dinâmica social.
A ênfase de Giddens sobre a função das escolhas de estilo de vida na
construção da autoidentidade foi uma influência importante sobre essa
literatura (Giddens, 1991). Outra influência importante foi a teoria da
distinção de Bourdieu (1984), segundo a qual as seleções de produtos
pelos consumidores seriam motivadas pelo desejo de fazer uso dos significados simbólicos dos produtos, a fim de demonstrar gosto estético e
se distinguir dos outros.

Recentemente, essa linha de pesquisa começou a ser considerada
insuficientemente crítica e até mesmo "enaltecedora" das práticas dos
consumidores (Warde, 2002). Isso, por sua vez, levou a uma terceira e
mais crítica perspectiva: a política do consumo. Agora, em vez do consumidor passivo e do consumidor autônomo, tenta-se identificar o
consumidor político. Para o consumidor político, o consumo de certos
tipos de produtos, em lugar de outros, é uma declaração a respeito de
suas crenças e opções políticas. O consumidor político emergiu num
contexto em que a produção e o consumo de diversos bens passaram a
ser considerados perdulários e danosos ao ambiente e à fauna.

O CONSUMIDOR POLÍTICO COMO CIDADÃO

A ideia de um consumidor político parece contraditória, pois, no passado, o consumo tendia a ser considerado a antítese da atividade política (Rief, 2008, p. 565). O consumo foi enquadrado como atividade privada e apolítica, enquanto a cidadania englobaria um conjunto de atividades orientadas para o bem comum e o avanço da sociedade civil. Como Rief (2008, p. 566-567) assinala, com "o crescimento dos movimentos dos consumidores, do consumo político, verde, ético ou crítico e do anticonsumo", os papéis do consumidor e do cidadão estão ficando cada vez mais indistintos: "os consumidores são cada vez mais exortados a reconhecer que suas escolhas não são pessoais, mas têm consequências sociais e ambientais" (ver também Soper, 2007).

Podem ser identificados diversos tipos de consumo político. Os objetivos do consumo político são a promoção ou o engajamento em relação a: 1) *consumo ético*, em que os bens são produzidos de modo ético, não causam danos às pessoas ou aos animais; 2) *consumo de comércio justo*, em que os bens são adquiridos de produtores de países menos desenvolvidos a preços que permitem que vivam de modo decente e obtenham um lucro razoável; e 3) *consumo verde*, em que os consumidores tentam selecionar bens produzidos por meio de formas que respeitem o ambiente e que sejam descartados de modo similar, por meio de reciclagem e outros tipos de descarte ambientalmente favoráveis.

Esses objetivos podem ser perseguidos coletiva ou individualmente. Em âmbito coletivo, os movimentos sociais organizaram boicotes e outros tipos de sanção contra produtores que violam padrões éticos ou de comércio justo ou que produzem bens utilizando formas que prejudicam o ambiente. Em escala menor, na assim chamada *culture jamming*, pequenos grupos contraculturais procuram criar empecilhos à difusão de informações sobre certos produtos que não respeitam padrões éticos ou ambientais. *Culture jamming* significa "a apropriação de uma marca ou propaganda para fins subversivos, frequentemente políticos", inclusive a alteração de anúncios empresariais, a paródia de *sites* de empresas e organizações não governamentais (ONGs) e a apropriação de bens de consumo mediante furtos em lojas e recriação da marca" (Carducci, 2006; ver também Dubuisson-Quellier & Barrier, 2007). Carducci (2006, p. 123) sugere que: "os adeptos do *culture jamming* podem, de fato, ser a vanguarda da evolução da sociedade de consumo, estimulando os produtores a se adequar às novas expectativas do consumidor, a fim de obter vendas".

Em nível individual, o objetivo é pôr em prática padrões éticos, ambientais e de comércio justo em todos os tipos de aquisição e modos como os produtos sejam utilizados e descartados. Uma alternativa de resistência individual é a "simplicidade voluntária", identificada como "nova frugalidade, composta de temperança e simplicidade, em uma investigação em favor da qualidade; a palavra-chave [...] pode ser, em resumo, 'menos, mas melhor'" (Marchand *et al.*, 2005, p. 47). A ideia é limitar e controlar o consumo por meio de um conjunto de diretrizes que represente a correção ambiental e o consumo "responsável", em vez do envolvimento no consumo apenas para satisfazer necessidades ou caprichos pessoais. O objetivo do consumo responsável é a criação de uma sociedade mais humana e duradoura, com base nos valores da igualdade, solidariedade e frugalidade (Marchand *et al.*, 2005, p. 47).

Uma importante questão do consumo político refere-se ao poder do consumidor. Quanta influência no mercado e na economia exercem os consumidores? Dois autores finlandeses expressam a questão da seguinte maneira: "Cada consumidor pode utilizar seu poder de compra para provocar uma mudança social, levando em conta as consequências ambientais do seu consumo pessoal?" (Autio & Heinonen, 2004).

Os consumidores podem exercer poder sobre a produção de bens de duas maneiras: quando atuam coletivamente como membros de movimentos sociais e em associação com ONGs; e quando atuam individualmente no processo de tomada de decisões de compras individualizadas. Como veremos adiante, atividades de grupos de base contra marcas globais e multinacionais conseguiram alterar os significados de certos bens e, em consequência, esses produtos foram deslegitimados em seus mercados. No entanto, esse tipo de ação coletiva afetou apenas uma fração muito pequena da enorme quantidade de produtos no mercado hoje.

Até que ponto os consumidores exercem poder por meio de suas decisões econômicas individuais? (Holzer, 2006). Uma alegação é que o consumidor exerce poder no mercado por meio de sua capacidade de escolha entre diversos produtos similares disponíveis para venda. Ou, como assinala Holzer (2006, p. 405): "Os consumidores [...] só têm uma 'relação secundária' com os serviços e produtos que compram. Dependem de outros para a produção de mercadorias para eles – e, portanto, das escolhas feitas por esses consumidores".

Holzer argumenta contra a ideia de que os consumidores individuais são capazes de provocar mudança significativa no mercado em consequência de suas decisões. Em vez disso, os movimentos sociais são capazes de "transformar as escolhas individuais em afirmação coletiva" (Holzer, 2006, p. 407), que, por sua vez, provoca impacto no mercado. Os movimentos sociais influenciam as decisões dos consumidores e utilizam seu poder sobre estes para boicotar ou punir empresas. Holzer (2006, p. 406) afirma: "O consumo político significa fazer política *por meio* do mercado. Não elimina a escolha econômica individual, mas a utiliza para alcançar objetivos políticos".

Essas questões são examinadas de modo mais apropriado no contexto de tipos específicos de consumo e de decisões do consumidor, tarefa que empreenderemos na próxima seção. Em que medida a ação coletiva é orientada para essas questões? Há sinais de que os consumidores começam a se envolver no "consumo responsável"?

MOVIMENTOS SOCIAIS E AÇÃO COLETIVA: BOICOTES DE CONSUMIDORES E NICHOS ÉTICOS DE CONSUMO

As campanhas de boicote de consumidores aumentaram nas últimas duas décadas (Stolle *et al.*, 2005). Em 1999, o projeto World Values Survey revelou que 15% da sua amostragem tinham participado de diversos tipos de boicote naquele ano, aproximadamente quatro vezes a porcentagem de pessoas que participaram dessa atividade em 1974 (Stolle *et al.*, 2005, p. 247).

Os boicotes de consumidores em relação a certos produtos tendem a ser direcionados contra as políticas e práticas das corporações. Na indústria do vestuário, certas empresas, como a Nike, foram alvo de boicote devido ao uso de trabalho infantil e às condições de semiescravidão em países em desenvolvimento. Stolle *et al.* (2005, p. 249) afirmam:

> Grupos de direitos humanos obrigaram a Nike a seguir a lei indonésia e aumentar os salários, mudar o fornecedor de bolas de futebol para evitar o trabalho infantil, aumentar a idade mínima dos trabalhadores de suas fábricas no exterior e exigir que todos os fornecedores terceirizados de calçados adotassem padrões de saúde e segurança ocupacional dos Estados Unidos em relação à qualidade do ar em recinto fechado.

Os boicotes exigem grandes esforços das organizações não governamentais em nível nacional e internacional. De acordo com Rock (2003), o movimento contra as confecções com péssimas condições de trabalho começou na década de 1990. Em 1992, o Departamento do Trabalho norte-americano denunciou grandes varejistas de roupas por violação das leis trabalhistas dos Estados Unidos. No final da década de 1990, 43 ONGs norte-americanas e diversas organizações internacionais estavam envolvidas no movimento. Um movimento parecido desenvolveu-se na Europa, mais ou menos na mesma época. As ações de ativistas contra o trabalho em regime de semiescravidão incluíam "manifestações contra os varejistas, organização de acionistas para a proposta de normas contra trabalho escravo nas reuniões anuais de acionistas, exigência de revelação dos fornecedores dos países em desenvolvimento e exposição de abusos nos locais de trabalho" (Rock, 2003, p. 24). Outros ativistas desenvolveram programas terceirizados de monitoramento. Pesquisas revelaram que os consumidores estavam dispostos a pagar mais por produtos produzidos em condições éticas. O mesmo autor constatou que as revelações acerca de práticas de semiescravidão por parte de empresas multinacionais de roupas e calçados que atuavam em países em desenvolvimento levaram ao declínio do valor de mercado dessas empresas, como indicado pelos preços de suas ações.

Um objetivo indireto desse movimento foi a alteração do comportamento do consumidor, com a retirada de produtos não éticos do mercado, independentemente de mudanças em seus hábitos de compra.

O oposto do boicote é a campanha para estimular os consumidores a adquirir certos produtos que obedeçam a padrões éticos ou ambientais, como alimentos orgânicos, bens associados ao comércio justo ou ambientalmente favoráveis. O conceito de comércio justo, que surgiu na Holanda em 1988, baseia-se na premissa de que o pagamento aos produtores do Terceiro Mundo de um preço justo por seus produtos é um modo mais eficiente de estimular o desenvolvimento sustentável do que a ajuda externa (Levi & Linton, 2003, p. 415). O comércio justo requer um nível substancial de organização, em geral desempenhado por ONGs. O movimento Fair Trade (Comércio Justo) é uma rede de apoio transnacional sem fins lucrativos, cujo objetivo é modificar os valores sociais. De acordo com Levi & Linton (2003, p. 419), "o que o movimento está tentando vender é a regra de que as pessoas dos países ricos devem fomentar a justiça social global nas suas decisões de compra". O mercado para os produtos associados ao comércio justo deve ser criado por organizações de *lobby*, e os consumidores têm de ser persuadidos a comprá-los.

O movimento do café associado ao Fair Trade é um exemplo das forças e fraquezas dessa atividade (Levi & Linton, 2003). Esse movimento tentou elevar a renda de pequenos cafeicultores da América Latina. Para isso, teve de criar demanda de consumo para esse café associado ao comércio justo nos Estados Unidos e na Europa: teve de convencer os principais varejistas a vendê-lo e educar os consumidores para comprá-lo. Além disso, pressionou organizações como igrejas, entidades governamentais e escolas para adquiri-lo. Apesar dessas iniciativas, a participação de mercado do café tipo Fair Trade continua muito pequena, pois o movimento não causou nenhum impacto sobre as grandes empresas que comercializam o café relativamente barato vendido nos Estados Unidos. Levi & Linton (2003, p. 429) concluem que uma mudança substancial no bem-estar social dos pequenos produtores e agricultores de café só ocorrerá como resultado de "imposição, por governos e organizações não governamentais internacionais, de padrões trabalhistas e ambientais a todas as empresas do mundo".

Na área dos transportes, parece que os governos locais e nacionais podem desempenhar funções importantes, promovendo a disponibilidade, para o consumidor, de bicicletas de aluguel e de compartilhamento de automóveis. Na França, recentes experiências sugerem que é possível incrementar a utilização de bicicletas em grandes cidades, como Paris, disponibilizando-as para aluguel em toda a cidade, e que o público é receptivo à ideia de alugar, por curtos períodos durante o dia, automóveis que não têm de ser devolvidos ao seu ponto de origem. Em muitas cidades, em particular nos Estados Unidos, não existem sistemas de transporte público adequados, na forma de ônibus e trens locais. Em outras palavras, o comportamento relativo ao transporte ambientalmente correto tenderá a acontecer em grande escala se os governos disponibilizarem imediatos recursos e instalações ao consumidor.

A legislação governamental pode ter um considerável impacto sobre as atitudes. Na União Europeia (UE), diversos governos locais decretaram a reciclagem. Em consequência, grandes contingentes de cidadãos, na maioria dos países da UE, esperam que seus conterrâneos selecionem e reciclem seu lixo (European Commission, 2008, p. 26).

Uma ação coletiva diferente é o movimento de moda sustentável que está surgindo nas margens da indústria de moda, em alguns países ocidentais; para uma crítica desse movimento, ver Tseëlon (2009). O movimento é definido em termos gerais e incorpora diversos temas afins. De acordo com Woods (2006), inclui: 1) roupas de segunda mão, *vintage* ou "retrô"; 2) roupas recicladas e reformadas, às vezes chamadas de "moda *slow*"; 3) roupas novas confeccionadas de modo sustentável, menos exploradoras de pessoas, de animais e do ambiente; e 4) roupas com etiquetas de comércio justo.

As empresas que procuram produzir roupas de modo ético têm dois objetivos importantes. O primeiro é eliminar as confecções com péssimas condições de trabalho na produção de vestuário nos países em desenvolvimento; esse objetivo é atingido mediante o pagamento de salários razoáveis e a confecção de roupas em fábricas que constituem ambientes saudáveis. O segundo é utilizar materiais e procedimentos de produção que protejam o ambiente, em vez de destruí-lo; certos materiais, como a lã, exigem quantidades imensas de água para se transformar em roupas, e esse tipo de produção não será sustentável no futuro, pois a disponibilidade de água diminui em todos os lugares. O objetivo da moda ética não é reduzir ou eliminar o consumo de vestuário, mas substituir os bens de consumo por produtos menos prejudiciais ao ambiente, tanto social quanto materialmente.

Em sua maioria, as empresas que produzem moda sustentável ou ética são pequenas e relativamente novas. Beard (2008) afirma que o período entre 2006 e 2008 foi um divisor de águas para o movimento na Grã-Bretanha: "A moda sustentável deixou de ser um nicho filantrópico e passou a ser uma realidade comercial". Atualmente, na Grã-Bretanha, há um importante nicho de mercado para esses produtos. Grandes empresas de roupa, como a Marks and Spencer, estão participando do movimento. A London's Fashion Week acrescentou um espaço de exposição denominado Esthetica para essas empresas. Hoje, existem duas revistas dedicadas à moda sustentável. Na Grã-Bretanha, as vendas da moda sustentável e ética e os boicotes associados ao vestuário estão aumentando com rapidez, embora ainda representem uma pequena fração dos gastos totais com vestuário (Ethical Consumerism Report, 2008).

Até as empresas de moda de luxo começam a se juntar ao movimento. Em meados da década de 1990, estilistas parisienses de vanguarda experimentaram o uso de roupas de segunda mão para suas coleções, como modo de se manifestar a respeito do luxo. Nos dez últimos anos, as empresas de moda de luxo francesas começaram a reduzir o consumo de energia na produção dos seus produtos e a exigir práticas de trabalho justas de seus fornecedores e subcontratantes (Kahn, 2009) e estão promovendo o conceito de "luxo ético", isto é, de produtos que definem seus proprietários ou consumidores como pessoas com consciência humana e ecológica (Smale, 2007).

A resistência do consumidor ao consumo de tendências da moda tende mais a ocorrer como parte de pequenos movimentos sociais que se envolvem nos boicotes de certos produtos e no futuro do *culture jamming*. Na década de 1970, o estilo de vestuário associado à música *punk* pode ser interpretado como um dos primeiros exemplos de *culture jamming*, e é notável como a indústria da moda absorveu com sucesso essa prática. Os temas do *punk* ainda influenciam as tendência da moda e "a rua". Novas formas de *culture jamming* ainda são receptivas à cooptação pelos seus alvos.

CONSUMO RESPONSÁVEL: ATITUDES, IDENTIDADE E ESTILO DE VIDA

Diversos fatores influenciam o comportamento dos consumidores (Anable *et al.*, 2006). Os fatores subjetivos incluem valores, atitudes, identidade e *status* social. Entre os fatores objetivos, incluem-se conhecimento/consciência das consequências e limitações dos recursos. O comportamento do consumidor também é influenciado pela cultura de grupo, por regras compartilhadas e por controvérsias sociais. Os conceitos de hábitos e estilos de vida são modos de interpretar as inter-relações desses fatores e as variações entre os consumidores dos modos como combinam níveis diferentes desses atributos. A maioria dos estudos analisou as relações entre atitudes referentes a certos tipos de consumo verde e constatou uma discrepância entre atitudes e comportamentos. As atitudes favoráveis não necessariamente conduzem a comportamentos comparáveis. Um estudo recente realizado pelo sistema interativo de buscas Eurobarometer (European Commission, 2008), em todos os 27 países-membros da União Europeia, constatou que "enquanto 75% dos entrevistados da pesquisa afirmaram-se prontos para adquirir produtos ambientalmente favoráveis mesmo se forem mais caros, apenas 17% realmente fez isso no mês anterior à pesquisa".

MODA E CONSUMO RESPONSÁVEL

Entre os consumidores de todos os tipos de produtos, os consumidores de moda exibem a imagem mais desfavorável. Estes tendem a ser caracterizados como "vítimas", incapazes de controlar seus hábitos de gasto e de resistir à compulsão de comprar roupas ridículas ou horrorosas. De fato, nas poucas pesquisas já realizadas, a maioria das mulheres nega que tenha interesse em moda, o que pode explicar por que muitas tendências promovidas pela indústria da moda não conseguem gerar vendas substanciais (Crane, 2000). As mulheres interessadas em moda tendem a pertencer a um grupo social ou a uma subcultura cujos membros compartilham do mesmo interesse. De acordo com Kawamura (2006), a moda seria "uma atividade coletiva, que surge de certas relações sociais entre os membros de uma subcultura".

Os fatores demográficos estão gradualmente reduzindo o consumo de vestuário no Ocidente, enquanto o consumo de vestuário começa a crescer nas economias emergentes. O consumo de vestuário de moda é muito dependente da disponibilidade de renda. Nas economias emergentes, como as da Europa Ocidental e dos Estados Unidos, no final do século XIX, e as dos países da Ásia e da América Latina, atualmente, as mulheres jovens, que estão empregadas pela primeira vez, tendem a ser ávidas consumidoras de roupa de moda, principalmente se for barata. Ao longo do tempo, à medida que os consumidores transferem seu gasto para outras categorias de produtos, cai a porcentagem de sua renda alocada em vestuário, como foi o caso na França desde 1960 (Lacroix, 2009). Quando a renda disponível declina abruptamente, como ocorreu há pouco devido à crise econômica na Europa Ocidental e nos Estados Unidos, o consumo de vestuário de moda diminui imediatamente. É o caso entre os consumidores da assim chamada *fast fashion* (H&M, Zara) e entre os consumidores de marcas de luxo. No entanto, nos países em desenvolvimento, a única área em que o consumo continuou a se expandir desde a recente crise econômica é a do vestuário. O gasto em vestuário por habitante ainda está crescendo.

Pouco se sabe a respeito do consumidor de moda sustentável e ética. Um pequeno estudo a respeito de consumidores jovens, entre 20 e 25 anos, na Grã-Bretanha e na Alemanha (Joergens, 2006), sugere que as jovens mulheres estão relativamente conscientes das questões éticas e ambientais que cercam a produção de vestuário, mas estão mais preocupadas com a imagem, o estilo e o preço de suas compras reais. Nos países em desenvolvimento, as notícias na mídia a respeito de comportamento empresarial não ético não parecem desestimular jovens mulheres a comprar produtos fabricados sob essas condições. Outros estudos a respeito de consumidores verdes sugerem que os jovens podem entender a importância da moda ética, mas não tendem a concentrar suas compras nessa direção. O mercado da moda sustentável e ética pode consistir de mulheres mais velhas, que tendem menos a seguir as últimas tendências da moda. Um estudo do conhecimento das jovens mulheres a respeito da importância de reutilização e reciclagem têxtil constatou que era limitada a compreensão das entrevistadas a respeito da importância desses comportamentos (Morgan & Birtwistle, 2009).

ALIMENTOS, GESTÃO DO LIXO E CONSUMO RESPONSÁVEL

Holzer (2006, p. 405) lembra que "a variedade incrível de marcas e mercadorias" existia mesmo em meados do século XIX, quando Marx referia-se à "imensa acumulação de mercadorias". O resumo dessa acumulação é encontrado em um supermercado moderno. Uma categoria importante de compras de consumo consiste de artigos alimentícios e produtos para o lar. As duas classes de produtos entram no lar em embalagens que vão requerer reciclagem e outras formas de descarte de lixo se forem respeitadas as novas regras ambientais. Nessa área, diversos estudos de consumidores fornecem informações acerca das características e atitudes do "consumidor verde".

O consumo verde, o qual surgiu como movimento na década de 1980 (Harper & Makatouni, 2002, p. 289), é em geral definido como "um 'conceito multifacetado' que inclui: preservação do ambiente, minimização da poluição, uso responsável de recursos não renováveis e bem-estar animal e preservação de espécies... um processo de compra baseado em critérios ambientais ou sociais" (McEachern & McClean, 2002, p. 86).

Um aspecto do consumo verde é a compra de alimentos orgânicos. Embora o mercado desses alimentos esteja se expandido rapidamente, suas vendas representam uma proporção muito pequena de todas as vendas de produtos alimentícios: média de 1,4%, em dez países da Europa Ocidental, em 2000 (Synergie Consultants for the Organic Market, 2002; em 2009, na França, a proporção era de 1,7%; ver Clavreul, 2009). Essa situação foi atribuída ao fato de que o público é informado de modo insuficiente a respeito desse tipo de alimento e não confia na informação prestada pela indústria alimentícia. Os consumidores são ou "superinformados" ou "ignorantes" (McEachern & McClean, 2002, p. 86). Os motivos para as compras de alimentos orgânicos são, principalmente, a saúde e a segurança alimentar; as preocupações éticas a respeito do bem-estar animal são secundárias (Harper & Makatouni, 2002, p. 287).

Os estudos empíricos verificam consistentemente uma relação entre o consumo verde, a educação e a classe social (McEachern & McClean,

2002, p. 91; Tilikidou & Delistavrou, 2008). Isso ocorre em diversos estudos, incluindo tendências de compra de alimentos orgânicos, preocupações acerca do bem-estar animal e envolvimento na reciclagem e descarte de lixo ambientalmente favoráveis. Outros estudos mostraram que as pessoas bem informadas a respeito das consequências ambientais do seu comportamento não apresentam mais probabilidade de adquirir produtos verdes.

Os consumidores verdes são jovens? Como os consumidores de moda (que também tendem a ser relativamente jovens), os consumidores jovens, em geral, têm uma reputação de "gasto descuidado e obsessão com gratificação de curto prazo" (Autio & Heinonen, 2004). Foram descritos como "hedonistas em busca de prazer", cuja preocupação é, principalmente, sua imediata satisfação própria, não em relação ao futuro do planeta. Um estudo a respeito do consumo verde entre os consumidores jovens finlandeses constatou que suas atitudes e comportamentos eram frequentemente contraditórios (Autio & Heinonen, 2004). Eles eram tanto materialistas quanto ambientalmente conscientes, mas apenas uma pequena minoria desenvolveu um estilo de vida genuinamente verde.

AUTOMÓVEIS E CONSUMO RESPONSÁVEL

Os automóveis são a principal fonte de poluição ambiental e também uma forma importante de consumo ostensivo e de desperdício de produtos. Todos os anos, milhões de carros ainda utilizáveis ou facilmente reparáveis são inutilizados (Nieuwenhuis, 2009). Há certa evidência de que os consumidores estão se tornando mais críticos em relação aos efeitos dos automóveis sobre o ambiente, mas, como em outros tipos de consumo, há uma grande discrepância entre atitudes e comportamentos. Um estudo da Comissão Europeia constatou que 80% dos cidadãos europeus concordam que o tipo de carro e o modo como as pessoas utilizam seus automóveis provocam fortes impactos sobre o ambiente (European Commission, 2007). Um estudo posterior verificou que só 17% tendem a mudar seu estilo de vida e hábitos de consumo, passando a utilizar com menos frequência seus carros e a comprar produtos verdes (European Commission, 2008).

Na Holanda, um estudo recente procurou avaliar os fatores relacionados à aquisição de carros ambientalmente favoráveis (Van Rijnsoever *et al.*, 2009). O questionário incluiu perguntas a respeito das atitudes dos entrevistados em relação aos automóveis e às características do veículo que compraram mais recentemente. Embora dois terços da amostra indicassem que os efeitos de um carro sobre o ambiente – como emissões de gases que provocam o efeito estufa e emissões de produtos químicos poluentes – eram dignos de nota, apenas 11,5% adquiriram carros que minimizavam os efeitos ambientais negativos. Quem havia comprado veículos ambientalmente favoráveis eram as pessoas que consideravam os carros como bens muito importantes e que, em consequência, haviam buscado informações a seu respeito. Em outras palavras, as atitudes positivas em relação à proteção do ambiente não estavam diretamente relacionadas a um comportamento pertinente, mas eram mediadas por outras variáveis, como o envolvimento em certo tipo de atividade, que levava à busca de informações e, indiretamente, a uma aquisição ambientalmente amigável.

Na Grã-Bretanha, de forma aparentemente incomum, o carro é "o objeto mais contestado da cultura material contemporânea" (Horton, 2003, p. 76). O ativismo verde britânico inclui abrir mão do carro e protestar contra o uso de veículos e a construção de estradas.

CONSUMO VERDE COMO UM ESTILO DE VIDA DA CLASSE MÉDIA ALTA

Embora a classe social esteja associada ao consumo verde, ocorrem dentro das classes variações que podem ser explicadas por intermédio dos conceitos de estilo de vida e hábitos. O consumo verde não é um comportamento de classe unitário e indiferenciado, mas consiste de diversos grupos comportamentais distintos. Tanto o consumo verde como outras atividades associadas a estilos de vida são afetados por valores e atitudes que variam em níveis de compromisso. Haanpää (2007) afirma:

> 🍖 O consumo verde pode ser considerado uma expressão baseada em estilo de vida relativa a uma preocupação do consumidor individual acerca do estado do ambiente, e, portanto, diferentes elementos baseados em estilo de vida provavelmente influenciam as atitudes verdes do consumidor e o seu comportamento.

O consumo verde pode ser considerado uma expressão de compromissos ideológicos, em particular valores pós-materialistas e pós--modernos, como ênfase na qualidade de vida, na autoexpressão e na liberdade de escolha. Também há evidência de que certos grupos dentro da classe média – especialmente grupos altamente instruídos, cujos membros trabalham em serviços públicos e na educação – têm uma afinidade específica em relação ao movimento ambientalista.

Horton (2003) descreve o estilo de vida dos ativistas ambientais britânicos, muito comprometidos com os valores ambientais e o desempenho de uma identidade verde. Para esse autor, o desempenho de uma identidade verde refere-se à

> 🍖 decretação contínua, frequente e rotineira dos códigos culturais verdes promovidos pelos discursos do ambientalismo contemporâneo, que produz um estilo de vida distintivo. As identidades verdes dos

> ativistas ambientais são [...] desempenhadas ao longo da vida diária (Horton, 2003, p. 64).

São pessoas que pertencem à classe média, mas estão comprometidas com valores, não com interesses de classe. Seu consumo verde é parte de um estilo de vida inconfundível. Mesmo dentro desse grupo, há níveis diferentes de compromisso, representados pelos "reformistas", que trabalham em estruturas políticas existentes, e pelos "radicais", que preferem trabalha fora dessas estruturas, por meio da "ação direta". Um nível elevado de compromisso com o ambientalismo e o consumo verde é facilitado pela participação em redes sociais de pessoas com ideias afins, por um ambiente urbano em que os partidos políticos liberais floresceram, e pela disponibilidade de lojas com produtos alimentícios verdes para pronta entrega e de locais de "reunião e alimentação" verdes.

É significativo que, como afirma Horton (2003, p. 70), "a comida é muito importante para o desempenho da identidade verde entre os ativistas ambientais [...] A comida é um ingrediente importante da diferenciação verde". Outra prática distintiva desse grupo é a ausência da posse do automóvel, que limita suas atividades a certa área, o que, por sua vez, promove o desempenho dos códigos culturais verdes. Horton conclui que o consumo verde não só é produto da informação e educação, mas também depende da existência de "materiais, tempos e espaços", onde as identidades verdes podem ser desempenhadas; ele afirma: "A maior adoção de estilos de vida verdes depende da extensão da arquitetura verde, sobre a qual os desempenhos verdes dos ativistas ambientais dependem atualmente" (Horton, 2003, p. 75).

As redes de ativistas ambientais podem não ser muito acessíveis às pessoas da classe baixa ou trabalhadora. Seguindo os resultados de pesquisa feita na Noruega, a qual revelou que os jovens do segmento humanista-social da classe média eram super-representados nas organizações ambientais, Strandbu & Krange (2003) procuraram identificar orientações culturais e atitudes entre os membros dessas organizações que seriam barreiras simbólicas a dificultar, aos jovens da classe trabalhadora que não partilhavam dos mesmos hábitos, o acesso a essas organizações, embora não houvesse intenção de excluí-los. Os membros da classe média daquelas organizações apresentariam uma visão mais abstrata e filosófica das questões ambientais, em comparação com a orientação mais prática, de senso comum, em relação ao ambiente por parte dos jovens da classe trabalhadora. Os membros das organizações deveriam dispor de certos contatos, recursos pessoais e habilidades que produziriam uma aura de exclusividade social. Aparentemente, os membros da classe média teriam adquirido as atitudes e comportamentos necessários como consequência da sua educação, de acordo com os conceitos de Bourdieu a respeito dos hábitos e capital cultural.

DISCUSSÃO

Estudos a respeito do consumo responsável em nível individual revelaram que as atitudes em relação ao ambiente explicam em grau muito limitado o comportamento ambientalmente favorável. A maioria dos consumidores não tende a se envolver no consumo responsável de conformidade com suas atitudes. Não parece verdadeira a suposição de que, se informados acerca das implicações ambientais do seu comportamento, os consumidores se engajariam em um comportamento de proteção do ambiente. A preocupação em um sentido muito geral com o ambiente não leva necessariamente a certos comportamentos, como a reciclagem, que o protegem. O consumidor médio estaria mais propenso a agir de acordo com suas crenças no contexto de boicotes ou movimentos de comércio justo, organizados por movimentos sociais ou políticos, do que na tomada de decisões individuais para a compra de produtos. Em certos casos, os governos estão começando a legislar sobre o comportamento do consumidor verde, como na recente diretiva da União Europeia de paulatina substituição das lâmpadas incandescentes de vidro fosco por lâmpadas fluorescentes (Kanter, 2009).

Diversas explicações foram propostas para esses resultados. Em primeiro lugar, como os produtos que atendem padrões ambientais ou éticos são em geral mais caros, os consumidores de baixa renda podem enfrentar limitações orçamentárias para realizar essas compras. A renda e a classe social estão relacionadas ao consumo responsável. Em segundo lugar, os consumidores têm dificuldade em concretizar suas crenças, pois a linha de ação correta pode não ser clara. Decidir que produtos atendem aos padrões ambientais ou éticos é difícil. Os critérios para tomada dessa decisão costumam ser ambíguos e de difícil aplicação em certos casos (Potet, 2009). Em consequência, o boicote ao consumo de um dado artigo (ou artigos), produzido (ou produzidos) por uma dada empresa, desonera o consumidor da tarefa de avaliar os produtos por si mesmo.

Em terceiro lugar, os argumentos dos ambientalistas podem não convencer diversos consumidores. Para Macnaghten (2003), esses argumentos são muitas vezes formulados em termos genéricos, não suficientemente relevantes para o comportamento e as práticas cotidianas de muitas pessoas. Para compreender como se reage à informação acerca da deterioração ambiental, temos de levar em consideração como as pessoas se relacionam com o ambiente em seu dia a dia. Macnaghten (2003, p. 64) afirma que os modos como as questões ambientais são enquadradas pelos discursos do governo, da mídia e das ONGs não são suficientemente significativos em comparação com os modos como o grande público vivencia e avalia o ambiente em sua vida diária. Tais enquadramentos mostram as ameaças ao ambiente em termos muito gerais, como "salvar o planeta", ao passo que o grande público vivencia o ambiente de uma maneira muito pessoal, como uma fonte de prazer e alívio dos estresses da vida cotidiana. O público depara com controvérsias a respeito do futuro do planeta, em que especialistas e servidores públicos adotam lados diferentes, mas, ao mesmo tempo, sua confiança nas instituições públicas diminuiu constantemente. Macnaghten (2003, p. 82) conclui que há uma necessidade de "envolver-se com as pessoas *em seus próprios termos*, como indivíduos responsáveis e capazes, repercutindo mundos de vida diferentes mediante particulares vividos". Em sua pesquisa, esse autor constata que as percepções das questões ambientais variam, dependendo do modo como pescadores amadores, apicultores, praticantes de esportes ao ar livre, ativistas de comunidades locais, membros de grupos nacionais e internacionais de pressão ou ajuda, etc. interagem com o ambiente.

Em quarto lugar, a maioria dos estudos de consumidores enfoca atitudes relativas ao ambiente ou questões éticas referentes à produção de certos produtos. Stets & Biga (2003) sustentam que as atitudes dos consumidores só podem ser entendidas em relação às concepções de suas identidades. As identidades são grupos de atitudes que os indivíduos desenvolvem como resultado do seu ambiente social específico.

> A teoria da atitude, baseada na psicologia, enfoca como os indivíduos fazem escolhas ou tomam decisões com respeito a dado objeto ou dada situação. A teoria da identidade, baseada na sociologia, enfoca não só as escolhas dos indivíduos, mas como as pessoas, que são multifacetadas e estão integradas na estrutura social, orientam essas escolhas [...] A teoria da identidade [...] vincula os indivíduos a uma estrutura social maior, de um modo que a teoria da atitude não leva em conta (Stets & Biga, 2003, p. 399).

Vale dizer que as atitudes relativas ao ambiente só podem ser compreendidas em relação a outros tipos de atitudes. Os mesmos autores sustentam que o indivíduo tem múltiplas identidades e definem a identidade ambiental como "o conjunto de significados ligados à personalidade, à medida que a pessoa interage com o ambiente natural" (Stets & Biga, 2003, p. 409). O efeito da identidade ou comportamento ambiental depende das demandas conflitantes das outras identidades mantidas pelo indivíduo (Stets & Biga, 2003, p. 420). Um dado comportamento não é escolhido com base em decisões pessoais e distintas, mas depende da participação do ator na estrutura social mais ampla e nas suas redes sociais. Outro modo de expressar essa ideia é por meio do conceito de estilo de vida.

CONCLUSÃO

Neste artigo, investigaram-se questões associadas a mudanças no comportamento e na identidade do consumidor, necessárias por causa da deterioração do ambiente e dos problemas do consumo sustentável. Geralmente, as atitudes do público relativas ao consumo verde são favoráveis, mas o comportamento associado a esse tipo de consumo continua sendo atividade de uma minoria. Em vez de examinar atitudes específicas e sua relação com comportamentos específicos, é mais útil investigar essas questões por meio de abordagens alternativas. Por um lado, a pesquisa de efeitos do comportamento coletivo sobre o consumo verde, tais como movimentos sociais, boicotes, iniciativas de comércio justo e legislação governamental, demonstrou que essas atividades influenciam o consumo de modos importantes. No nível individual, é preciso reconhecer que o comportamento associado ao consumo verde constitui um grupo de comportamentos, que tendem a ser aplicados como parte de um dado estilo de vida, em que o indivíduo é apoiado por redes sociais e instalações apropriadas em seu ambiente. Gabriel & Lang (2008, p. 337) preocupam-se com a "intransigência dos governos, das indústrias e dos consumidores em mudar a política e o comportamento". Em última análise, o objetivo é alterar o comportamento do consumidor, mas será um esforço descomunal provocar mudanças de estilos de vida que facilitem um amplo consumo verde.

BIBLIOGRAFIA

ANABLE, J. et al. *An Evidence Based Review of Public Attitudes to Climate Change and Transport Behavior*. Londres: the Department of Transport, 2006.

AUTIO, M. & HEINONEN, V. "To Consume or Not to Consume? Young People's Environmentalism in The Affluent Finnish Society". Em *Young: Nordic Journal of Youth Research*, 12, 2004.

BEARD, N. "The Branding of Ethical Fashion and the Consumer: a Luxury Niche or Mass Market Reality?". Em *Fashion Theory*, 12, 2008.

BOURDIEU, Pierre. *Distinction*. Cambridge: Harvard University Press, 1984.

CARDUCCI, V. "Culture Jamming: a Sociological Perspective". Em *Journal of Consumer Culture*, 6, 2006.

CLAVREUL, L. "La filière bio commence à être victime de son succès". Em *Le Monde*, 1º-9-2009.

CRANE, Diana. *Fashion and Its Social Agendas: Class, Gender and Identity in Clothing*. Chicago: University of Chicago Press, 2000.

DUBUISSON-QUELLIER, S. & BARRIER, J. "Protesting against The Market: From Individual Practices to Collective Action. The Case of Anti-Advertising Groups in France". Em *Revue française de science politique*, 57, 2007.

ETHICAL CONSUMERISM Report, 2008. Disponível em http://goodwithmoney.co.uk/ethical-consumerism-report-08.

EUROPEAN COMMISSION. *Flash Eurobarometer. Attitudes on issues related to EU Transport Policy*. Brussels: European Commission – Energy and Transport, 2007.

_____. *Special Eurobarometer. Attitudes of European Citizens towards the Environment*. Brussels: European Commission – Environment, 2008.

GABRIEL, Y. & LANG, T. "New Faces and New Masks of Today's Consumer". Em *Journal of Consumer Culture*, 8, 2008.

GIDDENS, Anthony. *Modernity and Self-Identity*. Cambridge: Polity Press, 1991.

HAANPÄÄ, L. "Consumers' Green Commitment: Indication of a Postmodern Life Style?" Em *International Journal of Consumer Studies*, 31, 2007.

HARPER, G. C. & MAKATOUNI, A. "Consumer Perception of Organic Food Production and Farm Animal Welfare". Em *British Food Journal*, 104, 2002.

HOLZER, B. "Political Consumerism between Individual Choice and Collective Action: Social Movements, Role Mobilization and Signaling". Em *International Journal of Consumer Studies*, 30, 2006.

HORTON, D. "Green Distinctions: the Performance of Identity among Environmental Activists". Em *The Sociological Review*, 51 (s2), 2003.

JOERGENS, C. "Ethical Fashion: Myth or Future Trend?". Em *Journal of Fashion Marketing and Management*, 10, 2006.

KAHN, J. "Luxury Sector Revamps its Message". Em *International Herald Tribune,* 27-3-2009.

KANTER, J. "Europe Sees the Light and it's Fluorescent". Em *International Herald Tribune*, 1-9-2009.

KAWAMURA, Yuniya. "Japanese Teens as Producers of Street Fashion". Em *Current Sociology*, 54, 2006.

LACROIX, C. *Les dépenses de consommation des ménages en biens et services culturels et telecommunications*, 2009. Disponível em http://www.culture.gouv.fr./nav/index-stat.html.

LEVI, M. & LINTON, A. "Fair Trade: a Cup at a Time?". Em *Politics and Society*, 31, 2003.

MACNAGHTEN, P. "Embodying the Environment in Everyday Life Practices". Em *The Sociological Review,* 51, 2003.

MARCHAND, A.; DE CONINCK, P.; WALKER, S. "La consommation responsable: perspectives nouvelles dans les domaines de la conceptions de produit". Em *Nouvelles pratiques sociales*, 18, 2005.

McEACHERN, M. G. & McCLEAN, P. "Organic Purchasing Motivations and Attitudes: Are They Ethical?". Em *International Journal of Consumer Studies*, 26, 2002.

MORGAN, L. R. & BIRTWISTLE, G. "An Investigation of Young Fashion Consumers' Disposal Habits". Em *International Journal of Consumer Studies*, 33, 2009.

NIEUWENHUIS, P. "From Banger to Classic: a Model for Sustainable Car Consumption?". Em *International Journal of Consumer Studies*, 32, 2009.

POTET, F. "J'ai testé pour vous l'écologie au quotidien". Em *Le Monde 2*, 18-7-2009.

RIEF, S. "Outlines of a Critical Sociology of Consumption: Beyond Moralism and Celebration". Em *Social Compass*, 2, 2008.

ROCK, M. T. "Public Disclosure of the Sweatshop Practices of American Multinational Garment/Shoe Makers/Retailers: Impacts on Their Stock Prices". Em *Competition and Change*, 7, 2003.

SMALE, A. "At Luxury Conference, Ethics are in Vogue". Em *International Herald Tribune*, 29-11-2007.

SOPER, K. "Rethinking the 'Good Life': the Citizenship Dimension of Consumer Disaffection with Consumerism". Em *Journal of Consumer Culture*, 7, 2007.

STETS, J. E. & BIGA, C. F. "Bringing Identity Theory into Environmental Sociology". Em *Sociological Theory*, 21, 2003.

STOLLE, D.; HOOGHE, M.; MICHELETTI, M. "Politics in the Supermarket: Political Consumerism as a Form of Participation". Em *International Political Science Review*, 26, 2005.

STRANDBU, A. & KRANGE, O. "Youth and the Environment Movement: Symbolic Inclusions and Exclusions". Em *The Sociological Review*, 51, 2003.

SYNERGIE CONSULTANTS FOR THE ORGANIC MARKET. *The specialized trade for organic products in Europe*. Charlotte: Synergie Consultants, 2002. Disponível em www.synergie-online.com.

TILIKIDOU, I. & DELISTAVROU, A. "Types and Influential Factors of Consumers' Non-Purchasing Ecological Behaviors". Em *Business Strategy and the Environment*, 18, 2008.

TSEËLON, Efrat. "The Fallacy of Ethical Fashion". Artigo apresentado em *Conference on Fashions: Business Practices in Historical Perspective, Joint Annual Meeting of the Business History Conference and the European Business History Association*, Milão, Università Commerciale Luigi Bocconi, 11-6-2009.

VAN RIJNSOEVER, F.; FARLA, J.; DIJST, M. J. (2009), "Consumer Car Preferences and Information Search Channels". Em *Transportation Research Part D*, 14, 2009.

WARDE, Alan. "Setting the Scene: Changing Conceptions of Consumption". Em MILES, S.; ANDERSON, A.; MEETHAN, K. (orgs.). *The Changing Consumer: Markets and Meanings*. Londres: Routledge, 2002.

WOODS, V. "Moral fibre". Em *Vogue UK*, 172, nº 2499, outubro de 2006.

Tendências da moda e mundos globais

O SISTEMA DA MODA NO NÍVEL GLOBAL

No passado, a palavra "moda" era utilizada de modo abrangente como referência a mudanças que ocorriam nos estilos de vestuário. Nos últimos vinte anos, aproximadamente, foi aos poucos substituída pelo termo "tendências".[1] Essa alteração na terminologia reflete uma importante mudança na maneira como os sistemas da moda funcionam.

Neste artigo, discutirei: 1) como as tendências da moda se originam e se difundem para o público; e 2) como a globalização afetou a resposta da indústria da moda às tendências. Demonstrarei que as respostas a essas questões mudaram no passado recente. Em vez de conceituar a moda como *criada* por estilistas, tendemos agora a falar a respeito de tendências da moda como *localizadas* por especialistas na e em torno da indústria da moda. Em vez de conceituar a difusão da moda como um processo de movimento dos estilistas para as elites e daí para o grande público, é mais apropriado falar em um processo de orquestração na

---

[1] Entre os caçadores de tendências, "tendência" aplica-se a um aspecto específico da mudança cultural. De acordo com um especialista (Grégoire, citado por Roux, 2009), uma tendência de curto prazo, que dura entre quinze dias e seis meses, é um *fenômeno*. No passado, isso era frequentemente chamado de "modismo". Uma "tendência" é definida como algo que dura entre um e três anos. Uma "influência" dura mais de três anos. Ver também Erner (2008).

indústria que leva à aceitação generalizada de determinadas tendências. Embora as tendências da moda tenham sido transnacionais por centenas de anos, a indústria da moda tornou-se cada vez mais globalizada na segunda metade do século XX, quando a terceirização da manufatura por intermédio de cadeias globais de bens tornou-se corriqueira (Gereffi, 1994). O nível de globalização alcançou um máximo no final do século XX, com o surgimento de um mundo global da moda, em que pequeno número de empresas domina a produção e a disseminação global da moda.

CRIAÇÃO *VERSUS* LOCALIZAÇÃO DE TENDÊNCIAS DA MODA

A questão das origens das tendências da moda assume duas formas: 1) Quem cria as tendências de vestuário? 2) Quem localiza as tendências de vestuário? Por mais de um século na história da moda do Ocidente, a ênfase recaiu sobre a primeira questão: as tendências de vestuário na forma de uma moda dominante eram criadas pelos estilistas. Recentemente, como consequência de grandes mudanças no sistema da moda, tornou-se mais apropriado falar da localização de tendências da moda.

Em meados do século XIX, os costureiros franceses adquiriram a autoridade simbólica de criar, a cada estação, novos estilos de vestuário amplamente seguidos em todo o mundo ocidental e em alguns países asiáticos, como o Japão. Dentro do estilo dominante, as mudanças de uma estação para outra tendiam a envolver alterações em detalhes da construção do vestuário, como o comprimento das mangas ou do decote. De vez em quando, ocorriam modificações relativamente abruptas de um estilo dominante para outro, como na troca de saias longas e espartilhos por saias curtas e uma silhueta delgada e de menino, promovida por Chanel no início do século XX, entre outras.

Na década de 1970, o sistema da moda deixou de ser "uma indústria altamente centralizada, onde novas tendências eram difundidas de um único lugar: Paris" (Rinallo & Golfetto, 2006), e se tornou cada vez mais complexo. Conforme a globalização avançava, desenvolviam-se novos mercados e lugares para produção. A confecção de roupa da moda ficou mais diversificada. Hoje, acontece em diversos setores: alta-costura, prêt-à-porter, varejo de marcas conhecidas e indústrias de mercado de massa. Os estilistas de moda existem em diversos países ocidentais ou não. Quatro cidades, além de Paris, são grandes centros de criação de moda de luxo: Londres, Nova York, Milão e Tóquio; mas diversas outras cidades, grandes e pequenas, desenvolveram mundos da moda. Os criadores profissionais das tendências da moda não incluem apenas estilistas de moda em diversos níveis do mercado, mas também criadores de tecidos (Rinallo & Golfetto, 2006). Os não profissionais, na forma de artistas populares, modelos de moda e celebridades, fazem um "bico" bem-sucedido como estilistas de empresas de vestuário (Lorelle, 2009).

Muitas tendências da moda surgem fora da indústria da moda, a partir de diversas formas da cultura popular, como o cinema, a música, a televisão e a cultura de celebridades.

Houve uma mudança significativa na maneira como os consumidores são influenciados quando compram um produto de moda. As tendências da moda são moldadas pela cultura; por exemplo, o que está acontecendo na rua, nas casas noturnas, nos lugares badalados e no "mundinho" da moda, não a partir de um *moodboard* (painel de inspirações) ou de um escritório de previsões de tendências, doze meses antes de uma estação de venda [...] essas mudanças na cultura e a influência na cultura popular podem acontecer a qualquer momento e em qualquer lugar, criando uma demanda de consumo significativa para um estilo e uma tendência da moda (Barnes & Lea-Greenwood, 2006, p. 261).

Como essa citação sugere, os consumidores (conhecidos no setor como "a rua") contribuem para a criação de tendências da moda. No Japão, de acordo com um estudo recente, grupos de adolescentes, que percorrem com frequência as ruas dos bairros de moda de Tóquio, exercem mais influência na direção da moda, naquele país, do que os estilistas profissionalmente capacitados (Kawamura, 2006).

Os gostos dentro das classes sociais e por meio delas tornaram-se cada vez mais imprevisíveis. As classes sociais apresentam diversos nichos nos quais diferentes combinações de idade, raça, etnia e renda tornam os gostos cada vez mais difíceis de ser explicados. Gabriel & Lang (2008) sustentam que é impossível uma generalização a respeito dos consumidores.

> O consumidor é incontrolável, tanto como conceito, pois ninguém consegue defini-lo em uma conceituação específica em detrimento de todas as outras, quanto como entidade, pois tentar controlar e gerenciar o consumidor conduz à sua mutação de uma personificação a outra (Gabriel & Lang, 2008, p. 325).

Em vez de um processo gradual, a conta-gotas, a difusão das imagens das coleções de moda através da mídia contemporânea e, em particular, da internet é praticamente instantânea. Por causa das suas diversas fontes e da velocidade em que se alteram, localizar novas tendências da moda tornou-se um negócio em si. De acordo com a descentralização do negócio da moda e de seus consumidores, os caçadores de tendências vasculham cidades e regiões no mundo todo e esquadrinham a mídia, procurando ideias que possam ser assimiladas pela indústria da moda e por outros negócios que tentam divulgar novos produtos ou reposicionar os antigos (Roux, 2009; Vulser, 2009). Nessas agências, os integrantes da equipe não raro se especializam em diversos aspectos da moda, como modelo, forma ou cor. O dom do caçador de tendências reside em sua capacidade de sintetizar uma quantidade enorme de informações aparentemente banais, vindas de lugares muito diferentes, acerca do que pessoas de todos os níveis sociais vestem e do que fazem e falam, a fim de prever o que vão preferir vestir e fazer nos meses vindouros. Uma suposição importante é que aquilo que vira moda é disseminado não só de "cima para baixo", mas também de "baixo para cima", a partir daqueles à margem e também das elites.

Os criadores profissionais de tendências da moda não mais se baseiam exclusivamente em sua própria intuição ou criatividade. Os estilistas de moda de luxo utilizam informações dos caçadores de tendências e das feiras comerciais de tecidos e, em geral, se envolvem em sua própria investigação informal de tendências, sendo particularmente sensíveis, de acordo com entrevistas, ao que está acontecendo "na rua". Frequentemente, olham para o passado em busca de ideias para a próxima estação, reciclando estilos das décadas e dos séculos anteriores. Os estilistas das empresas de *fast fashion* para rapazes e moças dependem intensamente do estilo da rua, de *sites* e de *blogs* para compreender e selecionar ideias dos consumidores jovens, nos noventa a cem países onde empresas desse segmento costumam manter lojas (Young, 2009).

A previsão de tendências é aproximada, na melhor das hipóteses. Rinallo & Golfetto (2006) assinalam: "[A previsão de tendências] Não pode ser considerada a descoberta de tendências 'corretas' em uma sociedade existente 'fora dali', mas, sim, a seleção de algumas e a rejeição de outras entre as diversas alternativas possíveis".

Um modo de assegurar o sucesso da previsão de tendências é utilizar a técnica de "pactuação" desenvolvida pela *Première Vision*, a principal feira mundial da indústria têxtil (Rinallo & Golfetto, 2006). O processo de "pactuação" começa com a identificação de tendências futuras por meio de previsões de tendências realizadas em diversos continentes por uma equipe interdisciplinar de especialistas, inclusive "arquitetos, designers, caçadores de tendências, especialistas em novas tecnologias, sociólogos e antropólogos" (Rinallo & Golfetto, 2006, p. 862). Seis meses antes da realização da *Première Vision*, representantes de todas as etapas da cadeia produtiva da indústria do vestuário reúnem-se para avaliar as tendências identificadas por seus prognosticadores, inclusive "representantes das associações do setor têxtil, nos mercados a montante e a jusante (por exemplo, tecelagens, estamparias e empresas de acabamento têxtil, estilistas de moda, confecções, etc.", e também pelas principais empresas de vestuário (Rinallo & Golfetto, 2006, p. 862). Esses encontros propiciam um acordo entre os principais atores a respeito das tendências que se tornarão dominantes. O efeito é reduzir a variedade de novas coleções e incrementar a compatibilidade com os gostos do consumidor. Posteriormente, as tendências, que representam a "visão autorizada" da *Première Vision* a respeito da orientação da sociedade de consumo, são comunicadas a todas as empresas que planejam expor na feira. Quando esta ocorre, as coleções dos expositores são compatíveis com as tendências pactuadas e "com a sensibilidade emergente do consumidor".

O fato de a *Première Vision* contar com o comparecimento de diversos profissionais de outros setores (por exemplo, de cosméticos, automotivo, de decoração), agências de publicidade e institutos de pesquisa de mercado atesta a autoridade que é atribuída a suas previsões. Em 2002, a feira atraiu quase 33 mil visitantes (Rinallo & Golfetto, 2006, p. 861). Em outras palavras, a *Première Vision* reúne e unifica os membros da cadeia altamente fragmentada de produção têxtil (inclusive vestuário). As tendências pactuadas ganham visibilidade e reconhecimento mundial. Em consequência, as coleções são imediatamente copiadas (Rinallo & Golfetto, 2006, p. 864).

É interessante comparar a *Première Vision* com as semanas de moda de luxo que acontecem diversas vezes por ano em Milão, Paris, Londres e Nova York. Como Paris atrai multidões de estilistas estrangeiros, suas apresentações são variadas, ricas e bastante caóticas, mas, para a influência dos estilistas de moda de luxo sobre os consumidores de moda, é importante que a indústria não faça nenhuma outra tentativa de fornecer uma visão unificada e geral das tendências da moda. Na década de 1960, quando as coleções de moda eram exibidas em número relativamente pequeno de ateliês de alta-costura e poucos estilistas estrangeiros apresentavam suas coleções em Paris, Blumer (1969) sustentou que desses espetáculos emergia uma visão coerente das tendências dominantes em uma estação. Atualmente, qualquer coerência que exista nessas coleções tende a ser resultado da influência da seleção de tendências da *Première Vision* em relação a materiais e cores.

O MUNDO GLOBAL DA MODA E TENDÊNCIAS DA MODA: LÍDERES DE MERCADO E FEIRAS

Enquanto centenas de empresas de moda, em dezenas de países, concorrem no mercado global da moda, é possível discernir os contornos de um mundo global da moda dotado de relativa coerência nessa situação aparentemente caótica. Esse mundo global da moda inclui dois conjuntos de empresas – as de *fast fashion* e as de moda de luxo –, que dominam esse mercado como resultado do seu domínio das complexas condições que afetam a produção cultural e econômica e a venda de produtos em nível mundial. O mundo global da moda também inclui crescente número de feiras de negócios internacionais, nas quais fabricantes e varejistas se encontram, exibem suas mercadorias e trocam ideias.

A *fast fashion*, que substituiu a moda de luxo como líder do mundo global da moda, envolve um reduzido número de empresas cujo objetivo é localizar e explorar tendências da moda, produzindo-as de modo muito rápido e disseminando-as em diversos países (Tokatli, 2008). Seu consumidor típico é do sexo feminino, jovem, volúvel e inconstante e tem recursos modestos com os quais busca conceitos continuamente em transformação na sua identidade social (Reinach, 2005, p. 47). Como assimilam e copiam ideias de moda, mas não as criam, o prestígio das empresas de *fast fashion* no negócio da moda é relativamente baixo. A fim de obter pronto acesso a imensos estoques de vestuário, têm fábricas ou terceirizam a produção entre numerosos fornecedores em diversos países. Para vender com rapidez, precisam de muitas lojas, próprias ou franqueadas. Em 2007, a Zara, talvez a mais famosa empresa de *fast fashion*, tinha fornecedores em doze países e cerca de mil lojas em 64 países (Tokatli, 2008, p. 33). Outras empresas importantes de *fast fashion*, como a H&M, a Gap e a Benetton, tinham respectivamente 1,4 mil, 3 mil e 5 mil lojas.

Um componente importante desse tipo de negócio é um sistema de informações muito desenvolvido e eficiente, em que estatísticas a respeito das vendas são coletadas e processadas com informações qualitativas de caçadores de tendências e clientes. Um representante da Zara teria dito: "Precisamos saber quais são as tendências e, assim, as seguimos em revistas, desfiles de moda, filmes e ruas da cidade. Utilizamos caçadores de tendências e empresas de previsão" (Tungate, 2005, p. 52).

Por um lado, a internet facilita a investigação de tendências, pois os *sites* apresentam quase imediatamente as coleções dos estilistas. Por outro, a Zara é muito competente em obter o *feedback* da clientela de suas lojas, que fornecem informações a respeito das reações dos compradores às tendências. As informações são convertidas num fluxo contínuo de novas peças de vestuário, que substituem a noção de coleções de estação, típicas da moda de luxo. Num mercado em que os clientes estão principalmente interessados em tendências, não em qualidade ou originalidade, a capacidade de proporcionar contínua rotatividade de tendências de baixo custo gera lucros imensos. A vida útil de uma peça de roupa é medida em semanas, não em meses (Young, 2009).

O negócio da moda de luxo é dominado por poucos conglomerados, sediados principalmente na Europa, proprietários de diversas pequenas marcas de grife. Embora sustentem que a qualidade é seu principal objetivo, muitos de seus produtos são fabricados em empresas terceirizadas dos países emergentes (Reinach, 2005). Diferentemente do setor de *fast fashion*, essas firmas, em geral muito lucrativas (Vulser, 2010), não se especializam em vestuário de moda, mas utilizam-no para criar uma imagem para suas marcas, o que facilitará a venda de outros itens, como acessórios e perfumes (Crane, 1997).

Antigamente, a moda de luxo era a líder simbólica, ou até mesmo econômica, do mundo global da moda, mas foi superada pela *fast fashion*. As empresas de moda de luxo especializaram-se na criação de indumentárias de alta qualidade para consumidores com estilos de vida de alta renda; nesse processo, sua criatividade e sua produção cultural foram cada vez mais desafiadas pela concorrência da mídia, da cultura popular, da cultura de celebridades e da cultura de rua. O setor de *fast fashion* cria "interpretações acessíveis" de coleções de alta-costura e de prêt-à-porter que chegam ao mercado muito tempo antes de aquelas empresas serem capazes de produzir suas mercadorias e estocá-las em suas lojas.

🌱 Apresentados até agora como "mercadoria confinada", para protegê--los de uma realidade e um paradoxo que deles derivava, os produtos prêt-à-porter são fabricados em massa e, atualmente, podem ser facilmente copiados pela *fast fashion*, imitados por marcas falsas, ameaçados pela pirataria de bens e marcas e sujeitados a todos os tipos de transformações, que comprometem seu *glamour* e sua encarnação de produtos de luxo (Reinach, 2005, p. 54).

As consequências para a moda de luxo são percebidas no fato de que as lojas de *fast fashion* estão substituindo as lojas de alta-costura e de grife em locais de prestígio, como a Quinta Avenida, em Nova York (Tokatli, 2008, p. 24). Recentemente, no *Le Monde*, os estilistas de moda de luxo franceses foram acusados de não serem originais e de não impulsionar a moda para o futuro (Maliszewski, 2009). Não têm mais competência para identificar e expressar por meio de seus desenhos o que será considerado o *Zeitgeist* ou *air du temps* (espírito da época), ou seus prognósticos têm menos peso do que antes no sistema global da moda. Doeringer & Crean (2006) lamentam o declínio da indústria de vestuário norte-americana, enquanto Courault & Doeringer (2008) descrevem tentativas de pequenas empresas de moda francesas de se adaptar às mudanças do mercado mundial. Essa situação é típica dos mundos da cultura global, em que certos tipos de organizações são dominantes e suas atividades repercutem em relação a todos os outros atores do sistema.

Os mundos globais precisam de espaços onde criadores, produtores, vendedores e compradores se congreguem e, no processo, estabeleçam um consenso a respeito do que estão fazendo e de quem está fazendo da melhor maneira. Essa função é desempenhada pelas feiras internacionais de negócios. As feiras existem há séculos, tendo se desenvolvido a partir dos mercados das cidades medievais. Até o século XIX, serviam principalmente ou como feiras de importação, para trazer produtos a uma região e vendê-los a públicos locais ou regionais, ou como feiras de exportação, para vender produtos a compradores convidados. Muitas feiras ainda têm essa função. As feiras mundiais surgiram em meados do século XIX em Londres, Paris e Chicago, que emergiam como cidades importantes.[2] Em 1896, Simmel, com grande entusiasmo, descrevia as feiras mundiais nestas palavras:

> Uma atração específica das feiras mundiais é que criam um centro temporário da civilização mundial, reunindo os produtos de todo o mundo em um espaço restrito, como se fosse em um quadro único. Invertendo a ótica, uma única cidade expande-se até a totalidade da produção cultural. Uma única cidade à qual todo o mundo envia seus produtos e onde são exibidos todos os estilos importantes (Simmel, 1991, p. 120).

No século XX, multiplicaram-se constantemente as feiras de negócios de alcance global. A importância cultural dessas feiras – incluindo acessórios de moda (sapatos, bolsas e joias), brinquedos, mobiliário, aparelhos eletrônicos, livros, programas de tevê, jogos de computador e filmes de animação – é indicada por sua prevalência em vasta gama de atividades culturais (Skov, 2006, p. 781). Quase todos os dias, em algum lugar do mundo, são realizadas feiras ligadas à moda (Skov, 2006, p. 764), representando tipos diferentes de vestuário, regiões, segmentos de mercado e localização geográfica. Skov (2006, p. 771) propõe o termo "feiras intermediárias", que se aplica a feiras que "se destacaram de uma base de produção regional e funcionam cada vez mais como pontos nodais em sistemas geograficamente dispersos". Embora os produtos sejam exibidos com grande cuidado e imaginação, há poucas compras, pois as aquisições ocorrem em intervalos durante o ano. Outro tipo de encontro, que cumpre funções parecidas, são os festivais dedicados a

---

[2] A Great Exhibition, em Londres, em 1851; a Exposition Universelle, em Paris, em 1889 e 1900; e a World's Fair, em Chicago, em 1900.

uma forma específica de cultura, como cinema, livros ou música. As semanas de moda, típicas da indústria de moda de luxo, têm uma orientação mais local; nos desfiles, predominam os estilistas cujos negócios estão nas cidades em que tais eventos são realizados.

Skov (2006, p. 768) afirma que, no mercado global da moda, a feira global ou intermediária reproduz e reforça as relações e as hierarquias sociais entre os participantes. A autoapresentação das empresas na feira é uma indicação de sua importância relativa no mercado. As empresas observam e copiam seus concorrentes de perto, definindo padrões para suas atividades no mercado.

Qual é o papel das feiras intermediárias de moda? De acordo com Florio (1994, p. 270), "há uma troca intensa e concentrada de informações dos dois lados". Em sua opinião, "a troca de informações é a principal força motora por trás das feiras de negócios contemporâneas". Entre os tipos de informações, incluem-se entrevistas coletivas, revistas de negócios, seminários acerca de novas tendências, de mercados, de tecnologia e de administração, e, é claro, desfiles de moda (Skov, 2006, p. 776).

Skov (2006, p. 773 e seguintes) sugere que a troca de informações e as interações sociais nas feiras criam um tipo de coerência na altamente fragmentada indústria da moda. A autora traça uma analogia entre o modo como os mundos urbanos da moda contribuíram no passado para uma percepção comum e uma convergência de gostos entre os criadores, produtores e consumidores de moda e os efeitos das multi-interações sociais em feiras globais, nas quais os participantes podem observar diversos colegas de muitos países. Esses locais estão substituindo os mundos da cultura urbana em certos aspectos, e também ampliando sua capacidade de direcionar novas tendências sobre uma área geográfica muito maior.

Os mundos globais da cultura são cenários hierarquizados, dominados por empresas maiores e mais poderosas, cujas atividades afetam a viabilidade e as estratégias de outras empresas globais, regionais e locais. O mercado global da cultura favorece empresas com volumes substanciais de capital, capazes de desenvolver produtos que atraem o público global ou um público especializado, altamente lucrativo. Outros exemplos são a indústria de cinema de Hollywood e o mercado de arte contemporânea (ver o capítulo "O mercado global de arte como um sistema de recompensa"). Os mundos globais da cultura também requerem cenários temporários, como feiras e festivais, onde os produtos culturais podem ser apresentados para inúmeros criadores, produtores e vendedores, e onde, de modo mais importante, um consenso implícito pode ser estabelecido a respeito da natureza e da direção de suas atividades.

CONCLUSÃO

Neste capítulo, tentei mostrar que a criação e a difusão das tendências da moda passaram por mudanças importantes nas últimas décadas. Quando a indústria da moda se globalizou, as tendências da moda tornaram-se mais numerosas e ficou mais difícil prever os gostos dos consumidores. Um novo tipo de empresa de moda, a *fast fashion*, está orientada especificamente para a criação de roupas que exemplificam e exploram essas tendências em rápida transformação. Atuando em âmbito global, essas empresas hoje dominam a indústria da moda. Uma nova forma de mundo global da moda reproduz as relações hierárquicas e competitivas que existem em níveis local, regional e global entre as empresas, e suplanta os mundos urbanos da moda na identificação e no reconhecimento de tendências da moda.

Para Canclini (2009), a convergência digital tornou obsoletos os mundos locais da cultura. Esse autor sustenta que, anteriormente,

🎏 a definição, a valorização e a compreensão dos processos artísticos aconteciam em circuitos e espaços *autônomos*. Essa independência e essa autossuficiência das práticas artísticas desapareceram. Nas sociedades contemporâneas, a arte perdeu autonomia e a estética viu seu objeto de estudo se dispersar. A predominância do valor simbólico sobre o valor econômico diminuiu, ao mesmo tempo em que a tendência da comercialização das práticas artísticas se fortaleceu.

Canclini (2009, p. 142) responsabiliza o fenômeno da convergência digital, que criou estruturas inter-relacionadas para a produção de textos e imagens disponíveis simultaneamente na televisão, *on-line* e na tecnologia móvel. A integração radial de todas as mídias leva à produção transnacional ou "desnacionalizada", que, por sua vez, diminui as culturas e os campos culturais dos estados nacionais (Canclini, 2009, p. 145). Embora Canclini não mencione a moda como forma de cultura, há analogias entre sua análise das consequências da convergência digital e a emergência de um mundo global de moda, em que as tendências produzidas nos mundos urbanos de cultura são rapidamente assimiladas como resultado da convergência digital e exploradas em nível global.

BIBLIOGRAFIA

BARNES, L. & LEA-GREENWOOD, G. "Fast Fashioning the Supply Chain: Shaping the Research Agenda". Em *Journal of Fashion Marketing and Management*, 10, 2006.

BLUMER, H. "Fashion: from Class Differentiation to Collective Selection". Em *The Sociological Quarterly*, 10, 1969.

CANCLINI, N. "How Digital Convergence is Changing Cultural Theory". Em *Popular Communication*, 7, 2009.

COURAULT, B. & DOERINGER, P. B. "From Hierarchical Districts to Colla-borative Networks: the Transformation of the French Apparel Industry". Em *Socio-Economic Review*, 6, 2008.

CRANE, D. "Globalization, Organizational Size and Innovation in the French Luxury Fashion Industry: Production of Culture Theory Revisited". Em *Poetics: Journal of Empirical Research on Literature, the Media, and the Arts*, 24, 1997.

_____. "Diffusion Models and Fashion: a Reassessment". Em *The Annals of the American Academy of Political and Social Science*, 566, novembro de 1999.

_____. *Fashion and Its Social Agendas: Class, Gender and Identity in Clothing*. Chicago: University of Chicago Press, 2000.

DJELIC, M. & AINAMO, A. "The Coevolution of New Organizational Forms in the Fashion Industry: a Historical and Comparative Study of France, Italy, and the United States". Em *Organization Science*, 10, 1999.

DOERINGER, P. & CREAN, S. "Can Fast Fashion Save the US Apparel Indus-try?". Em *Socio-Economic Review*, 4, 2006.

ERNER, G. *Sociologie des Tendances*. Paris: Que sais-je? Paris: Presses Universi-taires de France, 2008.

FLORIO, M. "Fair Trades by Trade Fairs: Information Providing Institutions un-der Monopolistic Competition". Em *Small Business Economics*, 6, 1994.

GABRIEL, Y. & LANG, T. "New Faces and New Masks of Today's Consumer". Em *Journal of Consumer Research*, 8, 2008.

GEREFFI, G. "The Organization of Buyer-Driven Global Commodity Chains: How US Retailers Shape Overseas Production Networks". Em GEREFFI, G. & KORZENIEWICZ, M. (orgs.). *Commodity Chains and Global Capitalism*, West-port: Greenwood Press, 1994.

KAWAMURA, Y. "Japanese Teens as Producers of Street Fashion". Em *Current Sociology*, 54, 2006.

LACROIX, C. *Les dépenses de consummation des ménages en biens et services culturels et telecommunications*. 2009. Disponível em http://www.culture.gouv. fr./nav/index-stat.html.

LORELLE, V. "Quand des people jouent aux créateurs de mode". Em *Le Monde*, 24/25-5-2009.

MALISZEWSKI, C. "Le futur est-il l'avenir de la mode?". Em *Le Monde 2*, 16-5-2009.

MORIO, J. "La crise comme support créatif". Em *Le Monde*, 27-6-2009.

REINACH, S. Segre. "China and Italy: Fast Fashion versus *Prêt à Porter*. Towards a New Culture of Fashion". Em *Fashion Theory*, 9, 2005.

RINALLO, D. & GOLFETTO, F. "Representing Markets: the Shaping of Fashion Trends by French and Italian Fabric Companies". Em *Industrial Marketing Management*, 35, 2006.

ROUX, M.-A. "Les tendanceurs passent de mode". Em *Le Monde*, 15/16-3-2009.

Simmel, G. "Fashion". Em *American Journal of Sociology*, LXII, 1957 [1904].

_____. "The Berlin trade exhibition". *Theory, Culture and Society*, 8, 1991 [1896].

SKOV, L. "The Role of Trade Fairs in the Global Fashion Business". Em *Current Sociology*, 54, 2006.

TOKATLI, N. "Global Sourcing: Insights from the Global Clothing Industry: the Case of Zara, a Fast Fashion Retailer". Em *Journal of Economic Geography*, 8, 2008.

TUNGATE, M. *Fashion Brands: Branding Styles from Armani to Zara*. Londres/ Sterling: Kogan Page, 2005.

VULSER, N. "Faiseuse de modes". Em *Le Monde*, 25-6-2009.

_____. "Les géants du luxe renouent avec des taux de croissance galopants". Em *Le Monde*, 6-8-2010.

YOUNG, R. "Web's Streetwear Sites Fuel Fast Fashion". Em *International Herald Tribune*, 27-2-2009.